数字化时代电子商务实用教程

电子商务
数字化时代的生意模式

白海青 编著

图书在版编目（CIP）数据

电子商务：数字化时代的生意模式 / 白海青编著．
北京：企业管理出版社，2024.10
ISBN 978-7-5164-2538-1

Ⅰ．①电⋯ Ⅱ．①白⋯ Ⅲ．①企业管理—电子商务—研究 Ⅳ．① F274-39

中国版本图书馆 CIP 数据核字（2021）第 264800 号

书　　名：	电子商务：数字化时代的生意模式
作　　者：	白海青
责任编辑：	尚　尉
书　　号：	ISBN 978-7-5164-2538-1
出版发行：	企业管理出版社
地　　址：	北京市海淀区紫竹院南路17号　　邮编：100048
网　　址：	http://www.emph.cn
电　　话：	编辑部（010）68414643　发行部（010）68417763　68414644
电子信箱：	qiguan1961@163.com
印　　刷：	北京天宇万达印刷有限公司
经　　销：	新华书店
规　　格：	170毫米×240毫米　16开本　18.25印张　232千字
版　　次：	2024年10月第1版　2024年10月第1次印刷
定　　价：	68.00元

版权所有　翻印必究·印装错误　负责调换

前　言

电子商务在国民经济中发挥着至关重要的作用。

2023年，中国电子商务市场规模已达到50万亿元人民币，间接从业人员规模更是高达7000万人，这彰显了电子商务在经济和就业领域的重要地位。电子商务不仅改变了传统商业模式，还深刻影响了政务服务和人们的日常生活。鉴于其普遍性和重要性，电子商务课程已逐步成为高等教育中的一门重要通识课程。这门课程跨越专业界限，为各学科背景的学生提供了解和把握数字经济时代新业态的机会。

基于多年对数字化与电子商务方面的应用、研究咨询经验，自2011年起，我开始为厦门大学广告系以及其他专业本科生开设电子商务课程。作为一个新兴产业，电子商务尚处于发展阶段。作为一门新课程或新学科，其内容和体系仍在不断演进和完善中。在厦门大学，尽管多个学院开设了电子商务课程，但这些课程的内容多以技术为主。例如，计算机相关学科的电子商务课程主要从计算机技术角度出发，包括网页设计、数据库设计、网络安全技术、算法设计以及网络架构等内容。管理科学与工程专业则侧重于系统结构和模型优化。然而，从商业运营视角深入讲解电子商务的教材却寥寥无几，这一定程度上限制了学生对电商理论和实践的全面理解，难以满足商业策划和运营学习的需求。电子商务作为一种独特的商业形态，既继承了传统商业的某些特点，又在诸多方面颠覆了传统商业模式所遵循的一般规律。深入理解和掌握电子商务活动的商业规律，对于那些致力于企业数字化转型、数字平台运营、社交媒体营销等领域的管理者和从业者而言，尤为重要。

本书旨在提供一个全面而深入的商业视角，以帮助读者更好地理解和把握电子商务的本质和发展趋势。通过系统性地探讨电子商务的商业模式、运营策略、用户行为分析等核心内容，为学生和实践者提供切实可行的指导，助力他们在快速演进的数字经济时代中把握先机，创新发展。

本书共包含十三章，分为五个主要部分，全面涵盖电子商务的各个方面。第一部分（第一、第二章）着重探讨电子商务企业的产生、发展和崛起的背景与逻辑，其中第一章介绍电子商务的萌芽、发展、兴起时机及规模，第二章则讨论传统商业与组织的运作规律。第二部分（第三至第六章）详细阐述电子商务的业务过程和系统构建，包括电子商务的框架与内容（第三章）、企业数字化转型（第四章）、商业模式（第五章）以及电子市场的结构与机制（第六章）。第三部分（第七至九章）聚焦电子商务中的关键要素和核心过程，涵盖在线消费者行为（第七章）、计算广告（第八章）和数字供应链与协同商务（第九章）。第四部分（第十至十二章）探索新型电商模式与数字生态系统，包括创新的电商系统（第十章）、短视频与直播电商（第十一章）以及数字生态系统（第十二章）。最后，第五部分（第十三章）讨论电子商务的信息安全、制度规范与伦理道德问题。这一结构设计旨在为读者提供一个全面、系统、深入的电子商务知识体系，从理论基础到实践应用，从传统模式到创新趋势，全方位覆盖了电子商务的各个关键领域。

电子商务领域发展迅速，新模式层出不穷，典型案例持续更迭，这为本书的编写和定稿带来了巨大挑战。从初稿到最终成书，其过程跨越数年。我要特别感谢卢金婷老师、徐秀丽博士和张璟姝老师为本书付出的大量心血。我的研究生们在改进书稿方面也作出了重要贡献，他们的努力让这本书更加完善。此外，厦门大学新闻传播学院提供了出版支持，我在此谨表谢意。

编写这本电子商务教材是一次充满挑战却又令人兴奋的旅程。在这个快速变化的领域里，尽管我们竭尽全力确保内容的准确性和时效性，但仍深知在这样一个日新月异的领域里，知识更新的速度常常快于书籍出版的过程。因此，我们视本书为电子商务知识的一个起点，而非终点。衷心希望这本书能为读者打开电子商务的大门，助力其电子商务事业。由于编者学识和经验的局限，书中难免存在疏漏和不足。我们真诚地欢迎广大读者提出宝贵意见，以便在未来的版本中不断完善。

白海青

2024 年 9 月于厦门大学

目 录

第一章 电子商务的萌芽、发展、时机、规模 … 1

第一节 电子商务的萌芽 … 2
一、电子商务的起源 … 2
二、电子商务诞生的条件 … 4

第二节 电子商务的发展 … 5
一、电子商务的发展阶段 … 5
二、全球电子商务发展 … 8
三、中国的电子商务 … 9

第三节 电子商务发展的时机与规模 … 10
一、电子商务发展的现状与规模 … 10
二、全球电子商务发展态势 … 14

第二章 传统生意与商业组织 … 18

第一节 经济学视角解释个体生意 … 18
一、早期的集贸市场 … 18
二、交换与市场 … 19

第二节　信息不对称 …………………………………… 24
　　一、信息不对称的概念 ………………………………… 24
　　二、信息不对称的一种特殊应用：囚徒困境 ………… 25
　　三、竞争与垄断 ………………………………………… 26
第三节　传统企业边界、市场边界 ……………………… 27

第三章　电子商务的框架与内容 …………………………… 33

第一节　电子商务定义与概念 …………………………… 33
第二节　电子商务：主体框架与内容 …………………… 34
第三节　电子商务框架的具体内容 ……………………… 35
　　一、电子商务应用 ……………………………………… 35
　　二、支持服务 …………………………………………… 36
　　三、基础设施建设 ……………………………………… 37
第四节　电子商务的功能 ………………………………… 44
　　一、电子商务企业层面 ………………………………… 44
　　二、电子商务消费者层面 ……………………………… 46
本章小结 …………………………………………………… 47

第四章　数字化转型 …………………………………………… 52

第一节　数字化转型：背景与内涵 ……………………… 52
　　一、数字化转型的背景 ………………………………… 52
　　二、数字化转型的内涵及相关概念 …………………… 54
第二节　数字化转型：驱动因素及相关技术 …………… 55
　　一、数字化转型的驱动因素 …………………………… 55
　　二、数字化转型的相关技术 …………………………… 57

第三节　数字化转型的相关问题 ············ 58
　　一、数字化转型的关键 ················ 58
　　二、数字化转型的路径 ················ 58

第五章　商业模式 ············ 61

第一节　商业模式的基础概念 ············ 63
　　一、商业模式概述 ···················· 63
　　二、商业模式的基本要素 ·············· 64
　　三、商业模式的功能 ·················· 70

第二节　电子商务的商业模式 ············ 71

第三节　两种商业模式：B2C 与 B2B ············ 75
　　一、B2C 与 B2B 模式简介 ············ 75
　　二、B2C 电子商务模式的主要分类 ······ 75
　　三、B2B 电子商务的主要经营模式 ······ 82

第四节　评估商业模式的两个常用分析工具 ············ 85
　　一、波特五力模型 ···················· 86
　　二、SWOT 模型 ······················ 89

第六章　电子市场的结构与交易机制 ············ 91

第一节　电子市场 ············ 91
　　一、电子市场的功能 ·················· 91
　　二、电子市场的要素和相关人员 ········ 93

第二节　电子市场的类型 ············ 94
　　一、电子店铺 ························ 94
　　二、电子商城 ························ 94

三、店铺和商城的类型 95

四、电子市场的类型 95

五、信息门户 96

第三节 电子商务中的参与者、交易、中介和过程 97

一、卖方、买方和交易 97

二、中介在电子市场中的作用和价值 98

三、去中介化和再中介化 99

四、购买过程 100

第四节 实现在线交易的基本功能 102

一、电子目录 102

二、搜索引擎和智能代理 103

三、电子购物车 103

四、在线分类广告 104

第五节 电子商务市场中的拍卖 104

一、定义与特征 104

二、传统拍卖与电子拍卖 105

三、动态定价与拍卖类型 106

四、电子拍卖的好处、局限和影响 108

第六节 易货交易与在线谈判 110

一、在线易货交易 110

二、在线谈判 111

第七节 Web 2.0 和 Web 3.0 的机制和工具 111

一、博客技术和维基 112

二、RSS 和播客 112

三、混搭程序 113

四、区块链技术 114

第七章 在线消费者行为 ············ 115

第一节 影响在线消费者的外部因素 ·········· 116
一、社会文化与消费者价值观 ············ 116
二、参照群体与意见领袖 ············ 119

第二节 影响在线消费者的内部因素 ·········· 122
一、感觉与知觉 ············ 122
二、动机、个性和情绪 ············ 125
三、态度 ············ 128
四、自我概念与生活方式 ············ 131

第三节 在线消费者的决策过程 ·········· 139
一、在线消费行为的决策制定——购买前 ············ 140
二、在线消费行为的决策制定——购买中 ············ 143
三、在线消费行为的决策制定——购买后 ············ 144

第八章 计算广告 ············ 148

第一节 计算广告研究背景 ·········· 151
一、互联网时代下的广告 ············ 151
二、计算广告简史 ············ 154
三、计算广告的技术特点 ············ 157
四、泛广告商业产品 ············ 159

第二节 在线计算广告 ·········· 161
一、在线广告概述 ············ 161
二、合约广告 ············ 162
三、搜索广告 ············ 164
四、竞价广告 ············ 165
五、移动互联与原生广告 ············ 166

第三节 计算广告相关技术 …… 168
一、受众定向 …… 168
二、推荐算法 …… 172
三、基于人口统计的推荐 …… 173
四、基于商品属性的推荐 …… 174
五、基于用户的协同过滤推荐 …… 175
六、基于商品的协同过滤推荐 …… 175
七、隐私保护 …… 176

第九章 数字供应链与协同商务 …… 180

第一节 数字供应链 …… 183
一、数字供应链的含义 …… 183
二、数字供应链管理的优势 …… 184
三、数字供应链管理的主要内容 …… 185

第二节 供应链管理与协同商务的发展趋势 …… 187
一、供应链精简 …… 187
二、电子数据交换（EDI） …… 188
三、供应链管理系统 …… 190
四、协同商务 …… 191

第十章 创新的电商系统 …… 196

第一节 电子政务 …… 198
一、什么是电子政务 …… 198
二、电子政务的内容 …… 199
三、电子政务的模式 …… 201

第二节 在线教育 …… 207

一、在线教育的定义 207
二、中国教育培训发展历程 208
三、在线教育的特点 209
四、盈利模式——以沪江网为例 210

第十一章 短视频与直播 215

第一节 短视频 216
一、短视频发展现状 216
二、短视频平台商业模式 217
三、短视频发展问题 220

第二节 直播 223
一、直播的起源与发展 224
二、电商直播 226
三、游戏直播 234

第十二章 数字生态系统 242

第一节 了解数字生态系统 242
第二节 数字生态系统的演进 244
一、烟囱式系统 245
二、面向服务的体系架构（SOA）与共享式系统 249

第三节 数字中台战略 253
一、何为中台 253
二、中台战略的起源 253
三、中台业务的前身 254
四、共享服务中心建设 255
五、能力开放扩展数字生态 257

第十三章　电子商务信息安全、法律与制度伦理…………260

第一节　电子商务的安全问题……………………………262
一、系统风险……………………………………………262
二、信息安全风险………………………………………262
三、网络欺诈风险………………………………………263
四、个人隐私泄露风险…………………………………263

第二节　电子商务的国外立法……………………………264
一、美国…………………………………………………264
二、欧盟…………………………………………………265
三、英国…………………………………………………266
四、日本…………………………………………………266
五、其他国家……………………………………………267

第三节　中国电子商务法律………………………………267
一、我国电子商务法基本情况…………………………267
二、电子商务法的主要内容……………………………268

第四节　电子商务伦理与信用问题………………………272
一、电子商务存在的伦理问题…………………………273
二、伦理问题的解决……………………………………275

第一章
电子商务的萌芽、发展、时机、规模

学习目标：了解电子商务商业组织产生和发展的脉络，了解新型商业模式创业时机、条件和规模。

案例　　　中国第一家互联网公司瀛海威的兴衰

1995年，33岁的张树新创立了北京瀛海威信息通讯公司，这家名为"瀛海威"的网络科教馆出现在北京中关村南大街上，成为中国第一家互联网公司。瀛海威的主营业务是ISP，也就是互联网服务提供商，即向广大用户综合提供互联网接入业务、信息业务和增值业务的运营商。其在北京魏公村开办了中国首家民营科教馆，所有人都可以在这里免费使用当时国内唯一立足大众信息服务、面向普通家庭开放的网络——瀛海威网络，免费学习网络知识。瀛河威还开发出一套全中文多媒体网络系统，以低廉价格为中国老百姓提供了一扇进入信息高速公路的大门。1996年，"瀛海威时空"的注册用户约有6000人，到1998年8月，"瀛海威时空"的注册用户超过6万人，时空网络群的日均总访问量超过50万人次。瀛海威的名字在当时深入国人心中，张树新也被誉为中国"第一代织网人"。

由于张树新曾经的记者与策划的职业背景，其不断地斥巨资进行品牌宣传。1997年，张树新想做一个《网上延安》的主题信息，耗时一个多月、耗资十多万元最后不了了之。另外，张树新很注重风险投资，借助资本运营手段在一年内实现了公司规模扩张和资产增值10倍。但随着世界互联网泡沫的出现，很多投资公司资金短缺，瀛海威也拿不到风投公司的注资。除此之外，瀛海威没有成熟的变现模式，张树新一直沉醉于"百姓网"之中，对互联网的商业价值考虑不够。且在1996年9月至1997年10月，网民想通过瀛海威上网必须使用专有程序，这给用户带来了极大的不便。瀛海威还着力开发当时在国际上也十分超前的"网上缴费系统"，张树新花巨资让一批精英埋头苦干8个月，做成后，投进网络也如泥牛入海。

两年后，即1998年6月22日，张树新被迫辞职，其创立的北京瀛海威信息通讯公司也就此陨落。

第一节 电子商务的萌芽

一、电子商务的起源

20世纪60年代后，计算机和网络技术飞速发展，构建了电子商务赖以生存的基础，预示了未来商务活动的一种发展方向，电子商务这一概念的提出便是这一发展趋势的具体体现。若从"电子商务是使用各种电子工具从事商务活动"这一定义出发，其萌芽可以追溯到1844年5月24日，莫尔斯在美国国会大厅举行的电报通信试验可以看作电子商务的起点。随后，1876年贝尔发明了电话，之后电报、电视等一系列电子工具的诞生使早期的电子商务得到了进一步发展。

实际上，电子商务的雏形有很多，我们很难确定到底哪一个时间节点才是最准确的诞生时间，除了从电子工具这一视角去确定其萌芽的时间，从电子商务这一概念的出现至普及的视角也可用于确定电子商务的萌芽时间节点。电子商务这一概念的出现大约在1995年、1996年，随着Internet

和 WWW 等技术的兴起和普及，使得利用遍布各地的网络来进行信息的传输成为可能，在网络上开展商务活动逐渐被人们关注。尤其是 1995 年、1996 年 Internet 的快速发展，出现了一些成功的案例：以直接面对消费者的直销模式而闻名的美国戴尔（Dell）公司在 Internet 上销售其产品；网络新贵亚马逊网上书店逐渐走进人们的视线；e-Bay 公司是互联网上最大的个人对个人的拍卖网站，它的销售额逐年上升。

诸如上述这些营利性网站随着 Internet 的发展呈现出急剧增长的趋势，电子商务也很快被媒体和 IT 界力捧起来，一些 IT 厂商乘机大做文章，高举电子商务大旗，并包装了类似电子管理（E-Management）、电子世界（E-World）、电子服务（E-Service）等衍生的词汇，用新的概念推销他们的产品或服务，以往的种种产品均被冠以电子商务的前缀。

还有一种观点认为，20 世纪 70 年代末出现的 B2B 电子商务模式是电子商务萌芽的起点。当时一家名为 Baxter Healthcare 的制药企业率先使用电话调制解调器，医院可以直接向 Baxter 订购产品，其可以算作 B2B 电子商务的雏形。到了 20 世纪 80 年代，该系统逐步升级为基于 PC 端的远程订单录入系统，并在美国得到了广泛使用。而互联网此时还没有成为一种商务运作环境。电子数据交换（EDI）的标准也于 80 年代逐步形成，企业可以利用专用网络交换商务文件，并以数字化的方式处理商务交易。

在 B2C 电子商务领域，第一个真正意义上被广泛使用的数字化交易系统是 1981 年诞生于法国的 Minitel 系统。这是一个结合了电话与一台 8 英寸显示器的法国视讯文本系统。截至 20 世纪 80 年代中期，有 300 多万套 Minitel 系统在法国得以推广使用，为用户提供 13000 多项服务，包括票务代理、旅游服务、产品零售以及在线银行等。直到 2006 年 12 月 31 日，Minitel 系统最终被开发商法国电信集团关闭。

然而，这些电子商务先驱系统的功能都无法与互联网的强大功能相较。如今，人们只要提到电子商务就会立刻联想到互联网。1994 年 10 月底，AT&T、沃尔沃、Sprint 等企业在 Hotwired.com 上首次发布了横幅广告；1995 年初，网景公司和 infoseek 搜索引擎成功售出首个旗帜广告空间。从这个视角出发，电子商务的起始时间可以从 1995 年算起。自此，电子商务成为美国增速最快的商务形式，也逐渐受到世界各地的关注。

二、电子商务诞生的条件

电子商务的诞生与发展有其历史必然性，其兴起的背后是长期社会积累、技术积累和人员积累的结果。以下将概述电子商务兴起与发展的基础条件。

1. 计算机的广泛应用

自从世界上第一台计算机 ENAIC 在美国诞生以来，经过 60 多年的发展，计算机的处理速度越来越快，处理能力越来越强，价格越来越低，应用越来越广泛，已经渗透到社会的各个领域，人们对计算机的依赖程度越来越高，这为电子商务的应用提供了技术基础。

2. Internet 的普及和成熟

随着社会经济的发展，大多数商品出现了供应远远大于需求的现象，亟需一种新的商务模式来提高企业的竞争力。在这一背景之下，电子商务开始充当为企业提升竞争力的商业模式。从这个视角来看，电子商务是人类社会经济发展的必然趋势。同时，信息技术的进步和商务的发展使社会网络化、经济数字化、竞争全球化、贸易自由化成为必然，现代电子商务也应运而生。计算机网络特别是 Internet 的普及和成熟，全球上网用户呈指数增长趋势，其快捷、低成本的特点也为电子商务的发展提供了应用条件，成为全球通信与交易的媒体。

3. 电子支付的流行

信用卡等电子支付手段以其方便、快捷、安全等优点成为人们消费支付的重要手段，并由此形成了完善的全球信用卡计算机网络支付与结算系统，使"一卡在手、走遍全球"成为可能，同时也为电子商务中的网上支付打下了重要基础。

4.网络交易相关的安全交易协议

世界各国、各种国际组织和跨国企业纷纷制定支持网络交易的安全交易协议，为电子商务提供了安全的标准。SET 协议和 SSL 协议的出台得到众多厂商的认可和支持，为电子商务的开展提供了一个安全的交易环境。

5.各国政府及社会的助力

自 1997 年欧盟发布了欧洲电子商务协议，美国发布"全球电子商务纲要"后，电子商务逐渐受到世界各国政府的重视，许多国家的政府开始尝试"网上采购"，这为电子商务的发展提供了有力的支持。同时，投入到电子商务实践中的各界人士，包括热衷于电子商务的专家、学者、企业家、投资商、创业者、银行家等，也促成了电子商务的发展与进步。

第二节　电子商务的发展

一、电子商务的发展阶段

从 1995 年网景公司和 infoseek 搜索引擎成功售出首个旗帜广告空间开始至今，电子商务经历了 3 个发展阶段，本书参考肯尼斯·C.劳顿以及卡罗尔·圭尔乔·特拉弗《电子商务——商务·技术·社会》的内容，将电子商务的发展划分为三个阶段。

（一）1995—2000 年：电子商务的变革期

电子商务最早始于 1995 年，企业开始广泛在网上发布产品广告，使电子商务进入了快速发展和变革时期。在这一时期，由于带宽的限制，电子商务只是在互联网上销售一些简单的产品，无法进行复杂产品的交易，市场营销也只能依赖于简单的静态广告与功能并不强大的搜索引擎。当时，很多大型企业的网络策略是构建起一个提供品牌简介的静态基础网站，有些企业根本就没有制定网络策略。随着大量风险资本的涌入，电子商务进入快速发展阶段，但2000年由于互联网企业的股票价格触底，该发展趋势被打断，不少企业消失在这次网络泡沫中。

电子商务的早期发展阶段是美国商务发展史上的黄金时期之一。对于计算机科学家和信息技术专家而言，早期电子商务的成功印证了一系列信息技术的发展。早期互联网到PC，再到局域网，其发展目标在于统一全球的通信与计算环境，使世界上所有人都可以利用计算机进入该环境中；数以亿计的个人用户与成千上万的图书馆、政府和科研机构将全世界的海量信息存储到HTML网页中，最终构建起由HTML网页组成的全球统一知识库。同时，互联网本身所具有的免费开放的特质也让不少人觉得基于互联网发展的电商也应该继承其自我管理与约束的状态。

早期的电子商务呈现了几乎完美的竞争市场：市场中的参与者获得的产品价格、成本和质量等信息是一致的；市场中存在无穷无尽的供应商相互竞争；消费者可以获得世界上任何市场的相关信息。互联网的发展衍生出了数字市场，在这个近乎完美的信息市场中，产品种类、价格、支付方式及订单详情等信息的搜索成本大幅下降，大大降低了交易成本。企业可以节省无效广告投资的费用，消费者也可以快速精准地找到性价比更高的产品，双方交易更透明，传统信息不对称的状况大大改善；同时，互联网本身具有的互动性也让动态定价成为可能，弱化了中间商的作用，产生所谓的非居间化（disintermediation）。在中间商大量消减的情况下，产品与服务的价格也下降至某个临界值，即价格刚好等于"生产成本""资本的市盈率"以及"对企业家付出努力的额外小额回报"（该项通常不可持续）三者之和。为投资资本带来巨大收益的不公平竞争优势（某个竞争对手拥有的，而其他竞争者无法获得的优势）也将消失，我们将这种愿景称为无摩擦交易（frictionless commerce）。

对现实世界中的企业家、赞助商以及市场专家而言，电子商务为他们提供了赚取高额投资收益的机会。电子商务中的市场则是使用互联网及一套低价、通用、有效的营销沟通技术（电子邮件和网页）与数百万消费者进行沟通的渠道。营销人员可以借助这些新技术更好地进行市场定位、确定合适的产品价格,在此类市场中,先行者(first mover)将获取超额利润。先行者就是第一个吃螃蟹的人,其最早进入某一领域的市场并占据较大市场份额。这些先行者会利用互联网本身具有的高信息容量及社区互动性来增加企业价值。

综上所述,早期电子商务发展的推动力就是对新技术可能带来的超额利润的愿景。在这一时期,企业的经营重点在于迅速提高市场知名度,其资金主要来源于风险投资基金。这一时期强调网络不会受到政府与法律的监管限制;而传统企业过于僵化,为旧的商业模式束缚,在竞争中被逐渐淘汰,年轻的新兴企业成为早期电子商务应用实践的主要驱动力,这一时期的重点在于传统分销渠道的瓦解和现有分销渠道的非居间化,以及纯互联网企业无可撼动的先发优势。总而言之,这一时期电子商务的主要特征是实验性、资本化和过度竞争。

(二)2001—2006 年:电子商务的巩固期

2001—2006 年是电子商务发展的第二个阶段。人们开始重新评估电子商务企业的价值,对电子商务的长期发展前景持怀疑态度。这一时期电子商务的重点是:"技术导向"向"商务导向"转变;大型传统企业已经学会如何利用互联网来巩固市场地位并扩大其品牌影响力;巩固和延伸现有品牌比创建新品牌更重要;风险投资有意避开新兴行业使得资金收紧;传统银行以利润回报为依据进行融资。

与电子商务发展初期相比,这一时期的变化在于诸如旅游与金融等服务也成为重要的销售产品,其产生依赖于宽带网络的广泛运用以及个人计算机的普及。当下的营销策略更加注重用户需求,且更为注重"网络形象"的作用。很多企业不仅会建立专属于自己的网站,还会利用电子邮件、在线展示和搜索引擎进行广告推广,为每种产品建立多个网站,且建立在线社区反馈设施。在此之后,电子商务的年增长速度再次超过了 10%。

(三)2007 年至今:电子商务的再定义期

2007 年 iPhone 问世之后,电子商务进入了新的发展阶段。社交网络发展迅速，智能手机和平板电脑等移动设备的使用率越来越高，电子商务的交易范围也延伸到了本地商品和服务，这一时期电子商务的特点是网络世界的移动化、社会化、本地化。在这一时期，电子商务的收益主要来源于提供的娱乐内容，便携式购物方式也在慢慢兴起。Web2.0时代的到来让社交网络成为人们生活中的重要组成部分。这一时期催生了口碑营销、病毒营销等新的营销方式，而数据仓库与数据分析工具使得真正的个性化营销成为可能，企业的网络策略的范围日益扩大，并积极尝试在网络消费者的周围建立起数字化网络，以期通过社交网站会员制度，搜索引擎和浏览器的使用，乃至个人电子邮件信息实现营销信息的实时协调。这一时期既是一种技术或商业现象，也是一种社会现象。

二、全球电子商务发展

（一）美国电子商务的发展

美国是电子商务的先驱。1990年以来，随着互联网的迅速普及，电子商务迅速成为美国经济发展的一大热点。1993年，克林顿总统签发了《国家信息基础设施行动计划》，开始全面推动美国的国家信息基础设施建设。1997年，美国政府发布了《全球电子商务纲要》，将因特网与200年前的工业革命相提并论。

1998年，克林顿总统发表了著名的"网络新政"演说，宣布为了推动网络贸易，将对电子商务实行免税。其后不久，美国国会通过了《因特网税收自由法案》。简言之，电子商务起源于美国，其高度发达的市场经济体系为电子商务提供了良好的经济、技术和社会条件。因此，美国的电子商务发展异常迅猛，现今一直保持着全球领先的地位。

（二）欧洲电子商务的发展

1997年4月，欧洲联盟（以下简称欧盟）出台了《欧盟电子商务动议》，该动议指出欧洲的主要竞争者正在利用电子商务带来的机遇迅速发展，欧洲国家必须加强政治上的合作，在基础设施、技术和服务等方面做好准备，制定统一的法律框架，确保欧洲企业有能力迎接挑战。从1998年起，大部分欧盟成员国充分开放电信市场，推动数字通信终端，逐渐成为互联网接入和电子商务的主要平台。1999年12月，欧盟委员会制定了电子欧洲（e-Europe）计划，为求实现使每一个家庭、每一所学校、每一家公司和每一个管理部门都能上网的目标，重点建设10个重要领域，促进电子商务的发展。

（三）日本电子商务的发展

当日本国会在2000年11月通过《信息技术基本法》时，"互联网"一词开始被载入日本的法律词典中。这项在2001年1月正式实施的立法，是基于对现行50项法律的修正。它为信息技术的传播铺平了道路，使信息技术贯穿于日本商业、政府、教育以及信息网络社会的各个方面。2001年1月，日本建立IT战略指挥部，作为商业领导人和内阁成员的顾问小组，为其提供政策建议以推动电子商务和IT的发展，故而称之为"e-Japan"战略。这样，"e-Japan"战略于2001年1月正式发起，在IT战略指挥部的支持下，作为互联网重要的基础架构的蓝图直至2005年。

此后，日本把对IT的关注转至"u-Japan"战略。其中，"u"代表"ubiquitous"（来自拉丁文），意为"无所不在"。换言之，日本希望在2010年以前实现所有物品和人都能在任意时间、任意地点通过互联网接收和发送信息的技术。2010年7月20日，日本经济产业省公布了《2009年版日本电子商务（EC）市场调查报告》。根据该调查显示，2009年日本消费者网购（B2C）的市场规模为67兆日元，约合5324亿元人民币。

三、中国的电子商务

与北美、欧洲、日本等发达国家的电子商务高速发展的现状相比较，我国的电子商务起步虽晚，但发展速度很快。

1987年9月，在德国卡尔斯鲁厄大学（Karlsruhe University）维纳措恩

（Werner Zorn）教授带领的科研小组的帮助下，王运丰教授和李澄炯博士等在北京计算机应用技术研究所（ICA）建成了一个电子邮件节点，并于9月20日向德国成功发出了一封电子邮件，邮件内容为"Across the Great Wall we can reach every corner in the world"（越过长城，走向世界），这标志着中国应用 Internet 的开始。

1990年，EDI电子商务在我国开始应用。

1993年，金关、金卡、金税"三金工程"为电子商务的发展打下了基础。

1995年，中国互联网开始商业化，互联网公司崛起。

1998年3月，中国第一笔互联网网上交易成功，国家经贸委与信息产业部联合启动以电子贸易为主要内容的"金贸工程"，北京、上海等城市启动电子商务工程。

1999年3月，8848等网站正式开通，网上购物进入实际应用阶段，政府上网、企业上网、电子政务（政府上网工程）、网上纳税、网上教育、远程诊断等广义电子商务开始启动。2000年开始，我国电子商务进入实质发展阶段，电子商务全面启动并已初见成效。

2012年3月27日，由国家发展和改革委员会与国务院信息化工作办公室联合组织编制的《电子商务"十二五"发展规划》发布，其是"十二五"时期进一步推动电子商务发展的指导性文件。根据该文件，电子商务在中小企业中的应用普及率迅速提高，2010年我国网络零售用户规模达1.61亿，交易额5131亿元，占社会消费品零售总额比重达到3.3%。

第三节　电子商务发展的时机与规模

一、电子商务发展的现状与规模

关于电子商务目前的市场数据与发展概况等，可以参考 eMarketer 所呈现的数据。数据显示，2018年，全球零售额总计23.9万亿美元，同比增长5.8%，而在线零售交易总额则达到了2.8万亿美元，同比增长23.3%，在线零售额占全球零售总额的比例由10.2%上升至11.9%，线上零售逐渐发展成为社会大众消费的重要渠道。如图1-1所示，2019年全球零售电子商务创造3.453万亿美元的总销售额，2021年达到4.878万亿美元，电子商务市场正在经历大幅增长的过程。

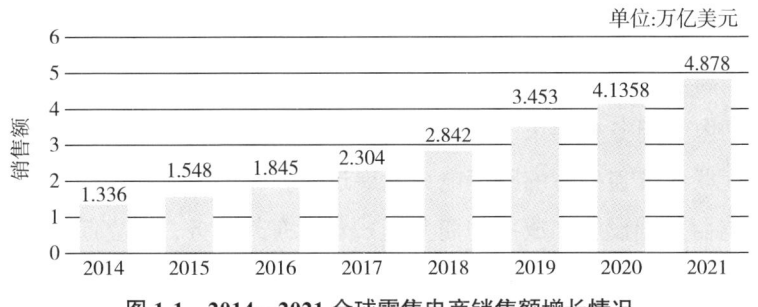

图1-1　2014—2021全球零售电商销售额增长情况

资料来源：eMarketer

据eMarketer 2018年报告显示，2018年全球数字旅游市场的销售总额相较于2017年增长了10.4%，达到6944.1亿美元，发展尤为迅速。近几年网络旅游一直保持两位数的增长速度，然而，由于数字旅游市场的成熟，增长脚步正在逐步放缓。

B2C全球跨境电子商务交易额于2018年超过6500亿美元，相比2017年同比增长了27.5%。据估计，2019年的交易额将超过8000亿美元，而2020年全球市场规模将接近1万亿美元；同年，B2C跨境电子商务消费者总数也将创造超过21%的年平均增长率，达到9亿多。以中国为核心的亚太地区形成了强大的消费群体，跨境电子商务交易规模极为可观。在各种政策的支持下，跨境电商的发展也步入了更便捷、更高效、更透明的时代。

根据Statista数字市场展望公布的数据显示，2019年世界电子商务市场预计收入年增长率为8.9%，收入达到2.03万亿美元，2023年市场规模将增至2.85亿美元。我们可以根据目前一些典型国家以及新兴国家的发展情况，来理解目前全球电子商务的发展规模与趋势。

（一）部分典型国家的发展情况

美国作为电子商务的起源地，仍然是全球电子商务发展的先驱。2019年，美国网络买家普及率的突破以及在零售电子商务方面的支出和数字买家的增长，推动了其零售电子商务的增长。法国作为欧洲仅次于英国的第二大电子商务市场，电商市场规模、互联网销售额、移动设备购买量等数据持续增长，反映了越来越多日用品的互联网购买行为的新趋势。俄罗斯电子商务正进入一个加速发展的周期，在线零售增速迅猛，终端移动化程度不断提高。

韩国电子商务近年来一直快速增长，是其整体消费市场的重要组成部分，高互联网覆盖率下的跨境电商发展迅速。韩国的亚洲网络计划是利用完善的电商基础设施和成熟的商业模式对接海外业务，建立起全球商业网络，从而使韩国能够成为亚洲国家跨境贸易的网络中心。PayPal 的市场调查数据显示，南非电子商务市场的增长也相当可观，网购的便利性、低价特质以及居民可支配收入的提升等因素都在一定程度上助力了南非电商的发展。总体来看，电子商务在南非的零售业务环境中稳步增长。

表 1-1　　部分典型国家电商市场发展数据

国家	电子商务发展相关数据	资料来源
美国（2019）	在线买家普及率将首次超过 80% 零售电商支出：5869.2 亿美元，同比增长 14.0% 数字买家：增长 2.6%，每位买家的支出将增长 11.1%	eMarketer
法国（2019）	电商市场的收入预计：499.29 亿美元，收入年增长率 7.7% 互联网销售额：增长继续保持 2 位数，预计突破 1000 亿欧元 移动设备购买量：增长，占电子商务销售额的 22%，占领先网站的 35%；线上购物：所有设备类型，3880 万法国人在互联网上购物，占比 87.5% 在线支付方式：银行卡主导，电子钱包支付的使用正在增加 跨境买家比例：大于英国、德国，超过 50% 的不同规模的商家网站在国际上销售	Statista Fevad

续表

国家	电子商务发展相关数据	资料来源
俄罗斯（2019）	许多大型在线零售商的销售额：每年增长50%至150% 电商市场：预计达到220亿美元，并在2023年跃升至500亿美元以上电商市场中占比最大的产品：时尚类，市场成交额预计达58.65亿美元 俄罗斯的实物商品电子商务市场：2020年增长到310亿美元，到2023年可能达到520亿美元	East-West Digital
韩国（2019）	电子商务市场的收入：预计685.54亿美元，收入年增长率4.0%；用户普及率为90.0%，预计到2023年将达到94.2% 电商发展举措：亚洲网络市场计划	Statista
南非（2019）	电子商务市场的收入预计达到33.08亿美元，收入年增长率为9.9%；市场中占比最大的是电子和媒体，市场规模预计达到10.09亿美元 互联网接入用户数超过3118万人，网络覆盖率达53.70%，位居非洲前列	Statista

（二）一些新兴国家电子商务市场的发展

中国是目前全球最大的电子商务市场。Statista的数据显示，2019年，中国电子商务市场的收入达到7183.89亿美元，创造了11.0%的年增长率；2023年，中国的市场规模将达到10889.86亿美元，用户渗透率有望达到67.5%。如今，中国在线购物的消费者比例已经超过70%，巨大的消费潜力为在线零售商提供了众多商机。eMarketer预测，2019年中国零售电子商务销售增速远快于零售总额，同比增长27.3%，至1.935万亿美元；到2023年，中国零售电商销售额有望占零售总额的63.9%。

除中国外，印度和土耳其的电商市场也呈现出快速增长态势。近年来，得益于印度市场的巨大潜力，印度电商发展迅猛，市场规模呈现逐年上升的趋势。根据Statista公布的数据，2019年印度电子商务市场的收入预计可能达到323.48亿美元，为其创造17.8%的收入年增长率，到2023年印度的市场规模预计达到622.84亿美元。互联网覆盖率持续提高，2019年，用户覆盖率为37.5%，预计到2023年有望达到46.2%。可以预见，在未来几年内，印度电子商务的发展将继续呈现持续高速发展的状态，并成为印度经济的重要组成部分及其经济蓬勃发展的重要推动力。土耳其在线购物的消费者比例也在持续上升，展望未来，印度和土耳其电子商务市场将极具发展潜力的。

巴西的电子商务市场也在快速增长，但由于经济衰退，增长率已经放缓。作为拉丁美洲最大的电子商务市场，巴西电子商务市场规模的增长已经达到稳定水平，市场正在迈向成熟阶段。截至2018年12月，巴西已经拥有1.49亿互联网用户，网络覆盖率高达70.2%。根据巴西电子商务协会数据，2018年巴西电子商务规模达到216.6亿美元，2019年达到474亿美元，约占整个拉丁美洲的42%。Big Data Corp公布的"2018巴西电子商务报告书"指出，2018年巴西电子商务领域在线商店增长幅度达到12.5%，电子商务在巴西的发展已经步入快车道。

二、全球电子商务发展态势

新冠肺炎疫情确实增强了各国电子商务的活力，扩大了电子商务的范围，包括新公司、新消费者群体（如老年人）和新产品（如食品杂货）等渠道。与此同时，许多国家的电子商务交易已部分从奢侈商品和服务转向生活必需品。

首先，由于个人非必需品商品的支出减少，相当一部分电子商务卖家正面临着与传统实体零售商相同的经济影响。一份由20万个美国亚马逊第三方供应商组成的样本显示：2020年4月，约36%的商家不活跃，较2月份的28%有所增长。虽然亚马逊在2020年第一季度的销售额比前一年增长了26%，但其在美国电子商务市场的份额从2020年1月的42.1%下降到2020年6月的38.5%。值得注意的是，亚马逊的部分市场份额被沃尔玛（从4.2%到5%）和塔吉特（Target）（从2.2%到3.5%）所取代。由此可以推断，这些公司以及其他类似的公司受益于大型实体店网络，方便了快速送货和提货。

其次，在供应方面，许多实体店的经营者往往因管控被迫关闭店铺，于是他们考虑将电子商务作为线下渠道一种至关重要的补充或替代的销售渠道。由于转向在线销售需要投资，因此，从长远角度来看，在管控期间积极参与电子商务的企业更有动力利用其已获得的基础设施或技能进行生产和销售，尤其是对那些投资了自己的销售和分销基础设施的大型商户来说，更为明显。例如，截至 2020 年 4 月 12 日，亚马逊的食品杂货分支机构全食超市（Whole Foods Markets）将在线订单容量提高了 60% 以上，以满足激增的需求，将取货服务从 80 多家门店扩大到 150 多家，未来还可能进一步扩大。甚至规模较小的商家，有许多放弃了更大的投资，依靠网络平台提供的基础设施和服务（例如物流、客户服务），将他们已经建立的网络身份和体验变成一项长期资产。

在此期间，一些国家的政府也采取了有针对性的措施，支持实体商店进行数字化转型。例如，日本设计了一项业务连续性补贴，帮助企业实现多元化，扩大销售渠道。韩国通过一项专门的支持计划，鼓励实体店在网上开店。在此背景下，一些政府真正意识到线上平台的作用，提供包括物流或客户服务在内的一系列服务。在线平台在从线下销售到线上销售的转变中发挥着重要的作用。中国和新加坡积极支持中小微企业进入具有区域或全球影响力的电子商务平台，帮助其降低成本，并通过数字化手段将产品销往海外。

一些网络平台也为中小企业向电子商务转型提供了直接支持，例如，美国的 eBay。英国暂时取消了小型卖家的注册费（多达 250 个项目），为老牌卖家设置免费挂牌促销活动，并对卖家进行保护，使其不会因为延迟交货或取消订单而被降级。在巴西，大型在线零售商或平台向中小企业开放销售平台，包括为其提供物流基础设施，或为中小企业提供资金支持等。

案例　　　　京东从柜台到电商的转型

1998 年 6 月 18 日，24 岁的刘强东带着工作两年积攒下来的 12000 元，在中关村海开市场租下 4 平方米的摊位，创立了京东的前身——京东多媒体。其创立的京东多媒体是典型的线下渠道生意：在柜台进货、卖货，先做批发，后转为零售。当时中关村的卖场充斥着正品与山寨货，消费者很难以合适的价格买到合适的产品。刘强东则采取了不一样的做法：没有进货渠道，没有资金，没有客户，没有团队，坚持明码标价，拒绝讲价。通过口碑传播，刘强东积累了第一批用户。

京东多媒体最初是做婚纱影楼视频编辑的硬件和系统，公司扩大之后，其转为售卖光磁产品、刻录机和录像带转制系统，70%卖给中关村各电脑城柜台，30%经由柜台卖给个人。2002年，京东多媒体在硅谷电脑城三楼开设了第一个柜台，产品品类增加了光盘。从海开市场柜台做起的时候，刘强东就开发票，坚持做正品。在光磁产品这一领域，京东最高曾占据全国60%的市场份额。

2003年的非典时期是京东由线下柜台转为线上电商的契机。当时依赖客流量的零售业受到重创，中关村所有电脑都在降价，平均降价幅度达到30%~40%。仅21天，京东就亏了800多万，公司账面资金只有两三千万。刘强东害怕员工感染"非典"，把京东多媒体的12个柜台全部关闭，公司亏损严重，员工开会讨论出路。有同事提出：既然客户不能见面交易，为什么不通过互联网交易呢？自此，京东多媒体员工便开始在网络上发帖子，推销光盘，在 CD best 论坛上，版主留言说，京东多媒体是他认识的唯一一家不卖假光盘的公司。5年的正品坚持，5年的口碑积累，换来了版主的一句话，才有了21名网友的初步信任。由此，京东迈出了线上零售的第一步。他们的做法很简单，在论坛上发起团购活动，公布该期团购的产品参数、价格以及截止日期，留下QQ号作为联系方式。

京东商城行政管理中心总监李梅号称"京东电商第一人"，最早负责京东多媒体线上销售。她用笔和纸记录下客户名单，收到客户汇款之后，按照客户要求挨个到库房找货、打包，再走邮政渠道发货给客户，发短信告知客户快递单号。如果是中关村附近的客户，就由司机开车送货上门。

由此，刘强东对互联网产生了极大的兴趣，他每天泡在网上给网友回帖。做了半年团购后，刘强东决定做独立网站卖产品，一来想独立掌握客户来源，二来 CD best 论坛索要的提成越来越高。2004 年 1 月 1 日，京东多媒体网站（www.jdlaser.com）正式上线，有 100 多个单品。网站特别粗糙，每款产品页面上只有纯文字的、干巴巴的产品参数介绍，两三张产品图片，没有打动人的描述，也没有品牌介绍。自此，京东在发展路上拐了一个大弯，也为现今京东的电商之路打下了坚实的基础。

讨论

1. 电子商务发展背后有哪些机理？
2. 早期的互联网创业者为什么全部没有成功？

参考文献

[1] Bakos, J. Y. (1997). Reducing buyer search costs: Implications for electronic marketplaces. *Management science*, *43*(12), 1676–1692.

[2] Brynjolfsson, E., & Smith, M. D. (2000). Frictionless commerce? A comparison of Internet and conventional retailers. *Management science*, *46*(4), 563–585.

[3] 肯尼斯·C.劳顿，卡罗尔·圭尔乔·特拉弗.电子商务——商务·技术·社会[M].北京：清华大学出版社，2018.

[4] 唐春林.电子商务基础[M].北京：科学出版社，2015.

[5] 苗森.电子商务概论[M].北京：北京大学出版社，2012.

[6] 朱玥，樊重俊，赵媛.全球电子商务：发展现状与趋势[J].物流科技，2020，43（01）.

[7] 佚名. Internet Users Statistics for all the Americas [EB/OL].(2019-06-30) [2019-07-23]. https://www.internetworldstats.com/south.htm#br.

[8] 瀛海威：中国网络业的悲情故事[N].中华工商时报，2008-02-21.

[9] 中国第一家互联网公司[C].红色记忆（2018）.红色记忆（2018）：长沙市雨花区史志档案局，2018.

[10] 李志刚.创京东[M].北京：中信出版社，2015.

第二章
传统生意与商业组织

> **学习目标**：了解交换和市场的由来，交换的目的与本质，市场的机制，传统企业的边界；讨论电子商务企业与传统企业的差异。

第一节　经济学视角解释个体生意

一、早期的集贸市场

集贸市场是约定俗成的或者由组织发起的，周边城乡居民在一定时间、一定地点聚集在一起进行农副产品、日用消费品等现货商品交易的固定场所。城乡集贸市场是社会主义大市场的重要组成部分。早期，人们赶集时，常在集市地点沿街买卖商品，集市本身并无专门的建筑物。

以物易物：过去，乡村里存在不少以物换物的交易，小商贩赶着马车驮着衣服、日用品等小商品来农村换取粮食。

有经纪人的交易：在集市上有专门的大型牲畜市。马、驴、骡、牛等大家畜，卖买双方不直接讨价还价，而经过中间人进行价格谈判，并成交。

为什么大家畜的买卖需要中间人？这就是中介的意义。

二、交换与市场

（一）交换规则与市场制度

市场制度源于简单的交换关系。它是买卖双方或者更多方之间的关系，每方提供一个好处给对方，从对方获得自己需要的好处。因此，交换是基于个人能力或资源的局限性导致的。买卖双方在资源和能力方面存在互补性。

一个好处或者资源可以是任何东西，比如时间、空间、物资、情感或者满足，只要获得者感到它是合乎愿望的。经济学理论（如帕累托最优）认为，在一个自由选择的体制中，社会的各类人群在不断追求自身利益最大化的过程中，可以使整个社会的经济资源得到最合理配置。例如，王小明在自己的公寓里想通过唱歌来解闷，可是会影响到隔壁的邻居李佳，因为邻居正在写一份稿子试图获得稿费收益。在这种情况下，王小明要么停止唱歌，要么支付给李佳钱，当这笔钱比稿费还高时，李佳同意让王小明继续唱歌，李佳也不用辛苦工作而出去散步。通过这种交换，两个人都获得了满足。

在这个例子中，王小明用钱买来了唱歌的权利从而获得心理满足，而李佳也通过出让自由选择权而获得了自己需要的钱。这只是一个简单的交换例子，是最为零星存在的一种自由交换行为。

市场机制实际上是一只"看不见的手"推动着人们从自利的动机出发，在各种买卖关系中，通过各种竞争与合作关系实现互利的经济效果，交易使交易双方都能得到好处。另一方面，虽然在经济学家看来，市场机制是迄今为止最有效的资源配置方式，可是事实上由于市场本身不完备，特别是市场交易信息不充分，使社会经济资源配置造成很多浪费。

人们离开了规则就缺少了提供（或不出让）好处的条件。规则做到了这一点。规则利用个人自由和财产的法律形态，详细说明了人们拥有控制其劳动的特权，对他们的财产拥有主权并决定是否出让给他人。只有在一个用道德法规和权威维护着安宁的社会，交换才有可能发生。

（二）货币、价格、专门的商人、商业组织构成了市场的基本机制

货币和价格

假如交换仅仅是零星发生或偶然行为，它发挥的作用就非常有限。每年重要的传统节日，或每双周一次的以货易货集会，只能增加有限的交换次数。而货币的出现和价格的明确，才使得交换成为主要的而非偶然的小型的社会组织的工具。商品价格是用货币表现的商品价值，即商品的价值同货币的价值的对比关系。价格是一种以规范的形式宣布交换赖以提出或完善的界限的设计。有了价格，卖方就不再需要在交换时向每个可能的买方讲解或通告商品或劳务（连同其数量）的要求只要宣布其价格足矣。

当缺少货币和价格时，交换受到一种对双重巧合的需要的阻碍：买家（需求方）必须找到一个卖家（供给方），卖家拥有或能制造买家需要的产品或者服务；同时，买家在获得自己需要的产品或服务中，也为卖家提供等价的内容。一般地，买家给卖家提供的是我们通常称为货币的东西，货币是最容易看管、使用和交换的。由于几乎所有人都把价格带入交换，并使用它来交换，对巧合的那种需要便消失了，交换机会的增长超过了人们的预期。例如，虽然我愿意在邻居外出期间帮他照看房间，以报答他在某天曾为我做过的同样的事情，但我仍不愿意把我的服务以一个看门人的价钱卖给任何人。然而，用于交换的货币的好处多多。这种无形的东西作为商品的"信用"被带入市场并出售给他人。

专门的商人

在货币的帮助下，交换中产生了专门的商人。商人的参与使交换关系的长链条成为可能。中国明朝时期，郑和下西洋开辟的商业之路，把我国的丝绸和瓷器航运到很多国家，同时换回了很多中国没有的珍奇或者白银。货币也可以进行直接的交换，例如哥伦比亚咖啡种植主把咖啡卖给商人，商人愿意购买是因为他知道某个美国加工商会从他手上买咖啡。加工商买咖啡，是因为他知道某个批发商将从他那里购买加工过的咖啡——最终咖啡到了消费者手上。

职业的或专门的商人（那些以向有需求的人提供交换为营生的"合伙人"），被冠以现代名称以示区别，如零售商、发货人、股票经纪人、批发商，甚至还有汽车商和废品商的说法。有些商人是伟大的组织家。公元前的《世本》中记载："相土作乘马"，"亥作服牛"，讲述了商朝建立之前商部落的领袖"王亥"，开创了繁荣的长途贸易。相传"商人"一词就来源于王亥时期的商贸队伍。从那时起，市场循环的链条便一直左右着重大的社会变化。14至16世纪，正是这样一种长长的环链——主要由欧洲一些城市商人，尤其是北意大利商人锻造的——头一次使西欧连为一个整体化的经济，实现了甚至连政府都望尘莫及的欧洲大陆的协调。

有效价格

合适的价格是市场交换接近最佳或有效状态的基本前提，不恰当的价格将阻碍交换的发生。假设我需要食物，而农场主需要我干活。这个农场主栽种了土豆，而我却有力气和空闲。于是，农场主和我达成协议：我帮农场主干一小时活，农场主给我一袋土豆。通过这次交换，双方都受益。但是，假设政府出面干涉，规定了最低收入标准：一小时劳动用工的劳务工资最少是两袋土豆。在这样的情况下，农场主决定亲自动手刨土豆，而不愿意雇用我。结果就是，我继续过着挨饿的生活，双方比原本的情况更糟。

在理论经济学术语中，反映人们偏好的价格被称为有效价格（efficiency price），妨碍反映这种偏好的价格被称为武断价格（或仲裁价格，arbitrary price）。一个有效价格对交易双方都是有效的，也叫稀缺价格（scarcity price）；它符合你的估价和我的相对稀缺状况。对我来说，土豆比力气更稀缺；对农场主而言，情形正好相反。

如果买卖双方都比较少时，有效价格或稀缺价格是不能确定的，因为少的一方就是稀缺的，价格的谈判能力就很强，可选择的余地比较大，交易价格就难以确定。因此，这种交换价格并不符合双方的意愿，这个价格就不是一个有效价格。简言之，有效价格是这样一种价格，即当买者和卖者都特别充分，以致谁也不能操纵的价格。

有效价格既可以通过供需双方在竞争性市场的相互作用决定，也可以由一个定价权威确定。这里的问题不是谁来建立价格或如何确定它们是否为有效价格，而是它们的水平能否符合三项标准。那么，何为稀缺价格或有效价格的原理？譬如一个企业可以生产药品、食品或开展运输服务。但是，每种产品或服务的提供是有限的，一种产品的生产扩大只有在其他产品减少的同时才有可能，对不能同时兼顾的因素的权衡，可以体现在价格上。在产能既定的情况下，为了生产价值1000元的药品时，就不得不放弃1000元的食品。所以，这种能够反映权衡价格的定价，就是有效价格或稀缺价格；而其他方法制定的价格则被称为仲裁价格。

非人格化的强制

在古典经济学家眼里，市场的最大好处之一，是它强制人们工作。依靠市场制度，本能懒惰的人们不得不在法律威力面前或在饥饿的"缄默、持久的压力"面前从事劳动。

那些把市场等同于自由的人，提出下述区别：只有当一个人强迫另一个人按照自己的命令行事时，自由才算被剥夺。在市场制度下，没有什么特殊的人强迫别人劳动。人们之所以被迫工作，仅仅是由于非人格化的制度要求在起作用。有鉴于此，多数人可能认为，任何社会制度要求身体健康的成年人必须工作。这一点，即人们在市场制度中必须工作，很难有什么独特之处。

生计

当生计在交换中十分窘迫时，像历史上一切市场制度那样，在非人格化的强制之上便有了人格化的强制。例如，如果就业机会很少，任何能提供职业的人都可以强迫职业申请者：索要工资回扣或个人服务，或向某个政党捐款，或工作本身的某种强制关系，以及其他可能。

如果劳动力市场由于严重失业而造成强制行为猖獗，那其至在"充分"就业时期，合适位置和合适种类的工作也不会充裕到消除某些强制形式的地步。只有在这样一个市场制度中，即所有人靠货币收入都被提供了充分的生存所需（不论他们是否工作），交换中各种强制的可能性才会消失。

控制的高昂代价

在一个交换制度中，控制人的每种尝试都要付出高昂的代价。因为必须提供有价值的东西，才能诱导出理想的反应。在实行控制相当容易和无须思考的这种位置上，实行控制的边际成本经常等于零。在有些权威制度中，只要行使权威就可以保持权威。所以有的时候，不使用权威的代价很高。我们假设存在一个没有货币没有市场的社会，那么，在这个制度下住房分配的特点是什么？怎样决定谁得到住房？每个人，不论年龄大小，都能分得一间住房或一定标准数量的面积吗？或者，根据年龄和家庭结构进行分配？一个人喜欢旅行，谁来运送他？为什么？经常如此吗？飞机还是小汽车？一个人出版一本书，谁来从事各种劳务（编辑、排版、发行、储运等等）？谁来充当各种角色（如艺术家、音乐家、社会活动家、官员）？所有这些决定，市场把它们留给个人，现在必须由政府权威作出。如果不向政府发出请求并得到某个政府官员的合作，我们所希望的、超出家庭和友谊关系的、需要昂贵设备和其他资源或他人帮助的一切事情都无法实现。无论我们自由还是不自由，在缺少货币和市场的条件下，我们的生活方式已被改变。对于我们早已习惯靠交换取得的每个决定或结果，必须由官方决定。交换和市场以及它们的社会运作要素，是对市场导向的社会分析的起点。

帕累托最优

1897年，意大利经济学家维弗利度·帕累托（Vilfredo Pareto, 1848–1923）提出了一种资源分配的理想状态，即帕累托最优（Pareto Optimality），也称为帕累托效率（Pareto efficiency）。这个概念描述的是这样一种情形，假定有固定的一群人和可分配的资源，在从一种分配状态到另一种状态的变化中，在没有使任何人境况变坏的前提下，使得至少一个人变得更好，这就是帕累托改进或帕累托最优。帕累托最优状态就是不可能再有更多的帕累托改进的余地；换句话说，帕累托改进是达到帕累托最优的路径和方法。帕累托最优是公平与效率的"理想王国"。

第二节 信息不对称

一、信息不对称的概念

信息不对称这一现象在1970年代最先由美国经济学家乔治·阿克罗夫（G.Akerlof）、迈克尔·斯彭斯（M.Spence）、约瑟夫·斯蒂格利茨（J.E.Stigliz）关注。他们分别从商品交易、劳动力和金融市场三个领域对这一现象进行了阐释，信息不对称理论为市场经济提供了一个新的视角。信息不对称现象无处不在。按照这一理论，名牌本身也折射出了这一现象。与一般的商品相比，人们对品牌的崇拜和追逐，在某种程度上恰恰说明了名牌商品提供了更完全的信息，降低了买卖双方的交易成本。这一理论也适应于广告现象，在商品同质的情况下，花巨资广而告之的商品比不做广告或少做广告者提供了更多的信息，所以它们更容易为消费者接受。

信息不对称理论强调市场中的人因获得信息的渠道不同、信息量的多寡而承担不同的风险和收益。1970年，乔治·阿克尔洛夫（G.Akerlof）在哈佛大学经济学期刊上发表了著名的《次品问题》一文，首次提出了"信息市场"概念。阿克尔洛夫从当时的二手车市场入手，发现了旧车市场由于买卖双方对车况掌握的不同而滋生的矛盾，最终导致旧车市场的日渐式微。在旧车市场中，卖主一定比买主掌握了更多的信息。为了便于研究，阿克尔洛夫将所有旧车分为两大类，一类是保养良好的车，另一类是车况较差的"垃圾车"，然后假设买主愿意购买好车的出价是20000美元，差车的出价是10000美元，而实际上卖主的收购价却可能分别只有17000美元和8000美元，这就产生了较大的信息差价。由此得出一个结论：如果让买主不经过旧车市场而直接从车主手中购买，那将产生一个更公平的交易，车主会得到比卖给旧车市场更多的钱，买主出的钱也会比从旧车市场买的要少。但接下来会出现另外一种情况，当买主发现到自己总是在交易中处于不利位置，便会刻意压价，以至低于卖主的收购价。例如，好车只出价15000美元，差车只出7000美元，这便使交易无法进行。面对这种情况，旧车交易市场的卖主往往会采取以次充好的手段满足低价位买主，使旧车质量越来越差，最后难以为继。

信息不对称现象的存在使交易中总有一方会因为获取信息的不完整而对交易缺乏信心。对于商品交易来说，这个成本是昂贵的，但可以找到解决方法。还是以旧车交易市场为例，对于卖主来说，如果他们一贯坚持只卖好车不卖一辆"垃圾车"，长此以往建立的声誉便可增加买主的信任，大大降低交易成本；对于买主而言，他们也可以设置更好的策略将"垃圾车"剔除出来。

迈克尔·斯彭斯专注于劳动力市场的研究，他通过对劳动力市场的长期观察发现，用人单位与应聘者之间的信息也是不对称的。应聘者为了谋到一个好的职位或者单位，会从服装到毕业文凭挖空心思层层包装，使用人单位很难识别真伪。于是，斯彭斯创造性地发明了一个新概念——"获得成本"。用人单位认为，应聘者具有越难获得的学历就越具可信度，拥有哈佛文凭的应聘者比一般学校的毕业文凭更有可信度。而事实上，劳动力市场上的信息不对称问题远比斯彭斯讲的严重得多，除了应聘者自己作假之外，人才市场的中介公司（猎头企业）为了使双方成交获取高额佣金，也经常帮助应聘者包装甚至造假。

二、信息不对称的一种特殊应用：囚徒困境

假设有两个犯罪嫌疑人 A 和 B 共同作案被警察抓住，警方的政策是"坦白从宽抗拒从严"。警察将两人单独关押审讯，警方的政策是：如果一个犯罪嫌疑人坦白了罪行，证据确凿的话，两人都会被判有罪。如果另一个犯罪嫌疑人也作了坦白，两人则各被判 8 年；如果另一个犯罪嫌疑人没有坦白而是抵赖，则以妨碍公务罪（因已有证据表明其有罪）再加刑 2 年，而坦白者则因立功而被减刑 8 年，立即释放。如果两人都抵赖，警方则因证据不足不能判两人有罪，但可以私闯民宅的罪名将两人各判入狱 1 年。

A \ B	坦白	抵赖
坦白	-8, -8	0, -10
抵赖	-10, 0	-1, -1

图 2-1　囚徒困境博弈

显然，对犯罪嫌疑人 A 和 B 来说，最好的策略是双方都抵赖，结果是大家都只被判 1 年。然而，由于两人被隔离审问，从心理学的角度来看，双方都会怀疑对方会出卖自己以求自保，都会从利己的目的做出选择。两个人都会有这样一个盘算过程：假如他坦白，如果我抵赖，得坐 10 年监狱，如果我坦白最多 8 年；假如他抵赖，我也抵赖，我就会被判一年，如果我坦白就可以被释放，而他会坐 10 年牢。综合以上几种情况，不管他坦白与否，对我而言都是坦白划算。两个人都会动这样的脑筋，最终两个人都选择了坦白，结果都被判 8 年刑期。

基于经济学中"理性经济人"的前提假设，坦白招供是符合两个嫌疑人利益的选择，他们并不会选择"不招供而被判一年"这个对双方都有利的策略。也就是说，从利己目的出发，结果损人不利己，既不利己也不利他。

讨论题

早期喜结连理场景下的"媒婆"与现代的婚介所有何异同？

三、竞争与垄断

完全竞争是一种理想的状态，是指市场内所有的资源都被调动起来，不存在任何人或集体可能出现的垄断，这样的市场价格会维持在一个合理的水平。市场上存在大量具有理性经济行为的卖者和买者；产品是同质的，可互相替代而无差别化；生产要素在产业间可自由流动，不存在进入或退出障碍；卖者或买者对市场都不具有某种支配权力或特权；卖者和买者间不存在共谋、暗中配合行为；卖者和买者具备充分掌握市场信息的能力和条件，不存在不确定性。在完全竞争市场中，存在着许多销售相同产品的卖者，消费者也充分掌握着信息，市场价格由市场中的供应和需求总量决定，任何一个厂商都不能控制市场价格，每个企业都按照市场既定的价格销售产品。

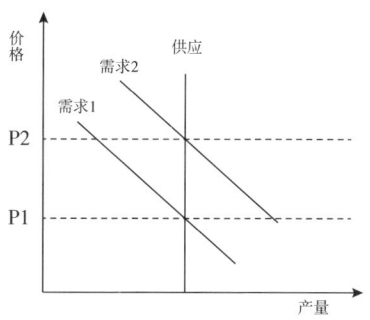

图 2-2　完全竞争环境下的市场均衡

完全垄断是指卖方只有一家企业，产品没有替代产品，行业壁垒高，新企业不可能进入市场。在完全垄断的情形下，市场价格是由这一个企业控制的，想要提高价格时就减少产能，想要降低价格时就增加供给。也就是供给决定价格，价格与需求呈反向变动。

第三节　传统企业边界、市场边界

由于交换和买卖的链条中存在的巨大交易成本，商人或企业为了减少交易成本并获取更多利润，就会采取纵向一体化战略，不断和上下游企业进行合作或对它们实行并购，这会逐渐扩大企业边界。随着企业边界的扩大，企业内业务链条的增长，组织结构变得更加复杂，对组织和岗位的协调成本大幅增加，管理成本也随着组织规模的扩大而增加，最终会降低利润。此外，为了降低购买原材料或服务、生产设备的成本，企业会采取扩大经济规模的战略，获得规模经济效应。这类似于随着规模的扩大，管理成本增加的规律，也类似于固定资产等规模的扩大会出现边际效益递减、边际成本增加的情况。这些都约束了企业的边界，使其不能无限增大。然而，电子商务将突破这些传统企业遵循的经济规律，使电子商务模式的企业边界更大、更模糊。

图 2-3　企业边界扩展的经济学规律

交易成本理论由诺贝尔经济学奖得主科斯（Coase, R.H., 1937）提出，其根本论点在于对企业的本质的解释。由于经济体系中企业的专业分工与市场价格机能的运作，产生了专业分工的现象；但使用市场价格机能的成本相对偏高，而企业机制是人类追求经济效率所形成的组织体。

交易成本理论认为，企业边界是由交易成本和管理成本的边际价值确定的。交易成本是指通过市场对资源进行组织的成本，管理成本是指企业内部对资源进行组织的成本。当市场运作的成本大于管理成本时，利润最大化要求企业替代市场，企业出现。

由于交易成本泛指所有为促成交易发生而形成的成本，很难进行明确的界定与列举，不同的交易往往涉及不同种类的交易成本。总体而言，可简单地将交易成本区分为以下几项（Williamson，1975）。

搜寻成本：商品信息与交易对象信息的搜集。

信息成本：取得交易对象信息以及和交易对象进行信息交换所需的成本。

议价成本：针对契约、价格、品质讨价还价的成本。

决策成本：进行相关决策与签订契约所需的内部成本。

监督成本：监督交易对象是否依照契约内容进行交易的成本，例如追踪产品、监督、验货等。

违约成本：违约时所需付出的事后成本。

Williamson（1985）进一步将交易成本区分为事前与事后两大类。

事前的交易成本：签约、谈判、保障契约等成本。

事后的交易成本：契约不能适应所导致的成本；讨价还价的成本，指两方调整适应不良的谈判成本；建构及营运的成本；为解决双方的纠纷与争执而必须设置的相关成本；约束成本，为取信于对方所需之成本。

Dahlman（1979）则将交易活动的内容加以类别化处理，说明了交易成本的形态及基本内涵，认为交易成本包含：搜寻信息的成本、协商与决策成本、契约成本、监督成本、执行成本与转换成本。简言之，所谓交易成本就是指当交易行为发生时，随同产生的信息搜寻、条件谈判与交易实施等各项成本。

交易成本发生的原因，来自人性因素与交易环境因素交互影响下所产生的市场失灵现象，造成交易困难所致（Williamson，1975）。Williamson指出了六项交易成本来源：

①有限理性（Bounded Rationality）：交易相关者，包括买卖双方、中介人，都因缺乏足够的信息、知识和能力，决策时不可能选到最完美的方案，或者是在追求效益最大化时的约束限制。

②投机主义（Opportunism）：交易相关者，包括买卖双方、中介为寻求自我利益采取欺诈手法而增加彼此的不信任，互相怀疑，这会导致参与交易的各方在交易过程中增加监督成本，并降低经济效率。

③不确定性与复杂性（Uncertainty and Complexity）：由于环境因素中充满不可预期性和各种变化，交易双方均将未来的不确定性及复杂性纳入契约中，使得交易过程增加了不少订定契约时的议价成本，并使交易困难度上升。

④专用性投资（Specific Investment）：某些交易过程过于专属性（Proprietary），或因为异质性（Idiosyncratic）导致信息与资源无法流通，使交易对象减少并造成市场被少数人把持，使市场运作失灵。

⑤信息不对称（Information Asymmetric）：由于环境的不确定性和自利行为产生的机会主义，交易双方往往握有不同程度的信息，使得市场的先占者（First Mover）拥有较多的有利信息而获益，并形成少数交易。

⑥气氛（Atmosphere）：指交易双方若互不信任，且又处于对立立场，无法营造一个令人满意的交易关系，使交易过程过于重视形式，徒增不必要的交易困难及成本。

垂直一体化亦称"纵向一体化"或"纵向联合",指在产业价值链上,生产、加工和运销过程中,两个或两个以上前后不同阶段的部门或企业所实行的紧密结合(Williamson, 1971)。垂直一体化又可分为:①完全的垂直一体化。即将产业价值链中所涉及的生产资料的生产、供应以及产成品加工等环节,纳入一个企业单位中。②不完全的垂直一体化。即通过一般合作或签订合同的方式,有机管理这个产业价值链中生产资料的供应、生产以及产成品的销售环节,各单位实行独立核算。

纵向一体化分为前向一体化和后向一体化。前向一体化是通过兼并和收购若干个处于生产经营环节下游的企业实现公司的扩张和成长,如制造企业收购经销渠道商或零售商。后向一体化则是通过收购一个或若干供应商以增加盈利或加强控制,如汽车整车生产商对零部件制造商的兼并与收购。横向一体化就是对竞争对手的兼并与收购。

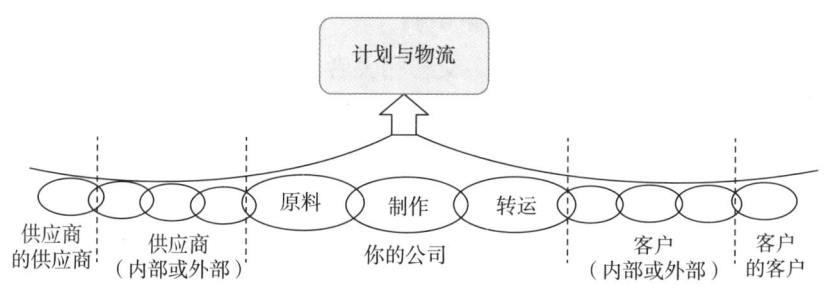

图 2-4　产业价值链

诺贝尔经济学奖得主(1970年)保罗·A.萨缪尔森(Paul A Samuelson)在《经济学》中指出:"企业进行生产的原因在于效率要求大规模的生产、筹集巨额资金以及对正在进行的活动实行细致的管理与监督。"他认为:"企业里组织生产最强有力的因素来自大规模生产的经济性。"从传统的成本理论观点看,随着企业规模的扩大,在大规模经济规律的作用下,企业生产成本将不断降低,直到实现适度生产规模。如再继续扩大规模,则会因管理上的不经济而导致成本增加。

对此,哈佛大学教授哈维·莱宾斯坦(Harvey Leibenstein)提出了效率理论。莱宾斯坦在《效率配置和效率》中指出:大企业特别是垄断性大企业,面临外部市场竞争压力小,内部组织层次多,机构庞大,关系复杂,企业制度安排往往出现内在的弊端，使企业成本最小化和利润最大化的经营目标难以实现，从而导致企业内部资源配置效率降低，这就是"X非效率"，也就是通常所说的"大企业病"。"X非效率"带来的"大企业病"，正是企业发展规模经济的内在制约。

美国著名企业史学家钱德勒（Alfred Chandler）在《看得见的手》一书中也指出："当管理上的协调比市场机制的协调带来更大的生产力、较低的成本和较高的利润时，现代多单位的工商企业就会取代传统的大小公司。"以科斯为代表的交易成本理论阐明了企业代替市场机制组织交易的情况下，管理对规模经济的贡献。在相同生产条件下，企业的管理水平越高，管理成本越低，企业规模的扩张程度就可以提高。可见，交易成本理论不仅是现代企业理论的核心，也是规模经济理论的重要发展。

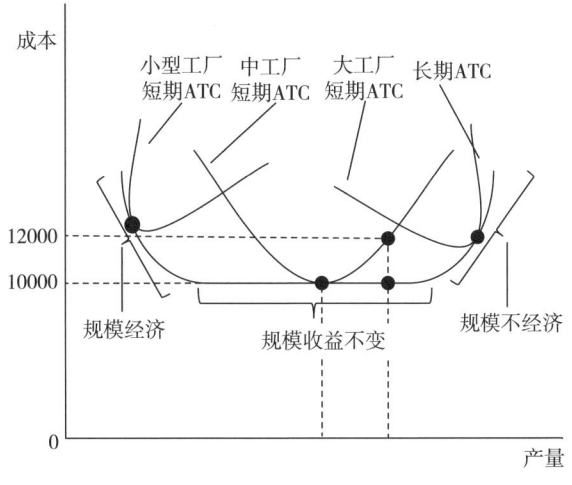

图 2-5　规模经济规律

传统生意模式受经济学规律的约束，使企业规模的扩大受到限制，而电子商务作为新兴的生意模式，突破了传统经济学规律的约束，企业规模可以无限大，企业边界不再清晰。

讨论

传统商业和电子商务有什么可能的差别？

> **专栏　　　　　企业价值与企业盈利的区别**
>
> 　　京东为什么连续亏损12年，上市后连续亏损10年，却能成为全球500强企业？
>
> 　　2020年3月2日晚间，京东集团发布了其2019年第四季度及全年财报。财报显示，京东2019年四季度净营收1707亿元，净利润36.33亿元，上年同期亏损48.05亿元。2019年全年营收5170.3亿元，净利润121.84亿元，上年亏损24.9亿元，所有财务数据均超出华尔街预期，这也是京东10年来首次年度盈利。
>
> 　　企业价值即指企业本身的价值，是企业有形资产和无形资产价值的市场评价。企业价值也不是指企业账面资产的总价值，由于企业商誉的存在，企业的市场价值实际上远远超过账面资产的价值。广义上讲，企业价值可定义为一种价值回报能力，就是所有企业利益相关者（包括股东、债权人、管理者、普通员工、政府等）均能获得满意回报的能力。显然，企业的价值越高，企业给予其利益相关者回报的能力就越高，而这个价值是可以通过其经济定义加以计量的。企业价值不同于利润，利润是企业全部资产的市场价值所创造的价值的一部分。

参考文献

[1] Akerlof, G. A. (1970). The market for "lemons": Quality uncertainty and the market mechanism. *The Quarterly Journal of Economics*, *84*(3), 488–500.

[2] Coase, R. H. (1995). *The nature of the firm* (pp. 37–54). Macmillan Education UK.

[3] Williamson, O. E. (1975). Markets and hierarchies: analysis and antitrust implications: a study in the economics of internal organization. *University of Illinois at Urbana-Champaign's Academy for Entrepreneurial Leadership Historical Research Reference in Entrepreneurship*.

[4] Williamson, O. E. (1971). The vertical integration of production: market failure considerations. *The American Economic Review*, *61*(2), 112–123.

第三章
电子商务的框架与内容

学习目标：了解电子商务的框架和内容；讨论电子商务框架的各个层面对电子商务开展造成的影响；掌握电子商务的功能。

第一节 电子商务定义与概念

所谓电子商务（electronic commerce，EC），就是利用计算机网络，主要是互联网和内联网买卖、交换、配送商品、服务、信息的过程。

与电子商务相关的还有一些重要概念。例如，电子商务可以分为完全电子商务和部分电子商务，这是基于电子商务三大主要活动的特性。这三大活动为订购支付、订单实施和产品配送，既可以是实体的，也可以是数字的。经过组合，就形成了表3-1中的八个模块。若所有活动都是数字化的，则为完全电子商务；若都不是数字化的，则谈不上电子商务；除此之外，都是部分电子商务。

表 3-1　　　　　　　　　　电子商务分类

活动	1	2	3	4	5	6	7	8
订购支付	实体	数字	数字	数字	数字	实体	实体	实体
订单实施	实体	数字	数字	实体	实体	数字	实体	数字
产品配送	实体	数字	实体	实体	数字	数字	数字	实体
电子商务种类	非电子商务	完全电子商务	部分电子商务					

商务活动中只要有一个要素是数字的，我们就可以认为它属于电子商务。例如，在戴尔公司网站上订购一台电脑，或是在当当网站上购书，这些都属于部分电子商务，因为商品要通过实体渠道配送。若是从京东购买一本电子书，就属于完全电子商务，因为订购、处理、配送等流程都是数字化的。很多公司的电子商务运作都用了两种或两种以上模式。例如，宇通汽车提供了在线的购前汽车 3D 模型。

第二节　电子商务：主体框架与内容

对电子商务进行分类有助于理解这个多样化的领域。一般说来，买卖活动可以在企业和消费者之间进行（B2C 模式），也可以在企业间进行（B2B 模式）。在 B2C 模式中，企业与消费者从事网络交易，例如消费者在瑞幸小程序上买咖啡，或者双十一的电商狂欢节等。在 B2B 模式中，则是企业与企业在网络上做买卖，例如戴尔在线上从供货商那里采购零配件。戴尔也在线上与生意伙伴合作，向消费者提供在线的客户关系管理服务（e-CRM）。其他电子商务类型将在本书接下来的内容中详述。

电子商务领域是一个林林总总的大框架。它包含各种各样的经营管理活动，还包含各种组织结构以及技术。因此，有必要介绍电子商务框图。

尽管很多人对电子商务提出了不同的内容框架，本教材采用了图 3-1 的框架，是借鉴 Turban 等人提出的经典的电子商务模型。电子商务活动的实施需要有一整套框架体系支撑才能完成。这一模型是从管理的视角对电子商务提出的框架模型，并从三个维度：基础设施建设、支持系统、电子商务应用展开。

电子商务应用多种多样。要应用好电子商务，企业需要信息、基础设施以及各种支持服务。图 3-1 中显示出电子商务应用需要 5 大支持系统（就是图中的 5 大支柱），而 5 大支持系统的实现需要坚实的基础设施建设。

第三章 电子商务的框架与内容

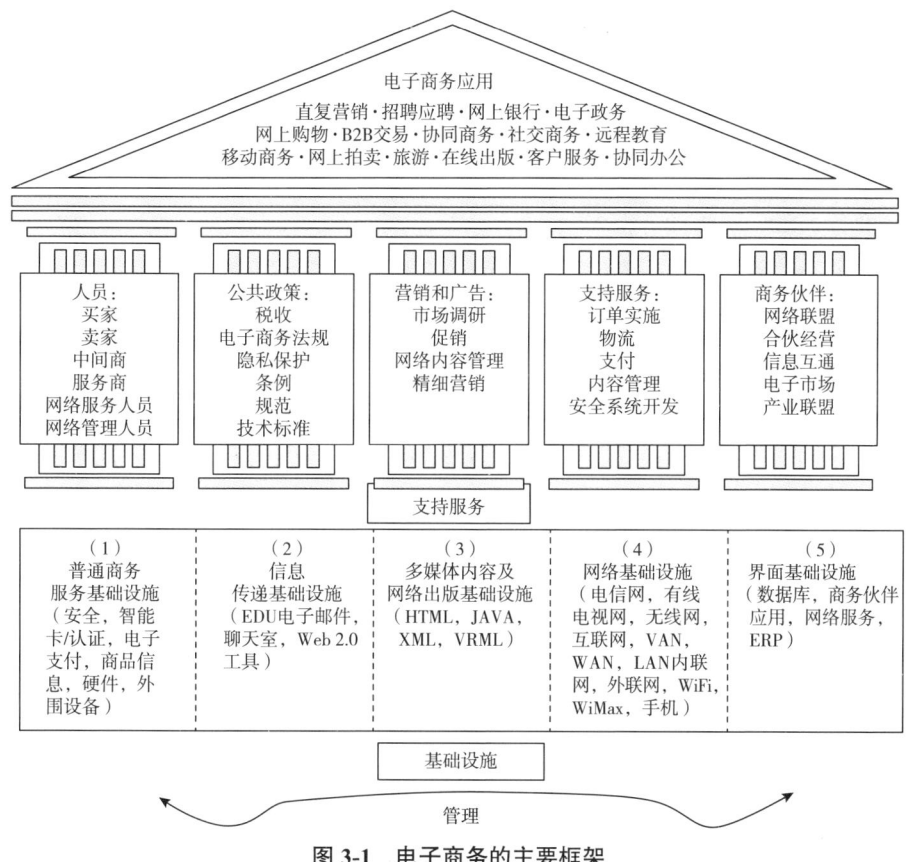

图 3-1 电子商务的主要框架

第三节 电子商务框架的具体内容

一、电子商务应用

有了基础设施建设与支持系统的基础，电子商务就可以在各个领域展开丰富的应用。现在常见的电子商务应用领域有：直复营销、招聘应聘、网上银行、电子政务、网上购物、B2B 交易、协同商务、社交商务、远程教育、移动商务、网上拍卖、旅游、在线出版、客户服务、协同办公等等。

总结来说，可以将电子商务领域分为三个大方向：①零售与数字服务行业；② B2B 电子商务模式；③ 创新的电商系统：从在线政务到在线教育、协同商务、C2C 电子商务等。

电子商务的应用范围广泛，接下来将在本书的后续部分详细说明。

二、支持服务

应用层或者应用系统是在五个方面的支持服务的基础上展开的（称为5P）。具体包含人员（people）、政策（policy）、营销与广告（promotion）、支持服务（provider）和商务伙伴（partnership）。

（一）人员

买家、卖家、中间商、信息系统及技术专家、其他各种员工及形形色色的参与者共同构成了一大支柱。

（二）公共政策

法律、法规、政策等都是由政府来制定并实施的，例如税收政策、隐私权保护政策等。还有些是技术标准和业内人士都需要遵守的规则。

任何商业活动者必须熟悉法律、法规和公共政策，被起诉的违法行为可能一夜之间让企业化为乌有，相关人员甚至有牢狱之灾。电商企业的促销行为、标价、服务等都可能涉嫌虚假宣传、欺诈等罪名。

（三）营销和广告

与其他的商务活动一样，电子商务也需要营销和广告的支持。在B2C网络交易中，营销和广告尤其重要，因为买卖双方并不熟悉。

（四）支持服务

电子商务需要各种各样的支持系统。其中包括内容开发、支付、配送等（美团、饿了吗、支付宝、微信支付、网银）。

（五）商务伙伴

电子商务中合伙经营、信息沟通、产业联盟等都是常见的合作形式。尤其多见于供应链中（例如，企业与其供应商、客户及各种商务伙伴之间的交流与合作）。

三、基础设施建设

各种电子商务经营模式以及交易形式都依赖于各种电子商务技术。首先，B2C应用是要在互联网上完成的。其次，为了信息系统（例如数据库、网络、安全、软件、服务器软件、运行系统、网络服务器、托管服务等）的正常运行，还需要建立各种各样的基础设施。第三，为了电子商务的开展，还需要电子市场、购物车、电子购物支持服务（例如电子支付、订单处理）。第四，电子商务实施过程中还要各种技术，例如固定价格交易还是竞价交易，不同的方法使用的技术是不相同的。最后，还有基于Web2.0的协作和沟通机制（如推特）以及特殊平台（如Pinterest使用的）。

所谓基础设施是指硬件、软件、网络等。所有这些要素都需要人去管理。也就是说，企业要对此进行计划、组织、改进，制定战略，对流程进行重构，目的是优化电子商业模式和战略。

接下来就将从电子商务的普通商务服务基础设施建设、信息传递基础设施、多媒体内容以及网络出版基础设施、网络基础设施、界面基础设施等五个维度入手展开对电子商务基础设施建设的介绍。

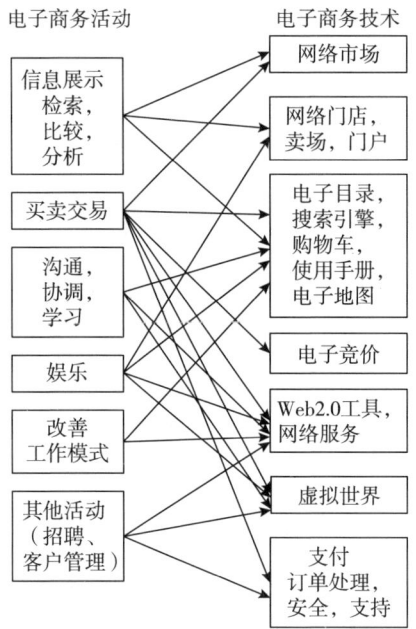

图 3-2 电子商务活动与相应技术

（一）框架中的五大基础设施建设

1. 普通商务服务基础设施

（1）定义：普通商务服务基础设施指的是对所有传统商务活动产生影响的基础设施建设。普通商务服务基础设施实现基础的网上商务活动服务，如电子支付、电子认证（CA）、商业信息安全、物流服务等。其中电子认证及商业信息安全是核心，它们担负着网络交易的信息安全及交易安全。

（2）具体基础设施：商业信息安全，电子认证，电子支付，商品信息，硬件，外围设备等。

（3）具体以电子商务支付系统为例。

2. 信息传递基础设施

（1）定义：信息发布与传输层网络基础层决定了电子商务信息传输使用的线路，而信息发布与传输层则解决如何在网络上传输信息和传输何种信息的问题。目前，Internet 上最常用的信息发布方式是在 WWW 上发布网页，并将 Web 服务器中发布传输的文本、数据、声音、图像和视频等多媒体信息发送到接收者手中。从技术角度而言，电子商务系统的整个过程就是围绕信息的发布和传输进行的。

（2）常见的信息传递基础设施：EDI，电子邮件，超文本传输协议，聊天室，Web2.0 工具。

EDI（Electronic Data Interchange，电子数据交换）是一种利用计算机进行商务处理的方式。在基于互联网的电子商务普及应用之前，曾是一种主要的电子商务模式。EDI 是将贸易、运输、保险、银行和海关等行业的信息，用一种国际公认的标准格式，形成结构化的事务处理的报文数据格式，通过计算机通信网络，使各有关部门、公司与企业之间进行数据交换与处理，并完成以贸易为中心的全部业务过程。EDI 包括买卖双方数据交换、企业内部数据交换等。

3. 多媒体内容以及网络出版基础设施

（1）定义：多媒体内容和网络出版的基础设施主要负责管理电子商务活动涉及的各种信息，包括文字、语音、图像、视频等。

（2）采用的信息技术主要包括：HTML，JAVA，XML，VRML。

4. 网络基础设施

（1）定义：网络基础设施是实现电子商务最底层的基础设施。网络基础设施主要是信息传输系统，正像公路系统由国道、城市干道、辅道共同组成的一样，信息高速公路也是由骨干网、城域网、局域网这样层层搭建才使得任何一台联网的计算机能够随时同整个世界连为一体。网络基础设施是指使网络或 Internet 连接、管理、业务运营和通信成为可能的网络资源。网络基础设施通常包括硬件和软件，并且可以在用户、服务、应用程序和进程之间进行计算和通信。

（2）常见的网络基础设施：电信网、有线电视网、无线网、互联网、VAN、WAN、LAN、内联网、外联网、5G、WIFI、WiMax、手机等。

5. 界面基础设施

数据库，商务伙伴应用，网络服务，ERP。

(二) 高新电子信息技术发展分析

1. 5G发展分析

自科技部"新一代宽带无线移动通信网"国家科技发布重大专项，我国全面启动5G技术研发试验后，第一阶段、第二阶段已经成功完成，第三阶段"5G系统方案验证"测试进行中。目前NSA（non-standalone，非独立组网）测试已全部完成，华为、中兴、大唐均进展顺利。

2018年6月，首个5G国际标准正式公布，我国企业多项技术方案进入国际核心标准规范。我国产学研各界积极参与国际电信联盟（IU）、第三代合作伙伴计划（3GPP）等国际标准化组织的关键项目，充分体现了我国在该领域的技术研发创新活力。华为、联发科、紫光展锐等芯片厂商均制定了面向5G的芯片设计研发发展路线图。国内主要运营商联合终端厂商陆续启动研发计划，部分国产品牌已成功研发出支持5GNSA的预商用终端产品样机。

2. 量子信息技术发展分析

我国政府、科研机构、企业等通过出台相关鼓励政策、推进基础领域研究、探索商业化应用模式等方式不断推动量子信息技术进一步发展，提升了我国在该领域的技术实力。

2018年，《政府工作报告》将"量子通信"纳入创新驱动发展成果。国家发展改革委将"国家广域量子保密通信骨干网络建设一期工程"列为2018年新一代信息基础设施建设工程三项支持重点之一。北京、山东等地方政府加大对量子信息技术领域创新发展支持力度，包括编制发展规划、支持成立科研机构、设立专项发展基金等。中国科技大学、清华大学、北京大学等高校研究团队，在量子调控、量子纠缠和量子密集编码等领域不断取得突破性成果，体现了我国在该领域一流的科研能力。2019年2月，美国科学促进会将2018年度克利夫兰奖授予中国"墨子号"量子科学实验卫星科研团队。阿里巴巴量子实验室研发了"太章"量子电路模拟器，华为发布了量子计算模拟器 HIQ 云服务平台。腾讯、百度等企业也纷纷布局量子信息技术领域，组建了相关实验室，推动该领域的探索。企业的不断参与加快了量子信息技术产业化步伐和普及应用。

3. 人工智能技术发展分析

截至 2018 年 11 月，我国人工智能相关专利申请量已超过 14.4 万件，占全球申请总量的 43.4%，居全球首位；在标准制定方面，电气和电子工程师协会（IEEE）聚焦人工智能领域伦理道德标准研究，同时，全国信息技术标准化技术委员会在人机交互、生物特征识别等领域开展了标准化工作，制定发布了各个领域相关的一系列标准和规范；在人工智能芯片研发方面，随着人工智能发展对核心硬件的要求持续提升，人工智能芯片研发不断加速，我国企业相继发布人工智能芯片。目前，人工智能已在医疗健康、金融、教育、安防等多个垂直领域得到应用，形成"人工智能+"的行业应用终端、系统及配套软件，为用户提供个性化、精准化、智能化服务。

4. 云计算技术发展分析

我国云计算技术的发展主要有四个方面：其一，X86 服务器是云计算硬件平台的主流选择，硬件在平台整体投入和营收中的占比较高。但随着硬件设备标准化程度和软件异构能力的提升，预计软件和服务市场的营收占比将逐渐增长。其二，国内云计算服务商在重视参与建立开源生态的同时，也积极进行自主研发。阿里巴巴、腾讯、华为等国内云计算服务商陆续参加 Linux 基金会、CNCF（cloud native computing foundation，云原生计算基金会）等开源基金会，并在 2018 年发布了"飞天 2.0""Redis5.0"等自主研发的云计算产品。其三，安全问题虽然已经引起云计算服务商的高度重视，但安全事故仍旧频发，安全风险管控能力亟待进一步加强。其四，边缘计算与云计算的协同将极大提升对海量数据的及时处理能力、数据存储能力和深度学习能力，从而促进物联网的进一步发展。

5. 大数据技术发展分析

在《促进大数据发展行动纲要》等政策的指引下，我国已形成了以8个国家大数据综合试验区为引领，京津冀、长三角、珠三角和中西部四个聚集区域协同发展的格局；贵州、河北、河南等省及内蒙古自治区正式印发了大数据相关行动计划，推动大数据的融合应用继续深化。

同时，省级机构改革成为一大亮点，目前，广东、贵州、上海等12个省（区、市）均设立了省级大数据管理机构，有利于数据汇集，打破信息孤岛。我国大数据核心技术研发正在加速突破，硬件关键技术逐步发力，阿里巴巴公司近几年持续推进神经网络芯片研发，该芯片将运用于图像视频分析、机器学习等大数据计算和分析领域。数据仓库、大数据分析与云计算技术进一步融合，通过公共云基础设施提供在线服务。BAT、电信运营商等企业持续引领大数据应用技术创新与落地，覆盖制造、金融、政务、交通、医疗、能源等众多领域。

6. 区块链发展分析

近年来，国家相关部委和地方省市相继发布区块链政策和具体措施，加快推进我国区块链产业布局。2019年，国家互联网信息办公室发布《区块链信息服务管理规定》，进一步规范区块链信息服务活动，促进区块链技术及相关服务的健康有序发展。在技术研发方面，目前国内很多公司仍基于以太坊（Ethereum）等国外开源架构进行区块链平台开发和应用部署。

区块链底层技术和架构的自主研发日益受到重视，如中国银行、中国工商银行、蚂蚁金服、腾讯、百度、京东等企业已经积极开展区块链技术自主研发，加强区块链网络基础架构系统建设。

7. VR技术发展分析

虚拟现实（virtual reality，简称VR）的产业生态初步形成，"VR+"渗透各个领域。我国虚拟现实产业主要分为内容应用、终端设备、网络通信平台等。内容应用方面，虚拟现实与娱乐、教育、文化、健康等行业领域形成"VR+"的应用模式。终端设备方面，智能硬件企业纷纷进入虚拟现实一体机市场，通过功能集成实现产品升级。网络通信平台方面，5G技术将有助于增强现有的虚拟体验，Cloud VR（云化虚拟现实，包括内容上云、渲染上云等）为5G技术提供了广阔的应用场景。增强现实（augmented reality，简称AR）企业以软硬件切入，构建开发者生态。华为、商汤科技等企业通过开发支持AR技术的智能手机、发布AR Engine、开放ARSDK、推出AR产品，搭建AR应用开放平台，吸引开发者入驻，拓展新的产品和服务生态。各类App在娱乐、社交、购物、营销等场景下集成AR功能，塑造了全新的应用体验。智能手机有望成为AR技术主流消费应用平台。

8. 物联网技术发展分析

作为物联网的关键基础技术，标识在各种应用场景中衍生出多种异构体系。目前，常见的标识有域名、电子产品代码（EPC）、对象标识符（OID）、国家物联网标识体系（E code）、Handle等。随着互联网、物联网向全球物联网全面演进，标识技术体系也随之发展。一是标识范围扩大，越来越多种类的物理对象和虚拟对象依托新的网络标识体系实现互联网接入；二是标识功能逐步增强，从简单身份位置标记逐步发展为网络对象间信息交互的入口；三是标识体系逐步融合，支撑人、机、物及内容和服务等海量对象相互交织形成新的互联网应用。着眼全球物联网协议体系发展，未来标识技术将作为各种新兴技术共存的基础，需要综合考虑标识体系的兼容性、高效性、安全性和互操作性。

基础设施建设是电子商务得以顺利运行的基础，这如同一栋高楼的地基，如果没有扎实良好的地基，那关于电子商务的一切美好幻想都是泡沫，无法落地。因此一个好的电子商务系统一定有着坚实的电子商务基础设施建设。

复习题

1. 电子商务需要哪些技术设施建设？
2. 电子商务领域目前运用了哪些高新电子信息技术？
3. 谈谈技术设施建设对电子商务的意义。
4. 聊聊电子商务应用的五大支持系统。
5. 简要叙述电子商务发展史上的主要品牌商标。
6. 讲述几个电子商务成功与失败的案例。
7. 讨论电商企业为什么要特别重视政策法规。

第四节　电子商务的功能

电子商务通过互联网提供交易和管理全过程服务，本书从电子商务企业和消费者两个层面对电子商务的直接功能进行了阐述，大部分功能是电子商务企业与消费者密不可分的，除此之外还有一些派生的功能，如电子商务促进产业结构合理化功能等。

一、电子商务企业层面

（一）企业业务组织

电子商务是一种基于信息的商业进程，在这一进程中，企业内外的大量业务被重组，使整个企业更有效地运作。电商企业对外通过互联网加强了与合作伙伴之间的联系，打开了面向消费者的窗口；对内则通过内部网提高业务管理的集成化和自动化水平，以实现高效、快速和方便的业务活动流程。

（二）信息发布与广告宣传

电商企业可以通过自己的 Web 服务器、网络主页（homepage）和电子邮件（E-mail）在全球范围内进行信息发布与广告宣传，在 Internet 上宣传企业形象和发布各种商品信息，消费者用网络浏览器可以迅速找到所需的商品信息。与其他各种广告形式相比，网上广告成本最为低廉，而提供给顾客的信息量却最为丰富。

（三）交易管理

电商企业的交易管理系统可以借助网络快速、准确地收集大量数据信息，利用计算机系统强大的处理能力，针对网上交易活动相关的人、财、物、消费者及本企业内部事务等方面，及时、科学、合理地协调和管理。

（四）服务传递

电子商务通过服务传递系统将消费者所订购的商品尽快地传递到已订货并付款的消费者手中。对于有形的商品，服务传递系统可以通过网络对在本地或异地的仓库或配送中心进行物流的调配，并通过物流服务部门完成商品的传送。而无形的信息产品如软件、电子读物、信息服务等则立即从电子仓库中将商品通过网上直接传递到用户端。

（五）智能分析

电商企业产生的大数据能够通过智能算法得出潜在信息。通过智能分析得到消费者的潜在需求及企业的潜在风险。掌握消费者的偏好倾向，有助于企业制定针对性战略目标；了解自身的弊端，有助于企业形成危机意识，根据数据作出调整，将企业承担的风险最小化。

（六）意见征询

电商企业的电子商务系统能够实现公共意见征询功能，可以采用网页上的"选择""填空"等形式及时收集消费者对商品和销售服务的反馈意见，这些反馈意见能提高线上、线下交易的售后服务水平，使企业获得改进产品、发现新市场的商业机会，从而使企业的市场运作形成一个良性的封闭回路。

二、电子商务消费者层面

（一）在线体验

消费者可以通过手机端、PC 端等实现网络产品体验。多种多样的线上体验产品为目标消费者提供优质的服务和支持，能够在购买过程中提供帮助。在线体验不仅满足了用户丰富的个性化需求，而且由于互联网发展愈加成熟，用户个人信息安全也得到了更高的保障。与此同时，在线体验科学、智能、迅速、便捷的特性，还使得更多的受众群体加入体验之中。

（二）咨询洽谈

在电子商务活动中，顾客可以借助非实时的电子邮件（E-mail）、新闻组（newsgroup）和实时的论坛（BBS）来了解市场和商品信息，洽谈交易事务，如有进一步的需求，还可用网上的交互平台来交流即时的图文信息。网上的咨询和洽谈能超越人们面对面洽谈的限制，提供多种方便的异地交谈形式，甚至可以在网络中传输实时的图片和视频片段，产生如同面对面交谈的感觉。

（三）网上订购

网上订购通常都是在产品介绍的页面上提供订购提示信息和订购单。当消费者填完订购单后，系统会通过发送电子邮件或以其他方式通知消费者确认订购信息。通常，订购信息会采用加密的方式来传递和保存，以保证消费者和商家的商业信息不会泄露。

（四）网上支付

对于一个完整的电子商务过程，网上支付是不可缺少的一个重要环节。消费者和商家之间可采用电子货币、电子支票、信用卡等系统来实现支付，网上支付比传统的支付手段更为高效和方便，可节省交易过程中许多的人员开销。不过，由于网上支付涉及机密的商业信息，所以，其需要更为可靠的信息传输安全性控制以防止欺骗、窃听、冒用等非法行为出现。

复习题

1. 简述电子商务企业层面的功能。
2. 简述电子商务消费者层面的功能。
3. 聊聊你身边经常见到的电子商务功能。
4. 电子商务实现的各种功能对你的生活造成了何种影响？

本章小结

本章主要讨论的是电子商务的框架及其内容，我们借用电子商务经典的框架模型 Turbian 模型，来展示电子商务的逻辑架构。

Turbian 模型是以管理学的视角，对电子商务运作展开描绘。其结构可分为三个主要部分：技术设施建设、技术系统以及电子商务应用。

1. 基础技术设施包括普通商务服务基础设施、信息传递基础设施、多媒体内容及网络出版基础设施、网络基础设施、界面基础设施。高新技术包括：5G、量子信息技术、人工智能技术、云计算技术、大数据技术、区块链。

2. 技术支持包括人员、公共政策、广告与营销、支持与服务、商务伙伴。

3. 电子商务应用广泛，包括直复营销、招聘应聘、网上银行、电子政务、网上购物、B2B 交易、协同商务、社交商务、远程教育、移动商务、网上拍卖、旅游、在线出版、客户服务、协同办公等等。

4. 电子商务功能齐全，对企业和消费者分别具有不同的实用功能。从企业的层面包括企业业务组织、信息发布与广告宣传、交易管理、服务传递、智能分析、意见征询。从消费者的层面包括在线体验、咨询洽谈、网上订购、网上支付。

讨论题

1. 什么是电子商务?
2. 简述电子商务的基本框架。
3. 电子商务能实现哪些功能?
4. 电子商务的组成要素有哪些?
5. 你如何理解电子商务中商务与技术的关系?
6. 举例说明你身边的电子商务应用。
7. 电子商务给你的生活、工作、学习带来了哪些影响?
8. 你认为高新技术会颠覆传统电子商务的结构吗?如果会,如何顺应技术发展进行革新呢?
9. 你认为电子商务未来将会怎样发展?

案例　　　　兴盛优选——社区电商模式开创者

兴盛优选是国内领先的社区电商平台,总部位于湖南长沙。平台主要定位是解决家庭消费者的日常需求,提供包括蔬菜水果、肉禽水产、米面粮油、日用百货等全品类精选商品,依托社区实体便利店,通过"预售+自提"的模式为用户提供服务。

2010年"芙蓉兴盛"已成为长沙覆盖率最高的便利店品牌之一。截至2020年,芙蓉兴盛加盟店已经布局湖南、广东、湖北、江西、浙江、江苏、安徽、重庆、四川、北京、天津、河北、福建、陕西、上海、广西16个省市的80多个地级城市和400多个县级城市。据官网披露,"芙蓉兴盛"现已发展17000余家门店,投资回收期在1~2年。

历经三年摸索社区电商模式,2013年7月公司孵化电商平台"兴盛优选",先后经历门店自配送阶段、网仓阶段、配送站阶段,2017年"预售+自提"模式逐渐成形。

门店自配送阶段(2014年2月至2015年6月),消费者网上下单,门店老板送货上门;

网仓阶段(2015年8月至2016年1月),以生鲜水果产品为主,公司投资2000多万组建配送团队;

配送站阶段（2016年1月至2016年8月），由于缺乏流量、运营成本高企，模式运行7个月后转型；

"预售+自提"阶段（2016年8月至今），预售商品与零售店形成补充，不会形成竞争，自提可以帮助门店引流，主打生鲜水果等高频刚需品。

社区电商的创新发展

2017年10月，兴盛优选上线"阿必达"下单系统，新模式被复制推行到62家门店，订单从每天2000单攀升至20000单。

社区电商从2017年开始发展，起步于湖南长沙。社区电商早期是由微商开始的，微商早期是由会员购买一定金额的商品，再由会员把商品买入后再销售出去。微商模式下会员存在商品库存积压的风险，因此会员存在大量流失的现象。

为解决商品库存压力，微商将会员不愿购买的商品直接列出清单推销，或在微信群上针对商品价格、描述，加之一些产品图片、视频素材进行推广，推广后有客户购买会员再下单。由于会员没有库存压力，无需提前购买商品，从2017年起社区电商在湖南迅速发展。

2017—2019年，社区电商主要通过价格和性价比的优势吸引用户，而生鲜、水果、食品毛利空间相对有限，平台一般通过补贴实现价格优势，因此规模扩张后资金压力较大，所以2019年之后，发展遇到瓶颈，拉伸团长的服务、物流配送的服务成本太高，因此整体成本较高。

2020年新冠肺炎疫情暴发后，居民的生活起居都开始通过物流配送来完成，社区电商需求间接受益激活。兴盛优选、同程，十荟团等平台凭借先发优势积累用户数量、服务口碑，发展初期具备一定优势。

相比实体零售的业态，比如便利店、大卖场、会员店，以及前置仓、店仓一体等模式，社区电商具备一定优势。例如前置仓相比社区电商的优势是送货时间短，但履约成本较高，因此客单价门槛明显高于社区电商。相比便利店等传统实体零售业态，社区电商履约快，成本低，用户体验更好。

社区电商崛起：高效模式的胜利

生鲜类电商的发展背后是人们对于商品"快"和"好"的需求提升。但从平台端，生鲜类商品损耗率高，标准化程度低，需求的整体不确定性较高，因此生鲜电商难以跑通单位经济模型。

（1）B2C模式

2005年，易果生鲜、多利农场、中粮我买网等定位本地市场的生鲜电商相继成立。由于生鲜商品标准化低，易变质腐烂，对冷藏、冷链运输均有较高要求，履约成本相比其他品类较高，为平衡单位经济模型，一些公司通过提升件单价间接降低履约费用率，例如2016年中粮我买网在B2C、自建物流为主的模式下，件单价为200元，单均配送成本在20元以上。

即便如此，生鲜电商行业整体仍然难以实现盈利，2016年中国农业生鲜电商发展论坛的一组数据显示：全国4000多家生鲜电商企业中，只有1%实现了盈利，4%持平，88%亏损，剩下的7%是巨额亏损。

（2）前置仓模式

相比B2C模式下的中心仓，前置仓模式的核心差异在于运输距离，即以"分布式库存（前置仓）+短半径运输"取代集中式库存（中心仓）+长半径运输。由于从产地到仓储一般都会投保，运输过程的损耗不由消费者承担，即使不投保，一般运输损耗也由供应商承担，因此核心问题在于仓储本身的冷藏条件及从仓储到用户的运输时效、损耗等。

前置仓模式通过分布式存储降低配送距离，从而降低履约成本，基于我们测算的单位经济模型，即便不考虑拉新成本，前置仓模式对件单价及日均订单的要求仍然较高，若考虑其高单价、高订单量，前置仓模式的潜在空间仅限于人口稠密的一二线发达地区，而用户增长空间的相对有限将间接导致获客成本提升较快。

（3）社区电商模式

社区电商将大额固定成本转化为可变成本，从而降低客单价门槛，极大地拓展了潜在用户空间。

社区电商主要环节包括：团长在自建微信群内分享商品链接；用户点击商品链接或直接通过平台小程序下单，同时选择自提点；平台汇总订单并向供应商下单，完成供应商仓—共享/加工仓—中心仓—网格仓—团长—用户交付链条。为确保时效，供应商往往会提前根据预测订单储备商品。

兴盛优选探索的团购模式中平台将履约环节拆分成多层，将渠道末梢外包给货车司机（构建利益共同体），销售端则分配给夫妻店、宝妈等社会人脉关系丰富、闲暇时间较多的群体，平台以交易额的一定费率支付给团长，相当于按效果付费的广告，将前置仓、店仓一体模式的固定成本转化为可变成本。因此平台跑通UE不再需要高客单价，模型的可复制性大大提升。

社区电商的UE模型比店仓一体更高效，适用范围更广阔。社区电商模式的核心在于其并未从零开始打造自建体系，而是利用社会闲置资源辅助零售体系运转。

对平台而言，自建供应链、销售渠道可控度更高，且能够保障用户体验和配送时效，但就生鲜零售而言，毛利空间有限（30%以下），自建仓储、店铺、销售渠道思路下，高固定成本导致跑通UE模型需要很高的客单价，进一步限制目标用户群体。

从这一角度，社区电商是"共享经济"思路下的胜利，这一思路也是多数互联网巨头未曾考虑的模式。

复习题

1. 默写出Turban电子商务模型的框架。
2. 简要叙述Turban电子商务模型各个部分之间的联系。

第四章
数字化转型

> **学习目标**：了解数字化转型的背景；掌握数字化转型的内涵；了解数字化转型的驱动因素及相关技术；理解企业数字化转型的路径；讨论数字化转型背景下电商发展的新趋势。

第一节 数字化转型：背景与内涵

一、数字化转型的背景

伴随着历次工业革命与科技变革演进，全球制造业先后进行了四次大规模迁移，形成了以西欧、东欧、北欧、日本以及亚洲东部沿海为核心的世界工业区。当前新一代信息技术加速创新、快速迭代、群体突破，第四次工业革命席卷而来，主要工业区日益受到能源、劳动力、产业结构等因素的限制，纷纷遇到发展困境。

国际上，各主要经济体纷纷出台数字化战略，期望利用数字化转型增强传统产业竞争力。国内看，我国政府高度重视数字经济与实体经济融合，产学研用基本形成数字化转型共识。

表 4-1　　　　　　　　　　　有关国家数字化法规

国家	政策	目标
美国	《关键与新兴技术国家战略》（2020年10月）	美国要成为关键和新兴技术的世界领导者，并构建技术同盟，实现技术风险管理。其中包括通信及网络技术、数据科学及存储、区块链技术、人机交互等
加拿大	《重启、复苏和重新构想加拿大人的繁荣：构建数字化、可持续和创新性经济的宏伟增长计划》（2020年12月）	创造包容性增长轨道，投资数字和物理的战略性基础设施，成为数字和数据驱动的经济
欧盟	《2030数字罗盘计划》（2021年3月）	一是拥有大量能熟练使用数字技术的公民和高度专业的数字人才队伍。二是构建安全、高性能和可持续的数字基础设施。到2030年，生产出欧洲第一台量子计算机等。三是致力于企业数字化转型。到2030年，四分之三的欧盟企业应使用云计算服务、大数据和人工智能。四是大力推进公共服务的数字化。到2030年，所有关键公共服务都应提供在线服务；所有公民都将能访问自己的电子医疗记录
英国	《国家数据战略》（2020年9月）	推动数据在政府、企业、社会中的使用，并通过数据的使用推动创新，提高生产力，创造新的创业和就业机会，改善公共服务
俄罗斯	《关于2030年前俄罗斯联邦国家发展目标的法令》（2020年7月）	数字化转型部分设立了4项指标：1.经济和社会领域关键部门达到"数字化成熟"，包括卫生、教育以及国家管理；2.在具有社会重要意义的大众服务中，能够以电子形式提供的服务占比提高到95%；3.宽带接入互联网的家庭比例提高到97%；4.信息技术领域的国内解决方案投资增加到2019年的4倍

2020年5月13日下午，国家发展改革委官网发布"数字化转型伙伴行动"倡议。倡议提出，政府和社会各界联合起来，共同构建"政府引导—平台赋能—龙头引领—机构支撑—多元服务"的联合推进机制，以带动中小微企业数字化转型为重点，在更大范围、更深程度推行普惠型"上云用数赋智"服务，提升转型服务供给能力，加快打造数字化企业，构建数字化产业链，培育数字化生态，形成"数字引领、抗击疫情、携手创新、普惠共赢"的数字化生态共同体，支撑经济高质量发展。

二、数字化转型的内涵及相关概念

Patel 和 McCarthy 是最早提到数字化转型概念的人，但并没有对这个术语进行概念化（Patel 和 McCarthy，2000）。数字化转型（Digital transformation）一般包含两个方面：一是数字技术变革，二是与数字技术相关的组织变革，特指利用数字化技术和能力来驱动企业商业模式创新和商业生态系统重构的一种途径与方法。

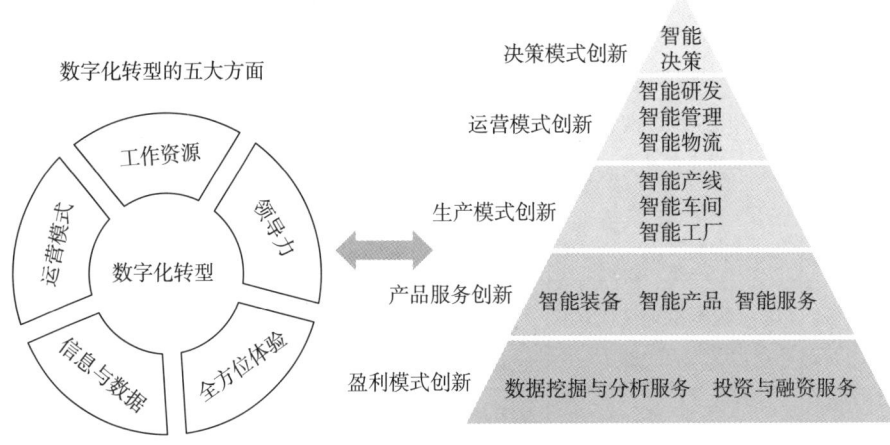

图 4-1　数字化转型框架图

Gartner 认为 Digitization 反映的是"信息的数字化"，指的是从模拟形态到数字形态的转换过程，例如从模拟电视到数字电视，从胶卷相机到数码相机，从物理打字机到 word 软件，其变革的本质都是将信息以"0-1"的二进制数字化形式进行读写、存储和传递。相比而言，Digitalization 强调的是"流程的数字化"，运用数字技术改造商业模式，产生新的收益和价值创造机会，例如企业资源计划（ERP）系统、客户关系管理（CRM）系统、供应链管理（SCM）系统等都是将工作流程数字化，从而倍增了工作协同效率、资源利用效率，为企业创造了信息化价值。然而，Gartner 给数字化转型"Digital transformation"下的定义是开发数字化技术及支持能力以新建一个富有活力的数字化商业模式。因此，数字化转型完全超越了信息的数字化或工作流程的数字化，着力于实现"业务的数字化"，使公司在一个新型的数字化商业环境中发展出新的业务（商业模式）和新的核心竞争力。

数字化转型是建立在数字化转换（Digitization）、数字化升级（Digitalization）基础上，又进一步触及公司核心业务，以新建一种商业模式为目标的高层次转型。数字化转型的目的是优化企业的经营结构，驱动商业模式的创新，最终实现降本增效。

第二节　数字化转型：驱动因素及相关技术

一、数字化转型的驱动因素

数字化转型的驱动因素包含政策与市场、技术、企业组织和内部人员四个方面。

首先，国家宏观政策是促进企业数字化转型的根本动力和条件。在《中华人民共和国国民经济和社会发展第十四个五年规划和 2035 年远景目标纲要》中，"加快数字化发展，建设数字中国"成为中国未来发展的行动纲领，产业数字化是驱动数字经济发展的主导力量。"十四五"规划提出以数字化转型整体驱动生产方式、生活方式和治理方式变革，在顶层设计中明确产业数字化转型在打造数字经济新优势中的战略地位。在这些宏观政策的驱动下，各行业都深度展开数字化转型实践。

第二，满足客户需求是企业进行数字化转型的主要驱动因素。客户驱动的数字化转型是由客户的新需求或欲望发起的，企业创新产品或服务，或重新设计它们，为所有参与者创造附加价值。在激烈的市场竞争当中，面对不断变化的客户需求，企业必须做出迅速而富有弹性的响应，必须提高对客户需求反应的灵敏性，这将促使采用相关新技术（尤其是数字技术），推动企业数字化转型。利基市场产生，进入新市场，激烈的竞争等等，这些也会刺激企业采取数字化转型行动。许多企业感到外部环境改变带来巨大的压力，为提高企业的市场竞争力，为了更有效地满足企业客户的需求，企业通常会采取数字化转型举措。

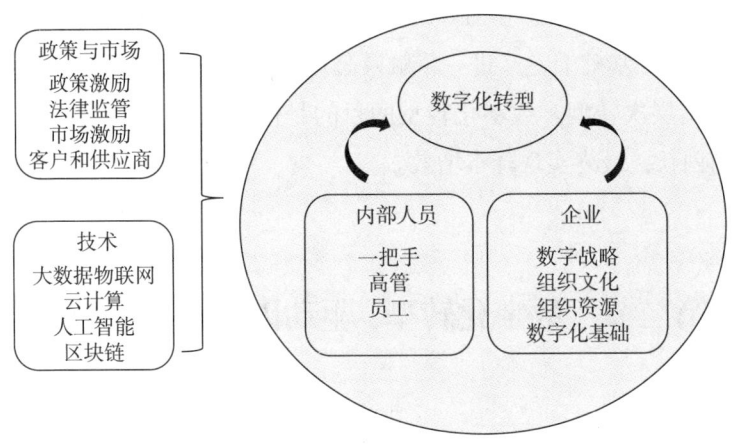

图 4-2　数字化转型驱动框架

第三，信息技术的产生和技术改进也是促进数字化转型的条件。尤其是近年来包括大数据、物联网、云计算、人工智能、区块链等为代表的数字技术应用系统的发展，为企业组织广泛开展数字化应用提供了便利条件。外部环境中的数字技术更新速度加快，已成为企业数字化转型的核心驱动，低代码开发平台提供了技术支持来促进自动化软件应用程序的开发。技术对企业数字化转型的推动力包括横向技术推动力和纵向技术推动力，从企业外部视角来看，企业受到的外部技术推动力是不同的，源于制造企业与数字技术之间的距离，当横向技术距离近时，可产生横向技术推动力，当纵向技术距离近时，则形成纵向技术推动力。但是，数字技术的采用由业务运营和需求驱动共同决定，技术驱动的数字化转型主要关注技术特性带来的业务挑战和利益。

第四，组织内部条件也是制约或促进数字化转型的重要因素。首先，在数字化转型背景下，企业领导者需具有数字化转型意识，从而更好地应用数字化技术领导力，对推动企业数字化转型至关重要，数字化转型需要强大的领导力来推动变革。企业数字化转型必须从领导变革开始，要确保董事会、首席执行官和领导团队的其他成员全力支持,并准备好区分优先次序和改变资产组合。确定数字化诱因、培养数字化文化、描绘数字化愿景、确定数字化驱动程序、建立数字化组织、确定转型区域及确定转型影响,做好这些方面,有助于推动企业数字化转型成功。企业在数字化转型的不同阶段,对组织结构、组织文化、成长战略、数字等相关资源或能力等的要求有所不同,它们的协调适应有助于推动企业数字化转型。

驱动企业数字化转型的因素是多方面的,不仅仅包括客户因素、组织因素和技术因素,应结合内外因素或主客观因素进行系统考虑。

二、数字化转型的相关技术

数字化转型所采用的技术如下。

云平台:基于硬件的服务,提供计算、网络和存储能力。

移动化:在现代移动通信技术、移动互联网技术构成的综合通信平台基础上,通过应用、服务及网络三个层面,实现管理和服务的移动化、电子化和网络化,向社会提供高效优质、规范透明、实时可得、电子互动的全方位管理与服务。

物联网:通过智能感知、识别技术与普适计算、泛在网络的融合应用,实现智能化识别和管理。

人工智能:通过普通电脑实现的智能化。

网络分析:依据网络拓扑关系(结点与弧段拓扑、弧段的连通性),通过考察网络元素的空间及属性数据,以数学理论模型为基础,对网络的性能特征进行多方面分析。

互联网安全:使网络系统的硬件、软件及其系统中的数据受到保护。

云计算:通过网络以按需、易扩展的方式获得所需的服务。

SDCI(软件定义互联基础架构):增强数据中心虚拟化的收益,提高资源灵活性和利用率。

第三节　数字化转型的相关问题

一、数字化转型的关键

数字化转型无疑是建立在技术基础之上的。然而只有采取正确的方法，才能成功实现数字化转型。其中最为重要的是商业与公共服务如何才能最好地利用这些技术。在高度互联的数字化世界，为人类创造的价值源于连接性。要成功实现数字化转型，将人置于千万事物的中心是至关重要的。

以人为本的创新是一种方法，它借助数字技术赋力于人，创造商业与社会价值。它将人的创造力、由信息衍生的智慧与结合万物和流程的连接性这三大关键价值驱动因素汇集起来。每种价值都源自于三个维度，即人、信息与基础架构。最重要的是，数字化转型必须为人提供价值，通过采用数字技术，使人们过上丰富多彩的生活。

二、数字化转型的路径

一般地，从启动机制而言，组织的数字化转型有两种模式，即从上至下和由下至上。从上至下是指企业进行数字化转型的契机来源于企业高层管理人员的自我觉醒，而由下至上是指企业开展的数字化转型是由于企业基层工作人员的意识。

根据埃森哲的数字化转型"三部曲"，可以将企业数字化转型的路径分为以下三步。

第一步：制定数字化转型目标。

明确为什么要进行数字化、数字化要达到哪些目标是转型之旅的第一步。这一阶段，企业领导层需要对未来技术发展、行业发展、消费者趋势等诸多因素进行综合分析，定义对本公司最优的数字化目标。

数字化目标通常包含两大侧重点：一是提升运营效率，二是驱动收入增长。前者关注的是如何以数字技术优化流程、提升企业敏捷性等；后者则关注如何借助数字技术打造新的收入来源，比如用新技术提升消费体验，以及制定新的定价模式等。

比如零售商沃尔玛的一项数字化行动目标就是提升营销精准度，为此该公司在创新和优化算法的基础上建立了一个新的搜索引擎，通过分析消费者历史搜索习惯和社交模式为其推送最感兴趣的商品，这一搜索引擎的使用为沃尔玛带来了10%～15%的交易量提升。

第二步：采取数字化转型行动。

在明确目标后，企业必须展开更为深刻的内部变革，从观念到能力都需要新的变革。

企业需要提升各方对数字化转型的认同感，并建立起数字化思维方式：在塑造竞争优势方面从自给自足到开放合作，在产品设计开发方面从线性开发到快速试验，在工作职能方面从机器替代人类到人机互补合作，在信息安全方面从被动合规到积极应对。

新的数字技术层出不穷，企业需要明智决策投资于哪些数字技术。而打造数字化企业和赢得数字消费者应是企业关注的两大重点领域。

为打造数字化企业，企业应当借助产业物联网、人工智能和敏捷创新等数字技术对其运营进行改造升级，提高内部运营效率。

为赢得数字消费者，企业需要摆脱原有的产品驱动型发展方式，真正了解客户显性和隐性诉求，提供与客户个性化需求密切相关的解决方案和用户体验。比如，一家日本连锁便利店采集并分析了来自全球4000万忠实用户的数据，用以优化营销投资方案和改善货架空间分配及利用率，该项目为其带来了125万美元的利润，以及超过1.25亿美元的年收入增长。

第三步：达成数字化转型成果。

数字化转型的诸多努力最终要落到可持续的数字化商业模式，以及能支持该商业模式成功运行的运营模式上。要建立一个可持续发展的商业模式，最为重要的是企业需要识别并整合生态系统内的数字化资源，为客户提供差异化的价值主张。在数字时代，消费者希望在合理价格范围内享受最前沿的产品功能，获得最好的用户体验。因此，成功的数字化企业有能力在自身所处的价值链中识别出最佳资源，并利用数字化技术将其整合起来，融入自身的资产配置系统中，从而为消费者提供最佳体验。在这一情境下，利润最大化不再只是企业"一个人"的目标，而是"一群人"的目标（包括消费者、上游供应商和下游渠道商等）。企业所在生态系统内的各方参与者会在不同环节展开积极合作，共同提供具有最佳体验的产品或服务。

参考文献

[1] 汪旭晖. 新时代的新零售：数字经济浪潮下的电商转型升级趋势. 北京工商大学学报（社会科学版），2020,35(05),38–45.

第五章

商业模式

学习目标：了解商业模式的基本要素；熟悉基本的商业模式框架；了解主要的 B2B、B2C 电子商务商业模式；能够运用合适的商业模式模型与分析方法来分析具体的电子商务案例。

案例　　抖音如何抢下"蛋糕"，领先短视频平台

抖音 App 是一款可以发布 15～60 秒、最长不超过 15 分钟的短视频社交平台。《2020 抖音数据报告》显示，抖音日活用户突破 6 亿（截至 2020 年 8 月）、日均视频搜索量突破 4 亿（截至 2020 年 12 月），覆盖了从 60 后至 00 后各年龄层的用户。毫不夸张地说，抖音已成为一个国民级应用；与此同时，抖音也具备了从简单的短视频社交到短视频带货、直播带货等电商功能。

作为一种新兴的传播方式，短视频比文字、图片等形式的内容的门槛更低，并且能够抢占碎片时间，受到用户的广泛欢迎。正是在这样的背景下，抖音于 2016 年 9 月进入市场，此时，快手 App 占据的市场份额远大于其他同类 App 的总和。

快手一直遵循着"去中心化"的发展方式，尽量弱化自己对平台的管控，基于用户社交＋兴趣分发调控流量、分配内容，所有人都拥有同等的曝光机会。自由发展的快手社区使得从前难以被关注的三四线城镇农村人群获得关注，因此快手的用户更加下沉，社交属性更加突出。但

在这种模式下，新一代的"城市人"、"高级精英"以及一、二线城市的青年人往往会给快手打上"俗"的标签，因此难以满足那些希望获得平台资源倾斜并获利的头部用户的需求。

抖音抓住音乐短视频的细分市场，在发展初期专注于打造"年轻人的音乐短视频社区"，通过不断完善基础功能，将沉浸式、好玩有趣的特性印入用户心中。随后，明星、流量、资金等资源支持让抖音很快拥有足够量级的初始用户。抖音在引入明星、赞助国内主流综艺节目等大力推广下的口碑传播实现了用户量的爆发式增长，开始在音乐短视频领域占据一席之地，此时的抖音并没有任何收入来源。

当产品量级达到足够规模后，抖音开始探寻变现方式。此时抖音收购了潜在的竞争对手Musical.ly，日均视频播放量超过10亿。目前抖音的盈利方式主要为广告收入，是抖音的最大收入来源。广告主通过联系抖音运营，通过抖音广告投入系统插入广告。一般采用两种计费方式，一种是CPC，即按照投放广告后的用户点击量收取费用；一种是CPM，即按照投放广告后的用户曝光量收取费用。另一种盈利方式为交易佣金制。2019年12月起，抖音开始逐步增加电商业务功能，用户通过抖音小店卖货时，需要向抖音支付押金和服务费，商家每成交一笔，抖音均会进行一定比例的抽成。

在高速发展与流量激增的同时，抖音也面临着法律与社会问题纠纷。2018年4月，抖音因涉嫌发布售假视频被北京工商局约谈；同年7月，因内容存在不良影响，印尼封禁抖音海外版TikTok。2020年7月，抖音被认定有侵犯用户个人信息的情形。2021年1月，抖音因"传播淫秽色情低俗信息"被行政处罚；同年6月，因提供含有禁止内容被罚款。除此之外，关于抖音短视频内容不当的报道也时有出现，抖音飞速发展下的隐患不断暴露。

抖音与快手的案例显示，要将一个好的商业理念转化为成功的商业模式并持续创造收入并非易事。那些取得成功并保持优势的电子商务企业都是充分抓住互联网与移动平台的特性，向用户提供独特的产品/服务价值，在高效运营的同时能够避开部分法律和社会问题的纠缠，才能最终实现盈利。然而，商业模式的概念、构成和机理到底是什么，如何才能知道商业模式是否可行呢？

第一节 商业模式的基础概念

Airbnb 几乎不拥有任何一家民宿，却是全球最大的民宿出租平台。淘宝、京东上售出的商品大都属于第三方，却成为覆盖全国的大型电商平台。

商业模式是企业的属性之一，一个企业的发展离不开一个好的商业模式，商业模式决定了企业在价值链中的位置，有很多公司甚至是靠商业模式赚钱的，这就是商业模式的力量。

20世纪以来，互联网的普及与高速发展，带动了阿里巴巴、字节跳动、腾讯等诸多互联网公司的兴起与发展，也促生了新的商业模式出现。

那么，到底什么是商业模式？

一、商业模式概述

关于企业成功与失败的原因，不同时期有不同的主张。最初人们认为"资源"是决定企业发展的关键。随着工业革命带来的商业变革，"核心竞争力"成为企业发展中离不开的要素。随着互联网的迅速普及，核心竞争力已经无法完全解释互联网企业战胜老牌公司的现象，"商业模式"也随之诞生。

商业模式（Business Model）一词最早出现在20世纪50年代，但直到20世纪90年代才引起广泛关注。"现代管理学之父"德鲁克认为，商业模式是企业赖以生存的业务活动方式。迄今为止，学界关于商业模式的概念尚未达成共识。商业模式的侧重点不同，概念也有不同的侧重，比如有的强调商业模式是开展商务活动的方法，或者是企业的盈利模式，以及侧重其对企业战略定位的意义。21世纪后，商业模式的定义开始进入多角度整合的时期。

二、商业模式的基本要素

商业模式不仅存在于现有企业，也是孵化中的新企业必须考量的内容。琼·玛格雷特于2002年在《哈佛商业评论》中提出，一个好的商业模式应该能够回答德鲁克的四个问题：谁是我们的顾客；顾客重视的价值是什么；我们如何从这项生意中赚钱；我们以适当成本向顾客提供价值的内在经济逻辑是什么。

一个健全的商业模式需要具备以下三个要素：精确描绘的角色，合理的动机以及开启内在价值的计划。

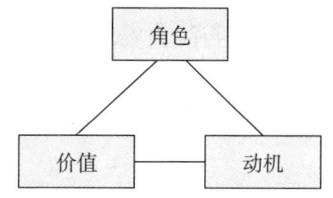

图 5-1 玛格雷特的商业模式框架

其中，角色是指参与商业的各方，包括企业、顾客、供应商、分销商等；动机是各方参与生意的意图和需求；价值是各方角色中的利益和偏好，特别是顾客，其内在的经济逻辑是以适当的成本向顾客提供价值，同时能使企业赚钱。玛格雷特提出，创造一个新的商业模式，就如同写一个新故事。如果想要检验这个商业模式是否合理，关键从两个方面进行检验：首先是逻辑检验，检验"故事"是否有道理；其次是数值检验，即商业模式是否能赚钱。

哈佛商学院教授阿普尔盖特在玛格雷特三要素商业模式框架的基础上进一步强调了能力的重要性。

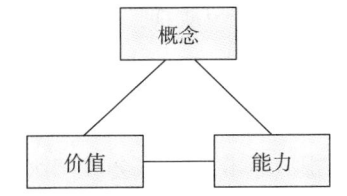

图 5-2　阿普尔盖特的商业模式框架

其中，概念即生意概念，定义了市场机会、产品与服务、战略地位以及如何创造收入流；价值即是顾客价值、财务绩效及利益相关者的回报；能力则是实现商业模式需要具备的综合素质，包括核心能力、运营模式、营销模式、组织与文化以及资源。一般而言，概念部分可从如下六个方面进行详细分析。

价值体现（Value Proposition，也称价值主张）：企业可以为消费者提供的独特产品、服务或客户价值。企业需要通过合适的定位，寻找差异，在市场上找到自己的位置，回答"消费者为什么选择你（购买你的东西）"的问题。

盈利模式（Revenue Model）：即企业如何获得利润与回报。常见的盈利模式有以下几种，大多数企业往往选择其中一种或是几种的组合。以网站为例：①广告支持模式：网站向用户提供无偿的搜索等服务或产品，同时向广告商收取一定的费用，以在其网站上展示广告商的信息，如百度等。②订阅盈利模式：用户需要支付一定的内容订阅费（全部内容或部分内容），以从网站中获取信息等产品或服务。微信订阅号推出的付费模块，得到、今日头条的付费专栏等，采用的便是这一模式。③交易费用盈利模式：网站帮助企业完成或执行交易，并从中收取费用或佣金，如房屋中介公司。④销售盈利模式：通过向顾客直接销售产品或服务来获取利润，从一般商铺，到亚马逊、沃尔玛等，都是采用了这个模式。⑤会员制盈利模式：网站向用户收取费用后，向用户提供差异化业务机会，如百度网盘、网易云音乐、WPS等的会员模式。

盈利方式种类繁多，如收取许可费、节目转播费等，在此不一一列举。新媒体时代下为盈利提供了更多的机会，作为企业或商家，不应该将目光局限在如何从客户那里赚钱，更应该看到流量的重要性。很多时候，流量即是盈利。从抖音、快手的短视频变现，到直播带货的如日中天，我们应当看到"流量"在长期时间线上的作用。如果一个企业想要获得成功，除了充足的利润之外，还需要产生高于企业投资项目的回报。如果只关注短期利润，而忽视了长期回报，企业最终仍会被淘汰出局。

市场机会（Market Opportunity）：即目标市场与市场容量，是企业所预期的市场空间以及有可能获得的潜在财务机会。市场空间由许多细分市场组成，企业需要根据自己想要获得的潜在收入，在一个或几个细分市场中找到自己实际的市场机会。市场机会的大小影响着该商业模式的盈利空间。

竞争环境（Competitive Environment）：即对竞争对手与市场环境的分析。对竞争对手的分析包括：市场中的竞争对手的数量、规模、所占市场份额、竞争对手的盈利状况与定价方式等。

竞争对手的情况影响着市场环境。当细分市场中存在大量竞争对手时，该市场即趋于饱和状态，新进入者获取利润的难度也随之增大；缺少竞争者的细分市场并不意味着拥有好的市场前景，进入者可能获得了极佳的开拓市场的机会，也可能进入了一个完全无法发展的市场，潜在竞争对手或许已经尝试过并因为无法盈利而退出。因此，分析竞争环境有助于判断市场前景，找到合适的细分市场。

竞争优势（Competitive Advantage）：即相对于竞争对手而言，自身的特点与优势。在完成对竞争市场的分析后，企业需要找到自己能够"战胜"竞争对手、抢占市场空间的关键。一般认为，竞争优势可分为四种：产品成本与质量；企业的独特资产与专业知识；设置竞争壁垒，阻碍竞争对手进入；资源等方面更大的倾斜与投入。

对于先行者而言，率先进入市场为他们提供了独特的"先发优势"（First-mover Advantage），第一个进入人们心中的品牌，其长期的市场份额往往是第二、第三的数倍，并且这种市场关系很难被改变。

在传统的竞争环境下，先发优势建立后，后行者如果想要追赶或超越，可能需要几十年甚至更长的时间，其最终的结果也充满着不确定性。而在当下的过度竞争环境中，大多数先发者都缺乏保持长期优势的能力，打破这种强弱平衡的难度有所降低。对于企业而言，更关键的是能否快速从一种优势转向另一种优势,为自身增添新的竞争力,从而维持自己的领先地位。

营销策略(Market Strategy):为达到一定的营销目的,企业制定的全局性计划战略,既包括新市场开辟、新产品发展,也包括维持、增加原有的市场份额,同时也包含收缩或退出既有市场。营销策略的关键在于微观与宏观的相统一,从全局、长远的视角对产品和服务的销售计划特色、渠道进行梳理。

进一步讲,由于概念本身并不能创造价值,当核心能力没有明显差异时,为什么还会出现公司的发展差异?我国学者黄卫伟在阿普尔盖特三要素商业模式框架的基础上,补充了"实现方式"的重要作用,提出生意模式的四要素模型,既概念、价值、能力和实现方式。实现方式是将概念、价值、能力三种要素有机结合的关键。没有新的实现方式,就不存在新的商业模式。实现方式即将生意概念具体化并实现的措施,包含从手段、渠道、媒介到产品、服务的所有,它促成能力的形成与积累,进而将生意概念转化为价值。

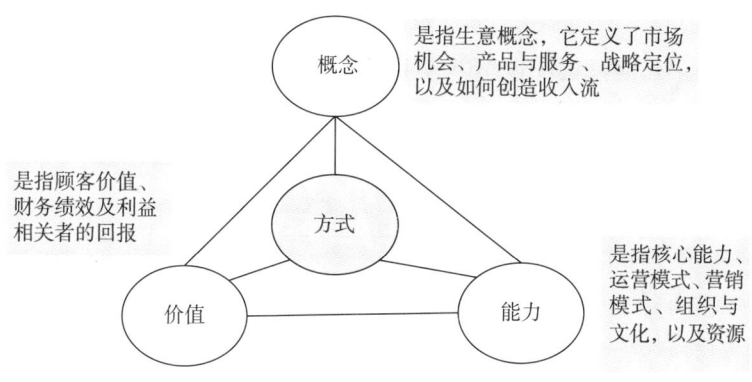

图 5-3　黄卫伟的商业模式框架

(1)实现方式的案例分析1:戴尔电脑公司的实现方式

20世纪中后期,电脑从企业走向个人消费者。此时IBM与康柏电脑公司占据着市场大部分份额,几乎所有的电脑产业公司都是采取分销的方式:制造商生产电脑后分销给经销商和零售商,再由它们卖给最终消费者。这种间接模式虽然可以广泛覆盖市场，但也在制造商与消费者之间增加了接触隔阂：消费者只能在制造商提供的标准化产品中进行选择，制造商无法快速得到消费者的需求与使用反馈。分销模式下的中间环节也延长了库存和资金周转时间。在这样的情况下，1984年，戴尔电脑公司创立，组装并直销个性化产品。此时，戴尔公司的创立资金仅1000美元，而到了1998年，戴尔电脑已经成为世界上第二大个人电脑制造商及销售商。

戴尔电脑的品质难道远胜IBM、康柏这些老牌制造商吗？特别是在20世纪90年代末，随着技术的成熟与市场竞争的激烈，电脑制造及销售的利润空间不断缩小，为什么戴尔能在市场如此低迷时依然发展迅速？

首先我们需要注意到它的直销模式：消除不必要的中间环节，顾客直接通过戴尔公司自己的网站挑选与购买产品，同时可以享受公司的额外服务，如技术答疑、物流追踪等。从采购、生产和分销甚至技术服务，原本需要经过多个中间人转手的环节全部都由戴尔公司独自完成。

同时，戴尔摈弃库存，放弃了生产计划部门，完全根据顾客的需求实现个性化定制与生产。生产装配中心将顾客订单分析转化为物料订单发送给供应商配货，供应商将零部件及时供应给生产装配中心进行制作，成型后的电脑在最短时间内配送至顾客手中。

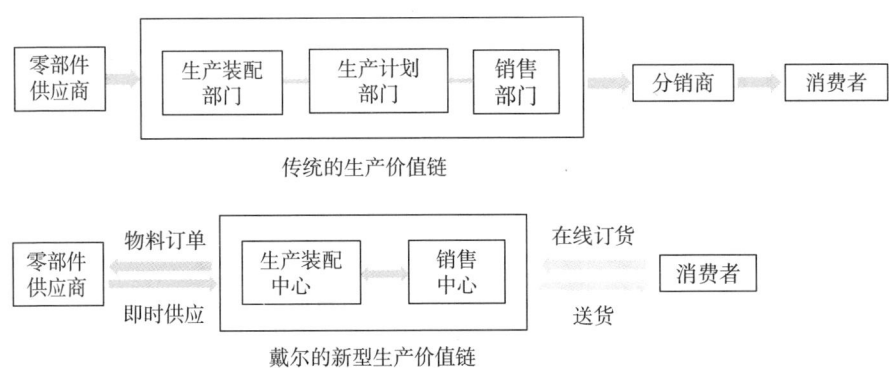

图 5-4　传统生产价值链与戴尔新型生产价值链的对比

在这种商业模式概念下，戴尔公司的实现方式可以总结为以下几点：①直接销售，按照顾客要求定制产品；②放弃库存，只在顾客需要时才获取需求并生产；③与较少供应商建立更稳定紧密的关系，使供货链最短、存货量最少、产品生产效率最大化;④充分利用互联网的优势,发挥直销模式的潜能;⑤细分市场,锁定大型公司。

为了支撑这些实现方式的运行,戴尔公司形成了以下核心能力:①为了确保"生产流程"实现高度自动化,必须摆脱标准的商品管理软件,建立足够强大的互动平台,主要依靠自身的供应链和客户管理系统实现;②戴尔的产品必须能以最少的零部件来满足最大的市场,同时不断增强组装技术、快速更新零部件;③戴尔必须能够为电脑产业提供最佳的技术支援,以锁定大型公司的生意,重塑整个价值链。

而在这些能力与实现方式的支持下,戴尔能以更低的价格占领更大的市场份额,从而进一步扩大自己的竞争优势;更高的周转速度让戴尔公司拥有更强大的资金链运转空间;通过技术共享将价值链中的上下游(零部件供应商、制造商、顾客等)都纳入它的生态系统中,共同创造价值。最终,戴尔公司以独特的商业模式最终战胜了美国电脑产业的分销模式。

(2)实现方式的案例分析2:从乡村小店到全球第一的沃尔玛

沃尔玛是一家全球最大的世界性连锁零售企业,其创立初期不过是美国罗杰斯城的乡村小店。20世纪60年代,美国平价商店行业开始发展,沃尔玛的创始人山姆·沃尔顿认为平价商店(折扣店)必将成为未来零售行业的发展主流,其大量采买、低价销售、更大的营业面积与更全的商品类别与山姆的经营经验理念非常契合。

此时零售业市场已存在凯马特等具备一定规模的零售公司,这些企业主要将目光瞄准在大城镇,山姆抓住小城镇、乡村这一相对空白的市场,创立了第一家沃尔玛超市。他认为:消费者如果想购买大件,只要能便宜100美元,他们就会毫不犹豫地驱车到50公里以外的商店购买;同样是单价80美分买进的商品,以1美元价格出售的销量是以1.2美元出售的三倍,因此从单件商品来看,利润少了一半,但是总利润却是1.2美元售出的数倍。

按照山姆的生意概念以及零售行业的发展,沃尔玛的实现方式主要为:
①"农村包围城市"。在缺少竞争对手的情况下快速发展,积累基础规

模,在成为区域龙头后,以村镇为"根据地"、城乡结合部为过渡区间开始进军大城市;同时,在一个州发展至"饱和"后,再向下一个邻近州扩张;在滚动发展的同时,外延并购同行业公司,迅速增加其门店数量。

②低价高质,主打"天天平价,始终如一"。一是直采直营,与供应商直接对接,节省中间费用(这一点与戴尔公司有异曲同工之处),同时大力发展自有品牌,提升公司毛利率。二是通过高效的信息化供应链管理,进行极致的库存管理,在销售规模迅速增长的同时,缩短存货的周转周期,同时建设高覆盖的物流中心,保证对每家门店源源不断的产品供应。三是极致的费用控制,减少在营销上的投入,将新店开在旧店附近,靠一些免费的媒体报道或曝光来宣传,如环保包装的产品、在其停车场举办的慈善活动等;在获得供应商最低进货折扣下寻找降低库存的方法。四是对科技化的高度追求,通过新技术不断提升与供货商、运输系统、分销店面等的有效、全面、高效连接,降低配送成本,拉大与竞争对手的优势差距。五是优质服务,"只要顾客一开口,他们马上就去做任何事"(海底捞的商业模式同样离不开这一点)。

③新业态模式创新。平价商店+山姆会员店+购物广场+社区店的多业态组合,沃尔玛成功拿下不同档次的市场。

④"鼠标+水泥",进驻电商领域。面对亚马逊等电商的发展对传统零售企业的冲击,沃尔玛顺势而为、同时并购电商平台,建立自己的电商业务。依据之前积累的核心能力形成相对完整的线上零售布局。

从沃尔玛的案例中可以发现,当确定了商业模式概念的独特的实现方式后,所确定的核心能力也能够成为后续企业发展的助力。好的商业模式离不开具体的实现方式,没有它,核心能力如同无根之草,没有用武之地。

三、商业模式的功能

商业模式的主要功能包括:明确客户价值主张;确定所瞄准的细分市场;定义企业的价值链结构;估计成本与获利可能性;描述企业在包括参与商业的各方角色的价值网中所处的位置;制定企业的竞争策略。

第二节　电子商务的商业模式

电子商务创造的价值主要体现在四个方面：搜索和交易的成本效率；互补性：捆绑销售提供更大价值；锁定：高转化成本锁定客户；新颖性：在交易结构、联系方式、新市场方面都有所创新。

电子商务的主要特征之一就是它能够创造新的商业模式。典型的电子商务商业模式有：

在线直销：电子商务商业模式中最典型的一种。该模式下，制造商可以越过中间商，直接将产品或服务销售给消费者，从而减少中间差价，消费者获得更低的价格，制造商获得更高的销售数量；另一种是零售商向消费者销售，拓宽其销售渠道与销售范围，提高产品的分销效率。互联网的普及与商业环境的发展下，在线直销出现了许多变形，如 B2B（Business-to-Business，即电子商务的交易双方都是商家、企业或公司）、B2C（Business-to-Consumer，即企业等直接面向消费者销售产品或提供服务）等，在本章会具体介绍。

寻找最优价格：即搜索引擎模式，企业作为中介，依据客户的需求，提供个性化、智能化的信息查询服务，在数据库中搜索与之相匹配的信息，找到最低价后提供给客户，并由客户来决定是否接受。

关联营销：企业将消费者引导至合作关系的第三方销售公司或个人的销售平台，一般是通过在关联公司的网站上刊登第三方的横幅式广告或标识来实现。被引导至第三方的消费者如果在此完成一次消费行为，企业就可以获得一定量的佣金；或是当通过点击该企业网站链接进入第三方公司或个人销售平台的消费者数量达到不同量级时，企业可以获取不同量级的支付费。

病毒式营销：口碑传播的一种网络形式，通过消费者告知他人来促销产品或服务。这种营销方式能够以最低成本建立品牌认知度，从网易云的"分享测试结果到朋友圈"到拼多多的"帮砍一刀，免费拿××"，都是典型的病毒式营销。这种方式下信息传播速度快、传播信息者获得的报酬极少甚至为 0，常用在推销新产品、拉新用户时，但过度的病毒式营销往往产生反作用、引发用户的反感，因此如何在避免反作用的前提下进行病毒式营销，是使用该模式的重要考量因素。

团购：相同需求的用户通过"需求集成"，将小额订单汇总成数目较大的订单后，与供应商进行协商谈价，以使参与团购的用户能够获得更好的折扣、更实惠的价格。

对电子商务的商业模式进行分类很难找到一个统一的划分标准，类似的模式可能会出现在多个电子商务的领域，如同时出现在 B2B 和 B2C 中，原本仅应用于传统企业的商业模式也会随着技术的发展而有所变形。很多企业会同时采用多种商业模式，例如，淘宝同时采用在线直销、团购、广告费、会员制等商业模式。此外，不同的发展时期，企业也会采用不同的商业模式。

电子商务创造收益获取的形式包括：

销售。企业通过网络销售商品或者服务而获得收益。Net-a-Porter 服装公司、星巴克、亚马逊、歌帝梵巧克力公司都是通过网络销售产品的企业。

交易费。这是指企业按照交易量的大小收取佣金。例如，房屋主人出售住房，他会向中介支付一笔交易费。房价越高，佣金就越高。有时候，佣金是按照交易次数收取的。例如，在线股票交易，一般是对每次交易收取固定的费用，而不是按照交易量的大小收费。

月租费。客户按月缴纳固定的费用，由此获得企业提供的服务。例如，电信公司每个月向客户收取宽带接入费。

广告费。企业允许个人或者其他企业在自己的网站上刊登广告，收取费用。

会员费。企业向客户推荐其他企业的网站，由此收取一定的介绍费。典型的例子就是亚马逊公司网站。

许可费。企业另一种收益来源是许可费。许可费可以按年收取，也可以按使用次数收取。例如，微软公司对使用面向工作站、网络服务器和大型计算机的 Windows NT 网络操作系统的工作站收取费用。

其他收益来源。有些企业允许用户在网站上玩游戏，但是要收取费用。也有的企业实况转播体育赛事并对观看的用户收取费用。

案例　　　　　猪八戒网的生意模式转变

猪八戒网是一个专注在线服务交易的平台，网站本身既没有实体化的商品，也没有向商家提供销售实物的平台，其商业模式的核心概念就是"服务"："社会上创意服务买卖双方都需要有个网站来撮合。"猪八戒网也是威客模式的践行者，即把人的知识、智慧、经验、技能通过互联网转换成实际收益，需求方在网站发布需求，提供佣金，服务者从网站在线接单，接受任务并完成后可获得相应佣金。

最开始，猪八戒网的交易对象只有商标设计，其后扩展到非标准化、个性化的文化创意产品和文案等，服务业务涵盖企业管理服务、品牌创意服务、营销、产品制造服务、软件开发以及个人生活等诸多方面。

从商业模式方面，猪八戒网的发展可以分为四个阶段。

初创阶段：比稿模式（悬赏模式）

此时以设计类业务为主（如商标），雇主在平台上发布需求后，以悬赏的形式呈现在网站上，随后从限定时间内提交的所有解决方案中选择最满意的成果支付赏金，猪八戒网会从赏金中抽取一定比例的分成。但是该模式仅适合小项目的进行，时间线较长或规模较大的项目难以通过一次性的需求发布解决；雇主有时无法提供具体需求描述，服务商付出大量时间与成本却难以获得匹配的报酬，造成资源浪费……且猪八戒网仅仅作为中间媒介，没有在服务交易过程中起到任何作用，平台需求满足率低，买卖双方均没有得到好的体验。

中期发展：招标模式

2011年，猪八戒网推出招标模式。雇主发布需求与赏金后，服务商提供初步方案投标，雇主从中选择中意的方案后继续后续沟通合作，直至合作完成、服务商获取赏金，猪八戒网则充当撮合匹配的角色，匹配雇主与服务商，并从总交易费用中抽取20%的佣金作为盈利。该模式对长周期任务或大型复杂任务更加友好，吸引了更多优质服务商与雇主，但是猪八戒网的高抽成导致"跳单"现象的不断出现：交易双方通过猪八戒网达成初步合作意愿后，绕过平台"私奔"线下继续后续的沟通合作。

迭代打磨：店铺模式

2012年，为了更好更快满足雇主需求，提高平台合作效率，猪八戒网尝试推出店铺模式。类似于淘宝、天猫，服务商入驻平台并建立店铺，顾客进店浏览并选择符合需求的服务商直接雇用，只不过该模式销售的是服务，而淘宝、天猫销售的为实物商品。在店铺模式推行之初，平台并不收取佣金，但在随后的实践中发现，平台不仅没有利润来源，更需要处理很多额外的交易双方之间的纠纷。

后期创新：大数据＋平台服务模式

2016年，鉴于之前的三种模式主要都是靠抽取佣金赚钱这种外界眼中的"黑心"模式，猪八戒网决定进行商业模式的颠覆式创新转型——依靠海量数据提供延伸服务，将"大数据＋平台服务"作为平台的盈利方式。多年发展使猪八戒网已经完全具备转型数字海洋钻井平台的能力，将多年积累的买卖双方的交易数据、产权数据等用户资源与原创资源形成的数据海洋通过"钻井平台"深挖并进行大数据分析，同时与传统行业、政府或其他企业合作，为其提供专业的互联网＋行业解决方案。

从单一的综合性服务交易平台和从传统佣金盈利模式，到专业化服务盈利，猪八戒网的商业模式并不是一成不变的。德鲁克曾说："当今企业之间的竞争，不是产品之间的竞争，而是商业模式之间的竞争。"没有什么商业模式是从一开始就正确的，都需要在实践与发展中不断打磨、迭代。很多企业从迅猛发展到一落千丈，往往就是没有意识到即将或者正在发生的改变，仍然固守旧的商业模式，然后被新来者追赶、超越。在看到眼下的同时保持长远目光、关注自身发展的同时看到大环境的变化趋势，或许才能在日新月异的新时代下始终占据市场的一席之地。

复习题

1. 一个好的商业模式应该能够回答哪四个问题？

2. 解释玛格雷特、阿普尔盖特、黄卫伟的商业模式框架，它们之间有什么关系？

3. 请举例常见的电子商务模式。

第三节　两种商业模式：B2C 与 B2B

一、B2C 与 B2B 模式简介

B2C（Business-Customer）是企业与消费者之间的一种电子商务模式，指企业通过互联网直接面向消费者销售产品和服务的商业模式。在此模式下，企业为消费者提供了一个新型的购物环境——网上商店，消费者通过网络在网上购物、网上支付。这种模式节省了客户和企业的时间和空间，大大提高了交易效率。

B2B（Business-to-Business）是企业与企业之间通过专用网络或 Internet，进行数据信息的交换、传递，开展交易活动的一种电子商业模式。它将企业内部网和企业的产品及服务，通过 B2B 网站或移动客户端与客户紧密结合起来，通过网络的快速反应，为客户提供更好的服务，从而促进企业的业务发展。

二、B2C 电子商务模式的主要分类

（一）电子零售商（e-tailer）

所谓电子零售商（e-tailer）指的是借助第三方 C2C 网络平台的在线零售店。按经营方式可将其分为两大类：虚拟电子零售商和"鼠标+水泥"零售商。虚拟电子零售商只依托于虚拟网络进行销售运营，不存在线下实体门店，Amazon 亚马逊网上书店、Bluenile、Bluefly 及当当网就属于这类例子。

与之区别的是"鼠标+水泥"零售商,它们被认为是传统商业模式与互联网商业模式的"联姻",这类企业如沃尔玛、上海华联超市、苏宁电器,不但有实体店面作为主要零售渠道,也会在网上进行在线零售。此外,还有一些其他类型的电子零售商,如在线邮件订购零售商、直销制造商以及互联网集市等。

案例　　　　　GAP公司与百思买公司

GAP公司(gap.com)是全球性的服饰零售商,它开创了独立的网络业务单元(GapInc.Direct)。其网站是GAP公司的电子商务事业部。作为一个小的业务单元,它创造并且管理着世界上大多数强劲的零售品牌。这些商业品牌包括美国的gap.com、oldnavy.com、bananarepublic.com、athleta.com、piperlime.com以及加拿大、欧洲和日本的电商。该公司允许顾客在线订购不同GAP商店中的商品,并且完成支付。客户也可以在线预订并且在实体店中得到他们购买的商品。GAP的网络商店每年有15%的业务增长。GAP的经营策略是在线和非在线相结合。例如GAP旗下的Athleta(athleta.gap.com)曾经是一个纯粹的实体销售店,2011年GAP开始建设Athleta实体店,2012年纽约的实体店中的鞋和包开始在网上销售。2013年GAP的销售收入上升了21%,商店整体销售的80%以上来自网络。GAP的电子商务收入在2013年达到了20亿美元。

与GAP公司相反,百思买(BestBuy)的销售是不成功的。主要是由于该公司设有大型商店,客户到商店中现场体验商品,然后回到家中在亚马逊上购买,因为亚马逊的价格更便宜。2012年夏天百思买将它们的价格降低到与亚马逊相当,结果在2012年8月,该公司成为全球范围内最大的电子产品零售商,但是它们的利润在一年之内下降了91%。因此该公司决定关闭50家商店,并且向小型商店转移,以此来降低成本。仅仅在几年前百思买还是全球范围内最成功的电子产品零售商之一,但是到了2014年4月这一状况发生了变化。主要是因为客户开启了"陈列室"模式,在2013年早些时候,百思买不仅要将价格降低到可以与所有本地零售商相匹配。还要与 19 个主要的网络对手竞争。百思买只是想在 2012 年暑假期间短暂地执行价格匹配计划，但是由于这很受大众欢迎，所以它们决定将这一计划永久执行。

（二）社区服务商

社区服务商是那些聚集有特定兴趣爱好和共同经历的人们共享经历、交换意见的网站，这类网站为同一兴趣圈层的消费者搭建了分享互动的平台。大型社区网站如 Facebook、MySpace、LinkedIn、Twitter、Pinterest 及其他小型社交网站都提供用户社区工具和服务，是理想的营销和广告乐土。社区服务商一般采取混合的盈利模式，包括收取订阅费，获得销售收入，收取交易费、会员费，以及向被忠实用户吸引的其他公司收取广告费。

对于新进入的社交网络商家来说，成功的关键不仅在于客户使用的方便性和灵活性，还在于准确的客户价值定位。以 Twitter 商业版为例，其对企业的最大价值是建立和培养品牌社区，通过 Twitter 的数据洞察更好地与社区互动，进而找到并扩充忠实的追随者。Twitter 数据和企业解决方案负责人 Joe Rice 曾声称："Twitter 的核心是消费者洞察引擎，人们如何看待某个话题或趋势？他们的需求，心情和心态是什么？一切都在 Twitter 上"。借助 Twitter 浏览页面可以为品牌提供其所在地区的热门话题及和用户兴趣相关的主题及其标签排行榜，从而为品牌如何设置 Twitter 风格以更好与其目标受众对话互动提供了帮助，这不仅有助于品牌更好地收集客户反馈的信息，高效完成从发布产品或服务到改善现有产品或服务的各个环节，也能促使品牌在客户心中建立友善的品牌个性和形象。

案例　　　　WAYN——时尚与旅游社交网络

WAYN 网站（wayn.com，WAYN 是 "Where are you now" 4 个单词的首字母，意思是 "你现在身在何处"）是一家社交网站，其创建的宗旨是把全球各地的旅游者联系在一起。WAYN 是一家英国公司，在 2005 年到 2014 年间从 45000 个会员发展到 2240 万个会员，其中大约有 200 万个会员来自英国。WAYN 在大多数发达国家很受欢迎。

与其他社交服务网站相似，WAYN 也让用户创建自己的个性化主页，可以上传、储存照片。用户可以搜索与自己兴趣相投的网友，添加到自己的好友圈中。网站上有论坛，可以发送、接收即时信息。由于网站的宗旨是连接各地的驴友，所以用户可以按照旅游地进行搜索。利用一张世界地图，用户可以直观地了解自己的圈子在哪里。用户还可以与朋友分享体验窍门、经验等。网站提供的服务是让用户了解自己的朋友身居何方，寻找自己的朋友。

此外，用户可以向全球各地的朋友发送短消息，利用 WAYN 网站上的瞬时通信功能与网友聊天，将自己的情况告知朋友。在 WAYN 网站上用户可以创建讨论组，向朋友征询意见。此外，网站上的化身是动态的，可以主动与社区里的朋友会面。

WAYN 网站可以从脸谱、推特以及博客主的网站上传链接。该公司能够生存的原因是，销售旅游贸易，并且为服务提供者进行广告宣传。通过一些下载的移动应用程序可以访问 WAYN。另外，该网站还为用户提供私下沟通的便利。

（三）内容提供商

内容提供商利用网络分销各类信息内容，如为客户提供报纸、杂志、书籍、电影、电视、音乐、游戏和其他形式的在线内容。内容提供商通过多种盈利模式取得利润，包括收取广告费、订阅费以及数字产品销售。例如，Apple Music 的用户需每月支付订阅费才能访问上千首歌曲，其他内容提供商如华尔街日报、哈佛商业评论还会通过向消费者收取内容下载的费用来对订阅费进行补偿，而在国内兴起的知识付费平台如喜马拉雅 FM、知乎 live、得到 App 也是一些典型例子。

当然，对于内容提供商来说，"内容为王"才是关键，优质信息内容往往能吸引到更多用户为其付费。相较于没有自己的原创信息内容，必须付费购买内容的网络新进入者来说，信息内容版权的传统拥有者显然具有天然优势。不过，对于前者来说，他们也可以通过事后的聚合服务为信息增值。

（四）门户网站

雅虎（Yahoo）、美国在线（AOL）、MSN 等门户网站（portal）为客户提供一揽子内容、搜索、社交网络服务，如新闻、电子邮件、聊天、音乐下载等服务，试图成为用户的主页。门户网站的收入主要来自向广告商收取网络广告占位费，收取将消费者引流至其他网站的推荐费，以及收取优质服务的费用。按市场空间定义的不同，门户网站可分为水平门户网站和垂直门户网站，典型的水平门户网站包括雅虎、AOL，其将市场空间定义为包含互联网上的所有用户，而垂直门户网站只关注某个特定的主题或细分市场，例如谷歌、必应、ASK 主要专注于提供搜索和广告服务。尽管垂直门户网站所覆盖的用户可能不及水平门户网站，但其有助于挖掘并深耕更大的长尾市场。

案例　　Google，占据广告的长尾市场

在谷歌的核心业务中，80%左右的营收来自互联网广告业务。在 Google 母公司 Alphabet 发布的 2021 财年第一季度财报中显示，总营收为 553.14 亿美元，而广告业务营收为 446.84 亿美元，占到总营收的 81%。

从诞生开始，谷歌的广告系统就在不断壮大和完善：2002 年，谷歌开始全面采用竞价排名的方式进行广告拍卖。相比于采用最高价竞价的 Overture，谷歌采用次高价竞价模式，反倒提高了广告主的出价。2003 年，谷歌推出 Adsense，做广告流量联盟。网站站长加入 Adsense 之后将网站的广告位承包给谷歌，而谷歌则用算法匹配流量主与广告主。由此，谷歌将广告业务拓展到了搜索业务之外，占据广告长尾市场。2006 年，谷歌收购广告技术服务公司 Double Click，完善了广告创意、投放、监测等全链条的服务能力，优化了广告网络结构。2009 年，随着移动互联网的普及，谷歌布局移动广告业务，收购移动应用提供商 Admob，即为移动版的 Adsense，主要负责投放广告到中小 App 的空闲广告位。2015 年，谷歌推出 UAC，为 App 类广告主量身定制广告投放的全链路解决方案。2018 年 5 月，谷歌将所有广告产品线整合成"GoogleAds"。

基于以上，无论是在 PC 时代还是移动时代，谷歌广告业务的盈利模式都非常清晰：一方面是通过旗下高用户、高流量产品出售广告位。广告来源于流量，任何互联网服务，只要能吸引越多的人使用，品牌主投放广告的价值就越大。谷歌已经在 8 个产品上拥有十亿以上的活跃用户，分别是 Android 操作系统、Google Play、搜索、Chrome 浏览器、Gmail、Google Map、YouTube 以及云存储服务。另一方面是通过做广告联盟匹配广告主和流量主（中小网站、中小 App、媒体网站等），占据广告长尾市场，从中赚取佣金。

（五）交易经纪人

交易经纪人指通过电话和邮件来帮助客户更便捷地处理交易的网站。较多采用这种模式的行业是金融服务、旅游服务、职业介绍服务、在线出版以及知识传播。大多数交易经纪人还为客户提供及时的资讯和建议。交易经纪人通过收取每次交易的佣金来获得收入，如旅游网站通过旅游预订收取佣金，而求职网站一般是向排序靠前的雇主收取展示费用，而不是等招聘成功后收费。因此，吸引更多的新客户，鼓励他们经常进行交易，是这类企业获得更多收入的关键。当前，这类服务也多依托于社交网络。

案例　　　　Jobster，基于社交网络的职业介绍服务

Jobster 是一家位于西雅图的社交网站，专注于人才的招聘。该网站利用社交网络为求职者提供推荐自己并展示才华的机会，以便被雇主"发现"。推荐过程如图 5-5 所示。网站的运行机制方便了猎头人员按照工作性质对应聘者进行分类。一旦介绍成功，推荐网站会从求职者那里收取一笔推荐费。近来，利用推特来辅助找工作越来越普遍。Bortz（2014）提供了一种策略来帮助求职者利用推特访问招聘信息和提高自身关注度。更多关于利用推特在线招聘的内容，是一个允许雇主在推特上发布招聘广告的搜索引擎，发布的信息包括岗位、工作内容和招聘者的职务。根据领英的要求，Twit Job Search 发布工作的索引信息并进行过滤。因此，向求职者提供工具来帮助求职者在诸多噪音中寻找有意义的工作机会是有必要的。

Carol建议John到就业推荐社交网站注册。John在网站上建立了个人主页，介绍自己的特长，同时邀请好友Daniel加入。

ABC公司在就业推荐网站搜索，要招募IT经理，要有注册会计师证书。网站提供按序排列的求职者名单。

ABC公司选定Daniel，聘用他负责一项短期项目。ABC公司向推荐网站支付25万美元，后者将其中的20万美元支付给Daniel。

网站向推荐Daniel的John支付4000美元，还向推荐John的Carol支付2000美元。社交网络则收获44000美元利润。

加盟成为会员

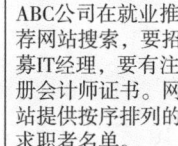
岗位适配

提供工作岗位

支付推荐酬金

图 5-5　交易经纪人利用社交网络帮助求职者推荐工作

（六）服务提供商

服务提供商指通过向客户卖服务而不是产品挣钱的企业。照片分享、视频分享和用户生成内容（博客和社交网站）等应用都是面向消费者的在线服务。服务提供商的盈利模式不尽相同，有些在线服务商是收费的，如月租费，而有些则通过其他途径获得收入，如广告费。

而大多数服务提供商采用的是免费增值模式（Freemium Model），即混合了免费基础服务和收费的增值服务的商业模式。这种商业模式的重要性已经越发凸显，但却很难驾驭。免费增收模式中有大量基础用户得益于没有任何附加条件的免费产品或服务。大部分免费用户永远不会变成付费客户；只有一小部分，通常不超过所有用户的10%的用户会订阅收费的增值服务。这一小部分付费用户群体所支付的费用将用来补贴免费用户。只有在服务额外免费用户的边际成本极低的时候这种模式才成为可能。在免费增收模式中，关键指标是为单位用户提供免费服务的成本和免费用户变成付费用户的转化率。而在一些创业企业眼中，这种模式成功的关键在于以下几点：别把钱花在营销上；一定要提供灵活性和数据导出服务，以免用户后悔；确保有价值的商誉，并对其加以利用；只能对较难完成的活动收费。

案例　　　　　　　　　**Pandora的逆向模式**

　　Pandora 于 2005 年 8 月上线，该公司那时所推出的服务与免费增值非常相似：用户注册后可以免费收听 10 小时的网络广播，之后则需要支付每年 36 美元的费用。该公司 CTO 汤姆·康拉德（Tom Conrad）说："在最初的几周内，我们的注册用户高达 10 万人，而且绝大多数用户都将免费的 10 小时服务全部用完。之后，当我们要求用户付费时，他们却大批撤离了。"

　　同年 11 月，Pandora 又推出了一种广告模式。但这只是个名字而已，因为他们没有广告服务器，没有广告员工，甚至连页面上都没有投放广告的地方。但其使用量却一夜之间翻了 4 倍。三天内，苹果致电 Pandora，要求买断该公司 12 月份的广告位。由于苹果给出的价格是一个月 1 万美元，因此康拉德和他的团队欣然接受了这笔合同。他说："我们实际上是使用'硬编码'（hard-code）在页面中添加广告的。我们不希望他们知道，但每次他们更改广告创意时，我们都需要重新发布整个站点。"

　　Pandor 的付费用户比例不到 1%，但由于用户基数较大，因此其付费用户总量仍然非常可观。该公司推出的一款名为 Pandora One 的桌面应用，可以提供质量更高的流媒体广播，而且使用限制更少。Pandora One 目前的注册用户为 30 万，约占该公司月独立用户访问量的 1.6% 至 1.7%。

三、B2B 电子商务的主要经营模式

（一）B2B 电子商务模式的十大分类

　　美国得州大学学者按照创新程度的高低和功能整合能力的多寡将 B2B 商业模式分为以下十类：

①电子商店促销，降低成本，寻找需求和新的商业机会。
②电子采购降低成本，寻找供给和新的供货商。
③电子拍卖，通过拍卖撮合交易，共享信息，降低成本。
④电子商城，电子商店的集大成者。
⑤第三方市场对多重业务提供的交易服务，营销支持。
⑥虚拟社区成员之间交流，促进价值的增进。
⑦价值链服务提供商支持部分价值链，如物流、支付体系。
⑧价值链整合，通过集成价值链的众多环节增进价值。
⑨联合平台，商业过程的合作，如联合设计。
⑩信息中介，信用服务，商业信息查阅，中立可信的第三方服务。

（二）B2B 盈利模式

从 B2B 盈利的模式来看，主要是会员费收入、交易佣金、出租网上商店，以及广告收入。目前，B2B 领域已经出现四种比较成型的盈利模式，具体如下。

第一类是以阿里巴巴为代表的外贸店铺式 B2B 交易平台模式，其所倡导的网商理念与国际贸易线上服务优势获得了业界的肯定。在这种主流运营模式下，二级域名和多功能特色商铺是 B2B 电子商务平台盈利模式中最为核心的内容之一，也是支持企业客户开展网上贸易的两大利器。通过多功能特色商铺的应用，企业用户可以根据企业或产品的风格，自行管理、设置商铺的外观及栏目，以立体、动态的形式展示自身的实力和优势，更好地树立企业品牌形象，拓展产品销售渠道，最终促进交易机会的增加。

第二类是以慧聪为代表的内贸商情式 B2B 交易平台模式，该平台以原先慧聪分类商情杂志积累的企业咨询服务资源为基础，具有较强的线下沟通能力。

第三类是买麦网开创的全功能型 B2B 交易平台模式，其特点在于强调"撮合交易"与"主动营销"的服务能力，注重运用互联网、手机、即时通信等多种信息沟通工具帮助企业撮合交易成功。

第四类是以中化网、中香化学网为代表的依托行业发展的垂直交易模式。其特点是通过对传统的业务流程再造，整合产业链，把电子商务与企业的核心业务流程结合起来，开创了信息流、物流、商流、资金流"四流合一"的电子商务模式。

案例　阿里零售通：自建+合建，构筑兼容高效的三级仓配体系

阿里零售通于 2016 年上线，定位是"线下小店一站式采购平台"，主要采用撮合模式，上游品牌商与经销商入驻到平台下游对接零售终端，通过自建与合建相结合的方式发展仓配体系，阿里零售通主要为二三四线城市的传统零售小店提供快消品类的商品订货、物流、营销、增值服务等。

此后几年，阿里零售通与优秀的本地经销商合作，建立兼容高效的三级仓配体系。截至 2019 年 8 月底，阿里零售通平台覆盖全国约 130 万家小店。

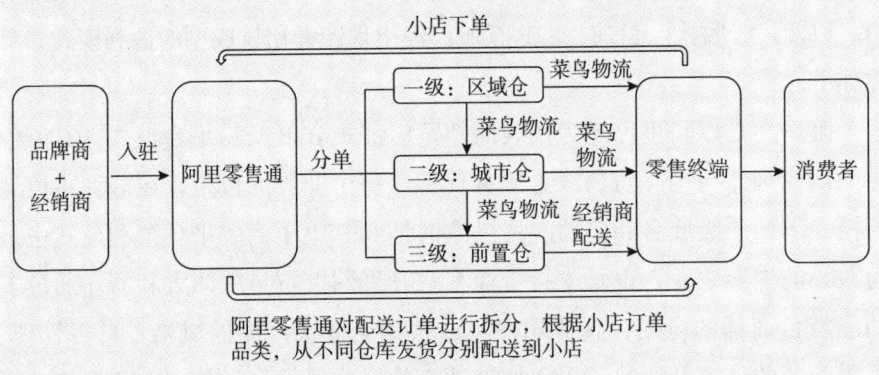

阿里零售通对配送订单进行拆分，根据小店订单品类，从不同仓库发货分别配送到小店

图 5-6　阿里零售通服务体系

另外，阿里零售通还依靠大数据优势，助力品牌商提升销售能力。首先，结合算法对小店的商品价格进行管理，为品牌商提供合理的量价模型，实现千店千价。其次，根据商圈信息和消费者的信息，为小店建立全方位标签体系，并共享给品牌商，实现精准营销。最后，依赖天眼数据系统对来自 POS 机和 App 的底层数据进行挖掘分析，以此清晰判断每个城市最优商品组合，从而改善了品牌商的商品部署，实现高效分销。此外，小店的货架管理系统可实现实时商品动态分析，为品牌商提供货

架陈列报告，品牌商可根据商品在小店的陈列情况，进行数字化运营。

合理定价	精准营销	高效分销
量价模型：结合算法对小店的商品价格进行管理，帮助品牌商实现店品关系下的千店千价。	"达芬奇密码"：根据商圈信息和消费者的信息，为小店做全方位的打标，建立小店标签体系，共享给品牌商，进行精准营销。	天眼数据系统：底层数据来自POS机及APP数据，可清晰判断每个城市的最优商品组合，改善了品牌商的商品部署，实现高效分销。 货架之眼系统：对小店货架的图像识别准确度超过95%，为品牌商提供货架陈列报告，品牌商可根据商品在小店的陈列情况，进行数字化运营。

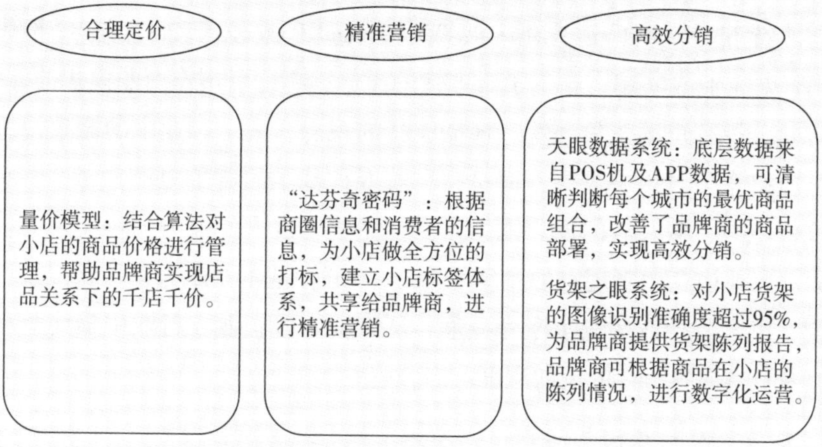

图 5-7　阿里零售通：用大数据赋能品牌商的三步思路

阿里零售通依靠智能化、标准化的技术，同时整合阿里生态多样化的资源赋能终端门店，优化门店选品，提升门店销售业绩，帮助门店拓展增值服务，增加门店利润点。

复习题

1. 了解 B2C 模式与 B2B 模式的概念与分类。
2. 区分 B2C 模式与 B2B 模式。
3. 思考身边的其他案例。

第四节　评估商业模式的两个常用分析工具

新创企业在商业模式选择或成熟企业进行商业模式创新时，都要进行竞争评估和分析。其中，选择适当的分析工具最重要。比如五力模型、SWOT、波士顿矩阵等是最常用的被公认有效的。这里将介绍五力模型和SWOT的使用方法。

一、波特五力模型

波特五力模型由迈克尔·波特（Michael Porter）于20世纪80年代初提出，对企业战略制定产生了全球性的深远影响，可用作商业模式的评估，以有效分析客户的竞争环境。根据波特的观点，一个行业中的竞争，不只是在原有竞争对手中进行，而是存在着五种基本的竞争力量，即"供应商的议价能力、购买者的议价能力、潜在竞争者进入的能力、替代品的替代能力、行业内竞争者现有的竞争能力"。这五种基本竞争力量的状况及综合强度，决定着行业的竞争激烈程度，从而决定着企业在行业中最终盈利能力以及资本向本行业的流向程度。

1. 五力分析模型的运用

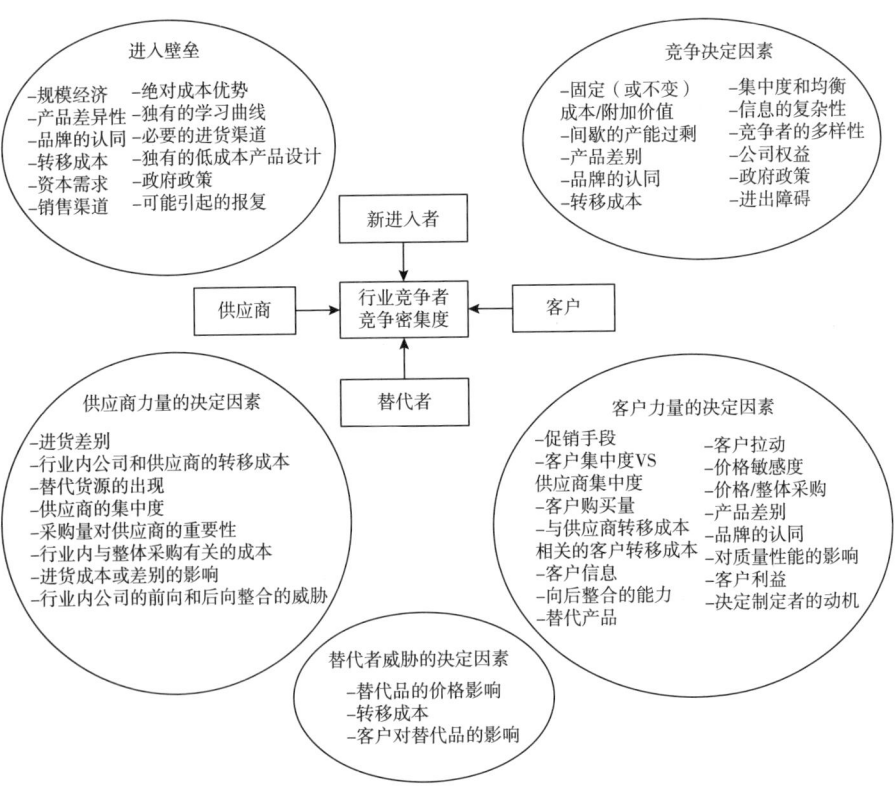

图 5-8　迈克尔·波特五力模型

（1）供应商力量的决定因素

供应商主要通过提高投入要素价格与降低单位价值质量的能力，来影响行业中现有企业的盈利能力与产品竞争力。供应商力量的强弱主要取决于他们的投入要素，当供方所提供的投入要素及其价值构成了买主产品总成本的较大比例、对买主产品生产过程非常重要，或者严重影响买主产品的质量时，供应商对于买主的潜在议价能力就大大增强，其产品能吸引到较多买主，因此具有比较稳固的市场地位。

一般来说，决定供应商议价力量的因素有以下几点：进货差别、行业内公司和供应商的转移成本、替代货源的出现、供应商的集中度、采购量对供应商的重要性、行业内与整体采购有关的成本、进货成本或差别的影响、行业内公司的前向和后向整合的威胁。

（2）客户力量的决定因素

客户要通过压价、要求提供较高的产品或服务质量的能力，来影响企业的盈利能力。决定客户力量的因素包括以下几点：促销手段、客户集中度VS供应商集中度、客户购买量、与供应商转移成本相关的客户转移成本、客户信息、向后整合的能力、替代产品、客户拉动、价格敏感度、价格/整体采购、产品差别、品牌的认同、对质量性能的影响、客户利益、决定制定者的动机。

（3）新进入者的威胁

新进入者在给行业带来新生产能力、新资源的同时，希望在已被现有企业瓜分完毕的市场中赢得一席之地，这就有可能会与现有企业发生原材料与市场份额的竞争，最终导致行业中现有企业盈利水平降低，严重的话还有可能危及这些企业的生存。竞争性进入威胁的严重程度取决于两方面的因素，即进入新领域的壁垒与预期现有企业对于进入者的反应情况。

进入壁垒主要包括规模经济、产品差异、对品牌的认同、转换成本、资本需求、销售渠道开拓、绝对成本优势、独有的学习曲线、必要的进货渠道、独有的低成本产品设计、政府政策等方面，其中有些壁垒是很难借助复制或仿造的方式来突破的。预期现有企业对新进入者的反应情况，主要是采取报复行动的可能性大小，取决于有关厂商的财力情况、报复记录、固定资产规模、行业增长速度等。

（4）替代产品的威胁

两个处于同行业或不同行业中的企业，可能会由于所生产的产品是互为替代品，从而产生相互竞争行为，这种源自替代品的竞争会以各种形式影响行业中现有企业的竞争战略。替代者威胁的决定因素主要包括替代品的价格影响、转移成本、客户对替代品的影响三方面。

现有企业产品售价以及获利潜力的提高，将由于存在能被用户方便接受的替代品而受到限制；其次，由于替代品生产者的侵入，使得现有企业必须提高产品质量，或者通过降低成本来降低售价，或者使其产品具有特色，否则其销量与利润增长的目标就有可能受挫；另外，源自替代品生产者的竞争强度，受产品买主转换成本高低的影响。

（5）行业竞争者的竞争密集度

作为企业整体战略一部分的各企业竞争战略，其目标都在于使得自己的企业获得相对于竞争对手的优势，所以，在实施中就必然会产生冲突与对抗，这一现象就构成了现有企业之间的竞争。现有企业之间的竞争常常表现在价格、广告、产品介绍、售后服务等方面，其竞争强度由以下因素决定：固定（或不变）成本/附加价值、间歇的产能过剩、产品差别、品牌的认同、转移成本、集中度和均衡、信息的复杂性、竞争者的多样性、公司权益、进出障碍等。

一般来说，出现下述情况将意味着行业中现有企业之间竞争的加剧，即行业进入障碍较低，势均力敌竞争对手较多，竞争参与者范围广泛；市场趋于成熟，产品需求增长缓慢；竞争者企图采用降价等手段促销；竞争者提供几乎相同的产品或服务，用户转换成本很低；一个战略行动如果取得成功，其收入相当可观；行业外部实力强大的公司在接收了行业中实力薄弱企业后，发起进攻性行动，结果使得刚被接收的企业成为市场的主要竞争者；退出障碍较高，即退出竞争要比继续参与竞争代价更高。在这里，退出障碍主要受经济、战略、感情以及社会政治关系等方面考虑的影响，具体包括：资产的专用性、退出的固定费用、战略上的相互牵制、情绪上的难以接受、政府和社会的各种限制等。

2.五力模型对于商业模式评估的战略意义

一个试图模仿一个经营活动体系的竞争者，仅靠模仿一些经营活动而不模仿整个体系会毫无所获。而经营活动的概率合成使对整个体系的模仿极不可能。波特进一步指出："战略的本质在于行动，在于选择与众不同的方式或者实施与竞争对手不同的经营活动。"

波特的竞争优势依赖于经营活动整体性的观点，实际上已经指出了战略与生意模式的关系。独特的整体经营活动就是一种从生意概念到实现方式、到核心能力、到价值实现，既相互联系、又相互强化的与众不同的生意模式。生意模式不仅从要素角度，而且从要素之间的相互联系和相互作用的角度，解释了为什么竞争优势难以模仿，为什么单从生意概念或是核心能力，或是实现方式角度看似相似的企业之间在竞争优势上却存在巨大差异的原因。生意要素的差异及要素之间相互关系的差异，共同构成了生意模式的独特性。

二、SWOT 模型

SWOT 模型是将宏观环境、市场需求、竞争状况、企业营销条件进行综合分析，在明确企业资源优势（Strengths）、竞争劣势（Weaknesses）、外部环境变化带来的机会（Opportunities）和威胁（Threats）等基础上，将这些因素有机结合起来以此确定企业经营战略的工具。其中优劣势的分析，最关键的是参照物或者标杆的选择。要以可借鉴、可对比作为选择标杆的依据，不能盲目挑选"最优""第一"。借助 SWOT 模型，有助于企业随时掌握其商业模式的发展趋势，从中发现市场机会和威胁，从而针对性地制定和调整自己的战略与策略，不失时机地利用营销机会，减少威胁带来的损失。

1.SWOT模型的运用

在适应性分析过程中，企业高层管理人员应在确定内外部各种变量的基础上，采用杠杆效应、抑制性、脆弱性和问题性四个基本概念进行这一模式的分析。

（1）杠杆效应（优势+机会）

杠杆效应产生于内部优势与外部机会相互一致和适应时。在这种情形下，企业可以用自身内部优势撬起外部机会，使机会与优势充分结合发挥出来。然而，机会往往是稍纵即逝的，因此企业必须敏锐地捕捉机会，把握时机，以寻求更大的发展。

（2）抑制性（劣势+机会）

抑制性意味着妨碍、阻止、影响与控制。当环境提供的机会与企业内部资源优势不相适应，或者不能相互重叠时，企业的优势再大也将得不到发挥。在这种情形下，企业就需要提供和追加某种资源，以促进内部资源劣势向优势方面转化，从而迎合或适应外部机会。

（3）脆弱性（优势+威胁）

脆弱性意味着优势的程度或强度的降低、减少。当环境状况对公司优势构成威胁时，优势得不到充分发挥，出现优势不优的脆弱局面。在这种情形下，企业必须克服威胁，以发挥优势。

（4）问题性（劣势+威胁）

当企业内部劣势与企业外部威胁相遇时，企业就面临着严峻挑战，如果处理不当，可能直接威胁到企业的生死存亡。

2. 利用SWOT模型评估商业模式的步骤

首先，要确认当前使用的商业模式是什么。其次，根据波特五力模型来确认企业外部环境的变化，并根据企业现有的资源组合情况，确认企业的关键能力和关键限制。在此基础上，按照通用矩阵或类似的方式打分评价，并把识别出的所有优势分成两组。分的时候以两个原则为基础：它们是与行业中潜在的机会有关，还是与潜在的威胁有关。用同样的办法把所有劣势分成两组，一组与机会有关，另一组与威胁有关。最后将结果在SWOT分析图上定位。

复习题

1. 理解波特五力分析模型和SWOT分析模型。
2. 运用这两种工具对商业模式进行评估。

第六章
电子市场的结构与交易机制

学习目标：电子市场的功能；电子市场的类型和相关者；交易过程；在线交易的系统；拍卖机制。

第一节 电子市场

电子市场是实现在线买卖的平台。客户在线购物有多种方式，最常见的是按照商品目录，接受固定的价格交易。有时候，价格可以谈，可以打折。还有的是"动态定价"，这发生在拍卖或是股票市场、期货市场。购物流程从登录卖方网站开始，按规定注册，接下来进入在线商品目录，或是"我的账户"。如果在线目录内容很多，那么就需要设置一个搜索引擎，买方往往需要进行价格比较。此时，卖方（例如航空公司、亚马逊）就要提供一个与竞争对手价格比较的渠道。如果不满意，消费者会离开这个站点。如果满意，消费者会选择商品，放入虚拟购物车。消费者会重新回到商品目录，挑选其他商品。重复前面放入购物车的动作。选择完成后，买方需进入结算页面，选择送货方式和支付方式。

一、电子市场的功能

电子市场（网络市场）是进行电子商务交易的主要场所，也被称为电子市场空间（e-market-place）。电子市场为买卖双方提供会面和交易的场所，在此，顾客支付货币来换取产品或服务，或是进行交换产品或服务的易货交易。

一般而言，市场有如下几个主要功能：①匹配买方和卖方；②促进信息、产品、服务的交换和市场交易的支付；③提供制度架构，如法治框架等。具体如表6-1所示。

表6-1　　　　　　　　　　市场的功能

匹配买卖双方	交易的便利性	制度上的基础架构
决定需要提供的产品： 买方提供产品功能、不同产品的集成。 搜索买方和卖方： 价格和产品信息、招投标、匹配卖方产品与买方需求。 价格发现： 价格决定的过程和结果实现价格比较。 其他： 销售机会。	物流： 向买方交付信息、产品、服务。 结算： 向卖方的支付传递。 信任： 信用系统、声誉和评级代理，特殊代管契约和在线信用代理。 沟通： 发布买方的要求。	法律： 商务代码、争端解决、知识产权保护等。 法规： 规章制度、监管和强制执行。 发现： 提供市场信息，如竞争和政府管制。

相比传统"市场"，电子市场是虚拟市场，但它和实体市场的功能是一样的。二者的不同之处在于，电子市场依靠的计算机系统能够为买卖双方提供更为及时的市场信息，使信息、产品、服务的交换更加便利，大大提高市场效率，也就极大地减小了交易环节产生的各项成本（交易成本）。在此过程中，电子市场为买卖双方、市场中间商，以及整个社会创造了经济价值。

电子市场的出现和互联网技术的发展，使得传统交易过程和供应链运作发生了改变，主要表现为以下几个方面。

市场上出现更为丰富的交易和相关环境信息。

买方的信息搜索成本降低。

买卖双方信息不对称程度降低。

电子市场中，购买实体产品从下单到得到商品的时间缩短了，若是产品可以数字化，这种时间的节省表现得更为明显。

电子市场中，买卖双方可以处于不同的地理位置，使得交易不受时间、空间的限制。

电子商务通过提高市场效率、降低交易和分销成本对IT形成杠杆作用，进一步提高市场效率，减少市场摩擦。

二、电子市场的要素和相关人员

构成电子市场空间的要素和参与者包括消费者、商家、产品和服务（实物和数字化的）、基础设施、前端、后端、中介、其他商业伙伴和支持性服务。

①消费者（客户）。全球互联网用户都是互联网提供或推广的产品、服务的潜在购买者。这些互联网用户在网络上寻找和购买折扣产品、定制品、收藏品、娱乐产品和社交产品等等，处于主导地位。互联网为消费者们提供产品或服务的详细信息，比较和出价，以及协商渠道。企业或机构是网络上最大的消费者，他们占据了所有电子商务交易额的85%以上。

②商家（卖方）。在互联网上，有数以万计的商家提供不同的产品和服务，这些个人商家、公司商家、机构商家在他们的网站或者在淘宝、京东等电商平台上向顾客销售产品或服务。

③产品和服务。市场与市场空间的主要差别在于，市场空间上的产品和服务可能是数字化的。这两者都能销售实物产品，市场空间还能销售可以转换为数字格式通过互联网传输的数字产品（digital products），比如软件、音乐和其他各类数字产品等等。数字化产品的成本曲线和普通商品有所不同，在数字化过程中，大多数成本是固定的，可变成本非常低，而当固定成本支付之后，利润会随着销售量的增加而快速增长。

④基础设施。市场空间的基础设施包括电子网络、硬件、软件等等。

⑤前端（前台）。消费者与市场空间的互动通过前端（frontend）完成，构成前端的要素主要包括商家门户、电子目录、购物车、搜索引擎、拍卖引擎和支付网关。

⑥后端（后台）。业务后端（backend）主要包括订单汇总、订单履行、库存管理、采购、会计、财务、保险、支付、包装、交付等活动。

⑦中介。在市场营销中，中介（intermediary）是运作于消费者和商家之间的第三方。在网上提供服务的电子中介作用和批发商类的传统中介不

同，在线中介创造和管理在线市场，帮助匹配买卖双方，提供基础设施服务，帮助消费者和商家完成产品和服务的交易，如案例 WebMD 一样。大多数在线中介就像计算机系统一样工作。

⑧其他商业伙伴。除中介外，还有其他类型的商业伙伴，如承运人，这些伙伴利用互联网进行合作，大多处于同一供应链上。

⑨支持性服务。包括许多可得的不同支持性服务，如认证、第三方担保、内容提供商等。

第二节 电子市场的类型

一、电子店铺

网络店铺（storefront）是指单独销售产品或服务的公司网站，即电子化网站。电子店铺的所有者可能是制造商、零售商，也可能是个人，或者其他业务类型。提供服务（如保险）的公司称店铺为门户，所有的电子店铺都有他们自己的门户。

一个店铺包含多种管理销售活动必需的机制，包括电子目录、搜索引擎、购物车、拍卖工具、支付网关、出货场地、客户服务等。

二、电子商城

消费者可以在单独的店铺购物，也可以选择在更为综合性的电子商城购物。电子商城（在线商城）是聚集了许多在线店铺的网上购物场所，是一种购买日常用品、书籍、服饰、鞋帽、家电等并且送货上门的购物平台。比如，淘宝、京东、天猫等就是电子商城，它们汇集了许多商品和商店，包括各种产品分类目录，并在产品类目下列出相关店铺。

三、店铺和商城的类型

店铺和商城的类型分为以下几种。

①普通店铺/商城。这些就是销售各种产品的大型市场空间，如淘宝、京东等。此外，还包含大量的商业机构和折扣商店。

②专营店铺/商城。它们只销售一种或几种产品，例如图书、鲜花、葡萄酒、汽车，或是宠物玩具。亚马逊开始就是一家专营图书的电子商店，但是今天它已发展成为综合商店。这类店铺还包括小红书销售和女性美妆护肤有关的用品、孔夫子旧书网等等。

③区域性与全球性店铺。一些店铺，例如 egrocers 或是大型家具的销售商，主要服务于住在附近区域的客户；parknshop.com 只服务香港地区，它不会将杂货卖到纽约。然而，如果消费者支付运费、保险费以及其他费用的话，一些区域性商店也会将产品销售给其他国家的客户（例如 hothothot.com）。

④纯粹在线组织与鼠标加水泥店铺。店铺可以是纯粹在线（虚拟）组织，例如蓝色尼罗河公司、亚马逊、Buy.com 和 Cattoys.com，它们没有实体店铺。其他的则是同时在线销售的实体店铺（即砖头加水泥），例如沃尔玛、山姆超市等等。

四、电子市场的类型

通常而言，"商城"和"市场"之间的区别不明显。在现实世界中，商城被看作是众多商店的集合（如购物中心），这些商店相互独立而且价格一般是固定的。与此相反，市场（有些坐落于户外）则往往是指许多卖方相互竞争，购物者寻找低价产品并期望可以讨价还价的地方。

在网络中，市场这个术语有着明显不同的含义。如果个人消费者想要讨价还价，他们在部分店铺或商城也可以做到。然而，电子市场这个术语通常指的是 B2B，不是指 B2C，B2C 一般在店铺和商城里进行。我们要区分两种类型的电子市场：私有的和公共的。

①私有电子市场。私有电子市场指的是那些由单独一家公司拥有和运

作的市场。私有市场要么是卖方所有，要么是买方所有。在卖方电子市场中，一家像思科这样的公司向多家符合资格的公司销售标准或定制产品，这种类型的销售模式称为一对多。它类似于 B2C 店铺。在买方电子市场中，公司从许多供应商那里采购，这种类型的购买模式称为多对一。例如，RafflesHotel 从在市场中获得认证的商家那里采购供应品。私有市场常常只向经筛选的成员开放，也不受公共管制。

②公共电子市场。公共电子市场是 B2B 市场。它们通常由第三方（而非买方或卖方）或是一组买方或卖方的公司（联盟）拥有，并为许多买家和卖家服务。这些市场也被称为交易所（如股票交易所）。它们向公众开放，并由政府或是交易所所有者为其制定规范。

五、信息门户

买方、卖方与网络市场的交互有着多种形式。B2C 交易的主要场所是网络店铺和网络商城。网络店铺、网络商城上面已经进行了介绍，下面将介绍网络市场中的门户网站。

（一）门户类型

门户有多种描述和形态分类方法。其中一种区分方法是看它们的内容，内容的覆盖面由窄到宽，社区和受众也可能不同。有以下几种主要的门户类型。

①商业（公共）门户。它们为不同团体提供内容，是网络上最普遍的一种门户。虽然这类门户可以支持用户的定制化，但它们仍然是面向广大受众，提供相当常规的内容，有些内容是即时的（如证交所报价牌和预选的新闻条目）。

②公司门户。公司门户是为公司内部和合作伙伴团体提供有组织访问的丰富信息的网站。它们也被称为企业门户或企业信息门户。

③出版门户。这些门户是为有特定利益的团体提供服务的。这类门户提供较少的定制化内容，但是提供扩展的在线搜索特色和一定的互动能力。

④个人门户。它们为个人过滤特定信息，提供范围相对较窄的内容，高度个性化，可以有力地支持每一个用户。

⑤移动门户。移动门户（mobile portals）是那些可用移动设备访问的门户。虽然这里提到的大多数门户是基于个人电脑的，但是越来越多的门户可以通过移动设备进行访问。

⑥语音门户。语音门户（voice portals）是带有音频界面的网站，通常是门户。这意味着它们可以通过标准电话或手机进行访问。AOL是国际服务提供商，它允许用户通过电话来获取来自AOL上的电子邮件、新闻和其他内容，它同时使用了语音识别和文字语音转换技术。例如，Tellme network 公司（tellme.com）和BeVocal公司（bevocal.com）提供通过电话访问互联网的功能以及建立语音门户的工具。

⑦知识门户。知识工作者能够从知识门户获取知识，为合作提供了便利。

⑧社区门户。这种网站通常是在线社区的一部分，一些供应商会赞助一些主题。

第三节 电子商务中的参与者、交易、中介和过程

前面介绍了电子市场的类型、构成要素和参与者，接下来介绍电子市场中的交易过程。我们首先从参与者开始介绍。

一、卖方、买方和交易

电子交易是最主要的电子商务活动。具体来说，就是卖方（零售商、批发商或制造商）向客户进行销售。销售者从供应商那里购买原材料（作为制造商）或是成品（作为零售商），图6-1描述了这个过程。作为卖方的公司处于图的中心位置，标为"我们的公司"。供应链中不同职能领域的过程由企业软件（B2B）或是政府机构（B2G）来支持。客户下订单，销售者

履行订单。我们的公司从供应商（B2B）、分销商（B2B）或是政府（G2B）那里购买材料、产品等。这个过程称为电子采购，有时中介会参与到这个过程中。

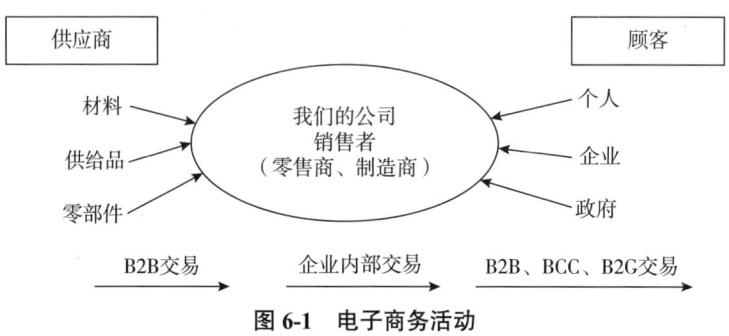

图 6-1　电子商务活动

二、中介在电子市场中的作用和价值

从最原始的市场开始，中介（经纪人）就因为能为买卖双方交易进行撮合甚至提供增值活动和服务而发挥着重要作用。中介的类型有很多。从非常特殊的撮合者，到最常见的批发商和零售商都是典型的中介角色。在网络场景中，还有提供和控制信息流的中介。这种类型的中介称为信息中介，经由信息中介，信息在买方和卖方之间流动。通常，信息中介汇总信息并向其他人销售。

在线中介是那些为买卖双方提供便利并按交易金额的一定比例收取费用的公司，当前它们在 B2C 公司中占的比例最大。两类在线中介分别是经纪人和信息中介。

（一）经纪人

经纪人是为买卖双方之间的交易提供便利的公司。经纪人有以下几种不同的类型。

购买/销售履行。公司帮助消费者发出订购和销售订单。

虚拟商城。公司帮助消费者从众多店铺中进行购买。

中介商城。公司向消费者提供各种店铺的链接以及诸如金融服务等交易服务。

搜索代理。公司帮助消费者在不同的商家之间进行比较。

购物助理。公司通过提供货币兑换、语言翻译、支付功能、交付方案、用户定制界面等服务来帮助消费者使用在线商店。

（二）信息中介

信息中介指的是那些收集组织大量数据，在信息的需求者和供应者之间充当中介的网站（shopping.yahoo.com）。信息中介有两种类型。

第一种类型是在消费者做出购买决策之前，为消费者提供一个收集有关特定产品和公司信息的场所。它是第三方无偏信息提供者，它不会偏向于推广或尝试销售某些产品，也不会代表任何卖方的利益。

第二种类型不是一定要基于网络的。它为卖方提供消费者信息，以帮助卖方开发和推广商品。中介从买方那里收集到个人信息，再将数据销售给企业。这种方法的一个优点就是消费者的隐私受到了保护，并且一些中介将经纪费的一定比例提供给了消费者。生产者和消费者在电子市场中可以直接交易：生产者提供信息给消费者，消费者从可得产品中进行挑选。目前，有一些信息公司专门从事信息交易，这些信息有些是直接信息，有些是经过加工分析的信息。

（三）B2B 中的电子分销商

电子商务中的一种特殊中介是 B2B 电子分销商（e-distributor）。这些中介将制造商和商业买家（客户）连接起来，例如，零售商或是计算机行业的转销商就是这里的商业买家。电子分销商主要从众多制造商那里汇总目录或产品信息，并把这些信息集中在一个地方——中介网站。

三、去中介化和再中介化

中介一般提供三种形式的服务。

①提供供给、需求、价格、具体要求的相关信息。

②撮合买卖双方。

③提供增值服务，例如产品交付、订阅、支付、咨询、寻求商务伙伴等。

一般情况下，第一种服务完全可以自动化操作，所以可以利用网络市场、信息中介、门户网站来开展的服务费用十分低廉。第二种服务需要专业知识和技能，中介要了解行业、产品、技术发展趋势等信息，因此只能部分地自动化操作。

仅提供第一种服务或主要提供前两种服务的中介迟早会退出历史舞台，这种现象称为"去中介"（disintermediation）。一个典型的例子是航空企业，它们正在推行通过网络平台直接销售机票。大多数航空公司要求在机票代理处购票或通过电话订票的客户每张客票支付25美元以上的服务费，这样做的结果就是"去中介"，购票流程中的旅行社选择去中介。另一个例子是仅靠手工完成交易的折扣股票经纪人正在消失。然而，实施网络中介的代理商不仅没有消失，反而发展得更快了。有的企业"去中介"后采用新的经营模式，有的企业重新加盟，这种现象称为"再中介"（reintermediation）。

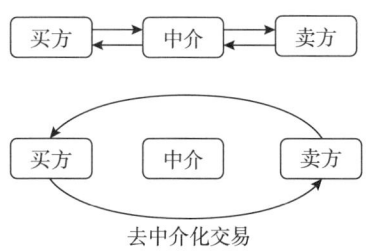

图 6-2　再中介与去中介

四、购买过程

消费者在线购买商品的模式不同。一种最常见的模式是以固定的价格从目录购买商品。有时价格是可以协商或是打折的。另一种模式是动态定价，指的是不固定价格，在拍卖和股票（商品）市场上的定价就是这样的。

买方采用的是图 6-3 中所示的过程。

过程一开始是登录卖方网站、注册，然后进入在线目录或是买方的"我的账户"。电子目录可能会相当多，所以需要利用搜索机制，买家也需要比较价格。有的卖家会提供与竞争对手的比较，否则，买家可能需要离开该网站以进行比较。如果不满意，买方将舍弃该网站，如果满意的话，购买者将从中挑选产品，并置于购物车中。购买者可以重回目录选择更多的商品，完成选购后，购买者会来到结账页面，并从菜单中选择运输方式。同时，也可能会提供支付方式的不同选择（如信用卡、支付宝或微信、货到付款、分期付款等）。在核对信息正确无误之后，买方就可以提交订单。

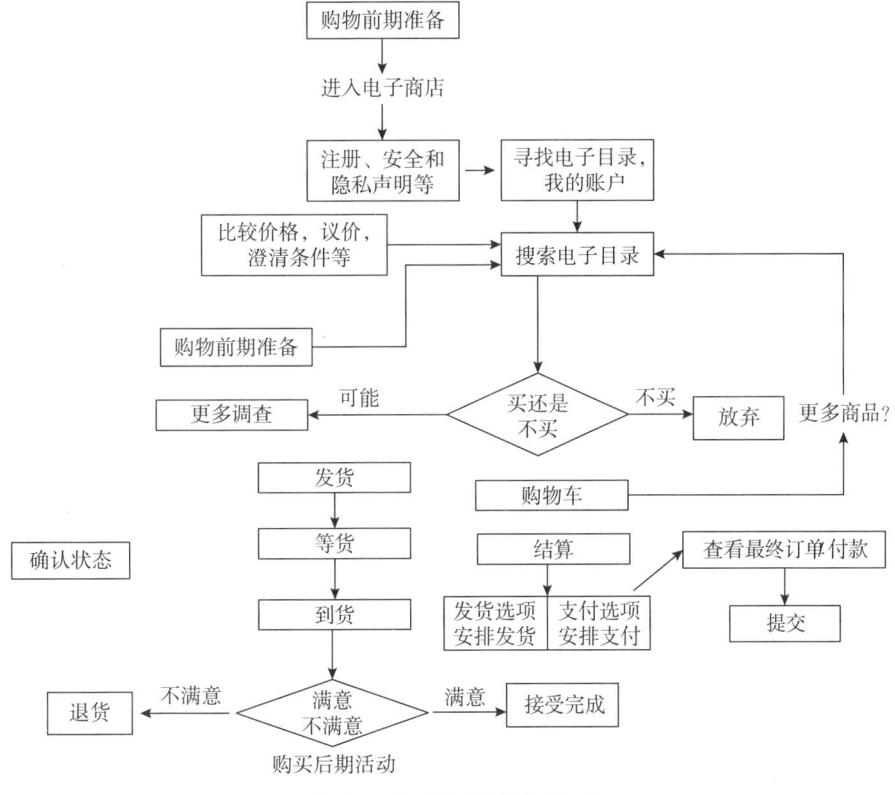

图 6-3　电子市场的购买过程

第四节　实现在线交易的基本功能

为了能够在线销售，一个网站通常需要配备电子商务的商用软件。这类软件提供的基本功能有电子目录、搜索引擎和购物车。

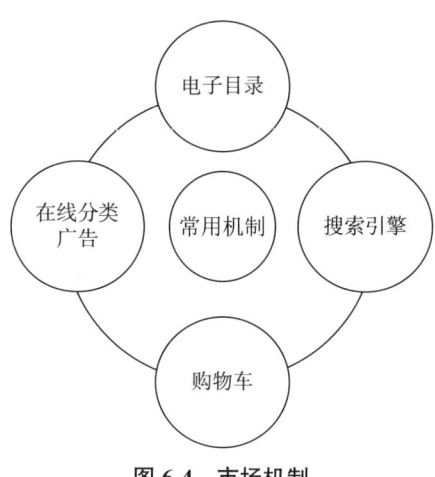

图 6-4　市场机制

一、电子目录

电子目录（electronic catalogs）由产品数据库、目录和搜索功能构成。它们是大多数电子商务销售网站的支柱。对于商家来说，电子目录不仅仅是产品展示和导购，在电子商务平台中更重要的功能是对其产品与服务进行广告宣传和促销。对于顾客来说，电子目录的目的是查找产品和服务的信息。

早期在线目录主要是复制印刷目录中的文本和图片。然而，在线目录不断发展，已变得更为动态化、定制化，并且可以与销售和购买过程融合起来。由于在线目录已经与购物车、订单获取和支付集成，开发这些机制的工具也在与商业网站和 Web 主机集成。

电子目录可以从以下三个角度进行分类。

①信息展示的动态性。在动态目录中，信息是通过动态图片或动画形式进行展示的，有时还附有声音效果。动态目录可以是实时的，经常发生变化，例如证交所报价牌上的股票指数（商品价格）。

②定制化的程度。在定制化目录中，内容、价格和显示方式都是根据特定顾客的特点量身定做的。

③业务流程的整合。目录可以按照与下面的业务过程或特点的整合程度进行分类：订单获取和履行、电子支付系统、内联网工作流软件和系统、库存和会计系统、供应商或客户的外联网以及纸质目录。许多卖方能为顾客提供有关商品可得性和预计交货时间的建议。

虽然定制化目录只是偶尔应用在 B2C 商务中，但它在 B2B 电子商务中尤其有用。例如，电子目录只会显示允许某一特定企业的员工采购的那些条目。电子目录可以被定制成以不同价格向不同顾客显示相同的条目，同时反映折扣或是采购合同协议。尤其是外联网，能将定制化目录发送给不同的商业客户。

二、搜索引擎和智能代理

搜索引擎（search engine）是一个计算机程序，它能访问网络资源数据库，对特定信息或关键词进行搜索，并报告搜索结果。例如，客户倾向于以惯用方式询问产品信息（例如，询问产品信息和价格）。这种请求是重复进行的，由人来回答成本较高。搜索引擎通过将问题和用"罐装"答案回答的 FAQ（常见问题）模板进行匹配，从而可以高效、经济地传递答案。

谷歌、百度都是流行的搜索引擎。一些特殊的搜索引擎是专门设计来回答特定问题，或是搜索特定领域的。数以千计的公共搜索引擎可以使用。此外，数百家公司在它们的门户或是网络店铺上也设有搜索引擎，这些引擎被称为桌面搜索引擎。

三、电子购物车

电子购物车（electronic shopping cart）是一种订单处理技术，它允许顾客在继续购物时可以堆放他们想要购买的商品。在这点上它类似于现实世界里的购物车。电子购物车软件程序允许顾客挑选商品，检查已经挑选的商品并进行变更，然后确定购物列表。点击"购买"将会触发真实的采购行为。

B2C 的电子购物车非常简单（访问亚马逊网站可以看到实例），但是用于 B2B 的电子购物车可能要复杂得多。B2B 电子购物车可以使企业客户在不同网站购物，同时使购物车始终停留在买方的网站，以便将其集成到买方的电子采购系统。

购物车软件可以作为独立组件出售或免费提供，也可以植入到商用服务器中，像淘宝、京东上提供免费的在线购物车。

四、在线分类广告

电子目录主要用于展示产品。而展示产品和服务的另一种机制是电子分类广告，这类似于报纸上的分类广告。那些提供或寻求服务、出售商品的个人是电子分类广告的主要使用者。电子分类广告具有交互性，并且包含了比报纸广告多得多的信息。一些分类广告提供商向广告客户收取一定的费用，其他则是免费提供，或只针对特定地区的特定服务收取费用。分类广告的竞争非常激烈，原因在于其趋势是要对发布的广告收取费用。许多报纸和商业互联网门户提供分类广告。比较流行的是列出工作和要出租或出售的房子或公寓。一些网站提供公寓的可视化参观。

第五节 电子商务市场中的拍卖

最有趣的一种电子商务市场机制是电子拍卖。它们可以应用于 B2C，B2B，C2C，G2B，G2C 以及其他电子商务模式中。

一、定义与特征

拍卖（auction）是一种利用竞争过程的市场机制，这个机制下，卖方连续请求买方出价（正向拍卖）或是买方请求卖方出价（逆向拍卖）。价格是由报价动态决定的。拍卖能使那些需要清偿或是需尽快销售掉的商品得到快速处置。罕见的钱币和其他收藏通常是在拍卖中卖出的。

拍卖有几种类型，每一种类型都有自己的目的和流程。拍卖可以在线或离线完成，它们可以在公共拍卖网站上进行，也可以通过邀请进行私人拍卖。

二、传统拍卖与电子拍卖

传统的实物拍卖仍然非常流行。但是，电子拍卖的交易量正在显著持续地增长。无论什么类型的传统离线拍卖都有以下的局限性：对于每件出售的商品，离线拍卖通常只持续几分钟，甚至是数十秒。如此快的过程几乎没有留给潜在消费者做决定的时间，所以他们可能决定不出价。同时，卖方可能无法得到尽可能高的价格，竞拍者则可能得不到他们真正想要的商品，或是为商品支付了过高的价格。同样，在很多情况下，竞拍者没有足够的时间来检验商品。竞拍者要了解拍卖的时间和地点存在一定的难度，从而不能对每个拍卖地点提供的商品进行有效比较。竞拍者通常必须实地参加拍卖，因此，许多潜在竞拍者就被排除在外了。

类似地，卖方将东西运到拍卖地点也是非常困难的。由于必须租借场地，所以佣金是相当高的。此外，拍卖需要做广告，还需向拍卖师和其他员工支付工资，而电子拍卖克服了这些不足。

网络提供了一个以低成本实现电子拍卖的基础设施，并且可以获得更广泛的支持服务以及有多得多的卖方和买方参与。个人消费者和公司都能参与到这个 非常便利的电子商务活动中。

电子拍卖（electronic auction，e-auction）除了是以在线方式完成之外，其他的都与离线拍卖类似。自 1980 年起，电子拍卖就在局域网上存在了。互联网上的主机站点就充当经纪人，为卖方提供服务，张贴卖方要出售的商品，并允许买方竞拍这些商品。

像易趣这样的主要在线拍卖网站提供消费品、电子配件、工艺品、度假商品机票和收藏品。B2B 的商人可以拍卖过量的供给品和存货。另一种类型的 B2B 在线拍卖正越来越多地运用在交易特殊商品上，例如电力传输、煤气和能源交易选择权。此外，依赖于合同和固定价格的传统商业做法正快速转变为在线采购的竞价拍卖活动。

当然，许多消费品不适合拍卖，对于这些商品，常规销售——例如牌价零售就已经足够了。然而在线拍卖交易的灵活性为许多其他商品提供了带有创新性的市场过程。例如，不再通过访问卖方的网站来寻找产品和提供商，买方可以请求所有潜在卖方出价。这样的购买机制非常具有创新性，因而它有可能被用在几乎所有类型的消费品拍卖中。

三、动态定价与拍卖类型

拍卖的一个主要特点是它们建立在动态定价的基础上。动态定价（dynamic pricing）指的是价格不是固定的，而是随着市场供求变动而上下波动。与此相反，目录价格是固定的，就像百货商店、超市和许多电子店铺里的价格一样。

动态定价有多种表现形式。最古老的形式可能就是谈判和讨价还价了，长久以来，这种形式一直运用于户外市场。基于参与拍卖的买方和卖方人数，习惯上将动态定价分为四种主要类别。

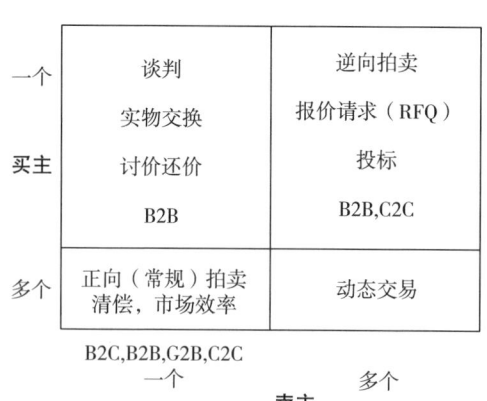

图 6-5　动态定价

①单一买主，单一卖主。在这种结构中，各方可以采用谈判、讨价还价或

是易货交易等方式。最终的价格由双方的谈判力量、该商品市场的供求情况和（可能的）商业环境因素来决定。这种模式在 B2B 电子商务中非常流行。

②单一卖主，多个潜在买主。在这种结构中，卖方采用正向拍卖（forward auction），即卖方接受来自多个买方报价的一种拍卖形式。正向拍卖的主要类型中，英式拍卖和美式拍卖，在其拍卖过程中，出价不断升高；荷兰式拍卖和自由降价拍卖，其报价随着拍卖的进行而下降。上述任何一种方式都可用于清偿债务或追求市场效率。

③单一买主，多个潜在卖主。一个买主，多个潜在卖主有两种常见的拍卖类型：逆向拍卖（投标）和自行定价拍卖。在这种类型的拍卖当中，一个买主接受多个卖方或供应方的报价。买主对想要购买的物品发送报价请求（RFQ），潜在卖主按照逐步降价方式出价。这些拍卖称为逆向拍卖，是由于多个供应商对单一买方需要的商品或服务进行报价。在逆向拍卖中，价格是逐步降低的，最低价将胜出。这些拍卖主要用于 B2B（大企业和小企业都包括在内）或 G2B，它们也可以与谈判相结合。

逆向拍卖。当拍卖中存在一个买主和多个潜在卖主的时候，逆向拍卖（reverse auction），也称为出价系统或投标系统（bidding or tendering system）是适用的。在逆向拍卖中，买方对自己想要竞买的物品发送报价请求，潜在卖主按照逐步降价方式出价。在逆向拍卖的电子出价系统中，可能会经过几轮报价，直到投标者停止降低价格。最低报价者将会胜出（假定只考虑价格）。逆向拍卖主要是 B2B 或 G2B 中的市场机制。

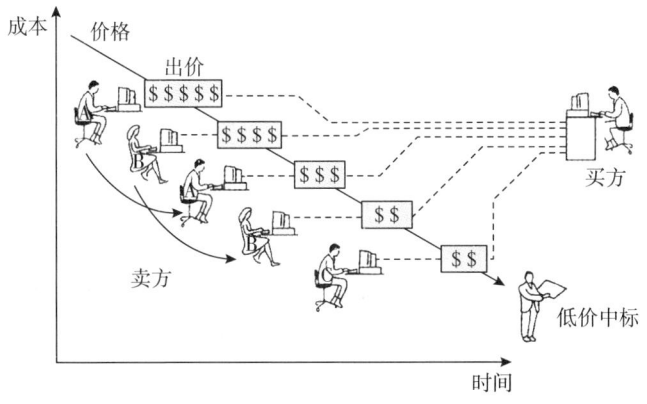

图 6-6 逆向拍卖流程

作为购买商品和服务的一种在线机制，B2B 逆向拍卖越来越普及。虽然大多数 C2C 拍卖带有正向拍卖的性质，但是越来越多的个人也进行逆向拍卖。例如，一个想要购买二手车的人会为自己理想的车子建立投标要求（RFB 为个人服务），让那些有这样车子的人与他联系。

自行定价模式。Priceline.com 是自行定价模式（"name-your-own-price"model）的先驱。在这种模式中，潜在买主向任何愿意且可能成为卖主的对象说明自己愿意支付的价格（或其他条件）。Priceline.com 向卖方提供消费者的要求，卖方尽可能按照买方提出的价格和其他条件满足有保证的要求。或者，Priceline.com 在自己的数据库中搜索包含卖方的最低报价的信息，并尝试将供给与需求进行匹配。如果报价不大于买方所要求的价格，Priceline.com 要求买方提供信用卡号以保证接受出价。尽管一些企业也使用自行定价模式，但是它基本属于 C2B 模式。

④和多个卖主，多个买主。当存在多个卖主和多个买主时，买方和他们的出价与卖方和他们的要价在供求数量的基础上进行匹配。股票和商品市场就是这种结构的典型例子。买卖双方可以是个人或是企业。这种拍卖称为双向拍卖（double auction）。

垂直拍卖（vertical auction）指的是同处于一个行业的买卖双方之间发生的拍卖，或是一种商品的双向拍卖（例如，鲜花、汽车或牲畜）。称它为垂直的是因为活动发生在单一行业供应链上，而非水平地发生在来自不同行业的供应链的成员之间。这类拍卖（在同一个行业内）的专门网站有时被称为垂直拍卖门户（auction vortal）。垂直拍卖在 B2B 模式中尤其有用。

四、电子拍卖的好处、局限和影响

电子拍卖正成为许多公司和个人的一种重要的销售和购买渠道。无论拍卖在何处进行，电子拍卖都能使买方访问产品和服务。此外，买方还可以获得包括价格、产品、目前的供给和需求等在内的近乎完全的市场信息，这些特征对所有的参与方都是有利的。

（一）电子拍卖带来的好处

拍卖文化将彻底改变顾客购买、销售、获取商品的方式。表 6-2 说明了电子拍卖给卖方、买方和电子拍卖人带来的好处。

表 6-2　　　　　　　　　　电子商务带来的好处

对卖方的好处	对买方的好处	对电子拍卖人的好处
有更多的出价人和缩短的周期带来收入的增加。 有更多议价成交的机会，而不是按固定价格销售。 由市场来决定最优价格（更多的买方，更多的信息）。 卖方通过向消费者直接提供商品可以获得更多的收入（节省中介佣金，且实物拍卖比电子拍卖更昂贵）。 可以实现大量资产的快速变现。 改善客户关系和忠诚度。	提供发现独特物品或是收藏品的机会。 参与电子拍卖的过程是令人愉快和激动的。 甚至只要一部手机，买方就可以在任何地点出价，而无须亲临拍卖地点。 在第三方的帮助下，买方可以保持匿名。 为个人和机构找到议价的可能。 价格透明，让买方可以谨慎出价。	更高重复率的购买。 对网站更高的黏性（顾客倾向于在网站上逗留更长时间以及更频繁地访问网站）。 拍卖网站通常比固定价格的网站更有黏性。更有黏性的网站能为电子拍卖人创造更多的广告收入。 拍卖业务易于扩张。

（二）电子拍卖的局限性

电子拍卖存在着一些局限，主要表现在较低的安全性、欺诈发生的可能性和有限的参与性。

①较低的安全性。在互联网上进行的一些 C2C 拍卖并不安全，因为它们处在未加密的环境下。这意味着在支付过程中信用卡号很有可能会被盗取。

②欺诈发生的可能性。在许多情况下，拍卖物品是独一无二的、用过的物品或是古董。因为买方不能看到拍卖的物品，因而他们有可能会买到有缺陷的产品。同样，买方也可能收到产品或服务之后不付款。所以，电子拍卖中的欺诈率相对较高。

③有限的参与性。有些拍卖只能受邀参加，还有些只向经销商开放。有限的参与性对于卖方来说可能是一种局限，因为卖方通常可以从尽可能多的买方中获得更大的利益。

（三）拍卖的影响

因为交易的对象和环境千差万别，所以拍卖背后的基本原理和不同参与方建立拍卖的动机也有很大不同。以下是电子拍卖的一些有代表性的影响。

①拍卖作为一种协调机制。拍卖越来越多地被作为一种建立均衡价格的有效协调机制。譬如，政府拍卖土地。

②拍卖作为一种决定价格的社会机制。对于那些不在传统市场上进行交易的标的，例如唯一或稀有物品，随机提供或间隔很长时间才会提供的物品，拍卖创造了一个吸引潜在买主（通常是专家）的市场。通过在同一时间、地点提供多种特殊物品以及吸引足够的关注，拍卖提供购买订单和销售订单所需的曝光，从而获得了能够决定最优价格的市场流动性。典型的例子是艺术品和稀有品的拍卖。

③拍卖作为一种高度可见的分销机制。有些拍卖处理特殊物品。在这种情况下，供应商利用拍卖作为一种获得关注的主要机制来吸引那些喜欢讨价还价或拍卖过程的赌博性质的客户，拍卖掉有限数量的物品。

第六节　易货交易与在线谈判

有两种新的机制在电子商务中越来越流行，这两种机制就是电子易货交易和电子谈判。

一、在线易货交易

易货交易（bartering）作为商品和服务的直接交易，是一种最古老的贸易方式。今天，易货交易主要发生在组织之间。易货交易的问题在于很难找到交易伙伴。企业和个人可以运用分类广告来对自己需要的以及作为交换的物品做广告，但是他们仍然有可能无法找到他们想要的。中介可以提供帮助，但是费用高昂（20%～30%的佣金）且效率低下。

电子易货交易（e-bartering）——在线完成的易货交易——通过吸引更多伙伴参与交易来提高匹配进程。另外，匹配速度会更快，结果是能找到更好的匹配对象。经常进行在线交易的物品包括办公场所、储藏和工厂空间，闲置设备，劳动力，产品和横幅广告（注意电子易货交易隐含了需要考虑的税收）。

电子易货交易通常在易货交易所（bartering exchange）进行，该交易所是由中介来安排交易的一个市场。这类交易所非常有效。流程是：公司告诉易货交易所它想要提供的物品。交易所为公司的产品或服务估价，然后提供给它一定的"点数"或"易货交易美元"。公司可以用这些"点数"从交易所参与交换的成员那里购买自己需要的物品。易货交易网站在财务上必须是安全的，否则，用户不会有机会来使用他们所积累的点数。

二、在线谈判

动态价格也可以由谈判来决定。谈判定价方式通常应用于昂贵或是特殊产品的购买和销售。在大量采购时，这种方式也常被使用。与拍卖非常相像，谈判价格来自买卖双方之间的互动和讨价还价。然而，与拍卖相比，谈判还涉及包括支付方式和信用等非价格条款。谈判在离线世界里是一个很熟悉的过程（例如在房地产、汽车采购和承包工程方面）。此外，在没有标准产品或服务可言的情况下，一些数字产品和服务可以定制化并绑定在一个标准价格上。消费者对于绑定服务的偏好各不相同，所以经常需要进行谈判协商。

第七节　Web 2.0 和 Web 3.0 的机制和工具

从互联网技术和用户交互的视角，人们把互联网应用的阶段划分为Web1.0、Web2.0 和 Web 3.0。Web1.0 是个人电脑时代的互联网，用户利用

Web 浏览器通过门户网站，单向获取内容，主要进行浏览、搜索等操作。用户只是被动接受内容，没有互动体验。而 Web 2.0 是一种参与式社交网络，或支持读写功能的第二代互联网服务。Web 3.0 是第三代网络，基于语义网络，专注于在去中心化的基础设施上实现用户和机器之间更好地沟通和理解。

在电子商务应用中，电子市场、购物车、电子目录和拍卖是 Web1.0 的主要机制，而其他可用于用户生成内容、合作、文件共享和其他 Web2.0 应用，新型的基于去中心化技术的区块链技术应用则为典型的 Web3.0 应用。

一、博客技术和维基

通过博客技术（weblogging，blogging），互联网为个人提供网上发表意见的机会。博客（blog）是一个向公众开放的个人网站，所有者可以在上面表达自己的感受和观点。博客提供了一个人们表达自己意见的场所，它们能够实现双向沟通与合作、小组讨论等。

维基是博客的一种扩展形式。博客通常是由个人（或可能是小群体）创建的，有时还附带讨论板。而维基（wikilog，wikiblog or wiki）实质上是一种能使每个人平等参与的博客。任何人可以添加、删除或是更改内容。它就像是摆放在公共场所，带有铅笔和橡皮的一本活页簿，每个人都可以阅读，记笔记，撕下一页等。建立维基是一个合作的过程。

二、RSS 和播客

RSS 是用于聚合网页内容的一种扩展标记语言格式。当想要允许其他网站发布本网站上部分内容的时候，网站需要利用 RSS 生成器来创建并注册 RSS 文档。这最常用于发布经常更新的数字化内容，例如博客、新闻故事或是播客。可以访问 RSS 分布式内容的用户能够在不同地点浏览，实现网页内容的共享。用户可以将其视为网站上的可分布新闻，而且它在博客当中非常流行。

RSS 给用户带来的一些主要好处有以下几点：及时性。当用户喜欢的网站有新内容发布时，他们可以自动接收到这些最新信息。有效性。用户可以迅速浏览标题和摘要，只读他们感兴趣的内容。覆盖性。用户可以在一个地方接收到来自多个网站的更新信息，这个地方就是他们的 RSS 阅读器或聚合器。

播客（podcast）是一种在互联网上发布的多媒体文件，用户订阅（付费或免费）之后，就可以通过聚合源（例如 RSS 新闻源）在移动设备和个人电脑上播放。和"radio"一样，它既可以代表整合的内容也可以代表整合的方法。

播客是一组 MP3 格式的音频文件，并由 RSS2.0 新闻源来描述。播客的主人或作者被称为"播主"，他能提供内容的直接下载或在线播放。播客这个词来自苹果公司的便携式音乐播放器 iPod。Pod 指的是某种容器，所以将播放比作容器或 Pod 的观点准确描述了播客的过程。虽然播客的网站也可能提供内容的直接下载或在线播放，但是播客与其他数字音频格式的区别在于借由可以读取源格式（如 RSS）的软件，播客能够自动完成下载任务。播客是作为电子商务的工具出现的。例如，播客为网站提供了一种与顾客沟通的新渠道。由于播客是音频文件，所以它能使公司传送特定的音频内容，例如音乐、讲话、广播式的表演等。

三、混搭程序

混搭程序（mashups）是一种帮助用户将两个或两个以上网站的数据和其他内容结合起来以创建新应用的工具。housingmaps.com 就是一个例子。该网站在谷歌地图上标出了 craigslist.org 上出租的公寓和待售的房子。用户只要点击其中的一个图钉就可以预览列表。bidnearby.com 也提供类似的服务，用户可以查找并锁定来自 Craigslist 的分类广告，还可以确定实物拍卖的具体位置。

混搭程序的其他一些应用如下。

Pubwalk（pubwalk.com）将附有城市搜索（City Search）评论的酒吧列

表与谷歌地图结合在一起。每个图钉都有一个描述酒吧或餐厅信息的弹出窗口，其中包括了它们的排名和图片。最后，你可以标明并打印出前往目的酒吧的行车路线。

Google Transit（google.com/transit）让你可以计划几十个城市的公交出行线路。在你提供了起始地和目的地的地址后，设计者就会给出具体的线路，结合了步行、公交和地铁等多种交通方式，同时还能提供所需时间和费用方面的估计信息。最后，你可以在与开车费用比较后再做选择。

四、区块链技术

区块链（blockchain）是一个分布式账本，具有不断增长的记录（块）列表，这些记录（块）通过加密散列安全地链接在一起。每个区块包含前一个区块的加密散列、时间戳和交易数据（通常表示为默克尔树，其中数据节点由叶表示）。时间戳证明了区块创建时交易数据已经存在。由于每个块包含关于前一个块的信息，它们有效地形成了一个链（比较链表数据结构），每个新添加的块链接到它之前的块。因此，区块链交易是不可逆的，一旦它们被记录下来，任何给定块中的数据都不能在不改变所有后续块的情况下被追溯。

区块链通常由点对点（P2P）计算机网络管理，用作公共分布式账本，其中节点共同遵守共识算法协议，以添加和验证新的交易区块。虽然区块链记录不是不可更改的，但由于区块链能够分叉，区块链在设计上可以被认为是安全的，并且是具有高拜占庭容错能力的分布式计算系统的示例。当前，最流行的区块链技术应用于虚拟货币领域，具有极高的防伪能力和防作弊特性。

第七章
在线消费者行为

学习目标：了解影响在线消费者行为的外在因素；了解影响在线消费者行为的内在因素；理解在线消费者的决策过程。

案例	中国最土护发素又突然火了

2021年11月，"蜂花护发素"突然火了，是因为这个老国货品牌蜂花"哭穷"的话题把这个平价又低调的国民品牌推上了热搜。蜂花创立于1985年，一瓶护发素卖3块钱，靠物美价廉的使用体验迅速占领市场一炮而红。后来随着宝洁和联合利华进入中国市场，蜂花采取的是低价策略，不做推广，不打广告，不改包装，靠低价与其他品牌形成错位竞争，走出了狭缝求生的路。

今天，蜂花仍然在一众洗护品牌中占据一席之地。一瓶只要9.9元，年销售额却达15亿元。蜂花在中国市场护发素TOP10的排名，仅次于资生堂和潘婷。可见，蜂花过得并不像网友们想象的那样"惨"。

国潮复兴时代，蜂花是怎么做的呢？

1. 开启电商直播路线

蜂花原来是依赖于线下传统的商超。为了追赶上新时代的步伐，从2019年开始，蜂花入驻了京东、淘宝等多个电商平台。2020年，蜂花首次进入了央视直播间。到2022年，蜂花在电商渠道的销售比例已占总量二成以上。"雪花膏、蛤蜊油，蜂花洗头不用愁"，名嘴朱广权以 rap 的形式为蜂花带货，在"小朱佩琦"（朱广权和李佳琦）组合的"种草"下，8 万瓶蜂花在 5 分钟内售罄。2021 年，蜂花入驻抖音并开启了抖音品牌直播，已成为抖音有百万粉丝的"网红"。

2. 请代言人拉近与年轻人的距离

2021 年 5 月，蜂花官宣了自己的首位品牌代言人——李嘉琦（辣目洋子）。一个从草根网红到影后的人，用实力证明了什么叫自信与努力、内涵比外表重要。通过这个有内涵的代言人，蜂花想要去拉近品牌与年轻人的距离，可见蜂花也有顺应时代的改变。

3. 在抖音平台征集设计

在此次流量来得太快之时，蜂花的反应也算够快。蜂花董事长 2021 年 11 月 17 日在抖音平台向网友求助，征集新设计，推一款全民共创的纪念版产品，该短视频的播放量迅速超过千万。该活动成功地吸引了年轻人参与设计与创作、点赞和评选，让话题的热度继续发酵持续下去。无论品牌方最终是否征集到满意的设计，这都是一个成功的事件营销。

第一节　影响在线消费者的外部因素

一、社会文化与消费者价值观

随着社会的发展，文化成为一个复杂的、多维度的概念。郭国庆等学者认为社会文化是指一个社会的民族性、价值观念、生活方式、风俗习惯、教育水平、语言文字、社会结构的总和。爱德华·泰勒提出文化是生活的方式，是人类继承的为一个社会的大众所共同具有的行为模式、情感模式及思维方式的总和。它根植在人们心中，左右着他们的消费行为、价值判断，是内在的思想、观念、风格。因而，文化作为影响消费者行为的因素受到营销学者的广泛重视。

（一）消费者文化和价值观的差异

价值观是指文化中的成员对于周围的客观事物（包括人、事、物）的意义和重要性的总评价与总看法，即什么是好的、积极的、有意义的、值得追求的，什么是坏的、消极的、无意义的、不值得追求的。

1. 他人导向价值观

这一类价值观反映在社会对于个体之间、个体与群体之间以及群体彼此之间应该如何相处或建立何种关系的基本看法。①个人主义与集体主义。不同的社会文化在对待个人与集体的关系上会有不同的价值取向。有的社会强调的是团队协作和集体行动，并且往往把成功的荣誉和奖励归于集体而非个人；相反，有的社会强调的是个人成就和个人价值，荣誉和奖励常常被授予个人而非集体。②青年人与老年人。不同的社会文化，在对待青年人与老年人的价值取向上也有可能存在差异。有的社会荣誉、地位、重要的社会职务都属于老年人；另一些社会，则可能是属于青年人的。③竞争与协作。不同的社会文化对竞争与协作的态度会有所不同。在有的文化价值观中，人们崇尚竞争，信奉"优胜劣汰"的自然法则；另一些文化价值观中，人们则倾向于通过协作而取得成功。

2. 环境导向价值观

该类价值观反映社会对其经济、技术和物质环境之间相互关系的看法。①清洁。不同社会文化对清洁的看法和重视程度不同。在重视清洁和环境保护的社会，人们需要更多地获取清洁的产品，如空气清新剂、除臭剂、工业污染处理设备、汽车尾气检测仪器及其控制产品等。②自然界。不同文化背景下的人们对待自然以及人与自然的关系上，可能会具有不同的观念和态度。一些人觉得他们受到了自然的奴役，另一些人认为他们与自然之间是和谐的，还有一些人认为他们能够征服和左右自然。中西文化的一个重要区别就是在对待人与自然关系的价值观念和态度。中国文化比较重视人与自然的和谐统一，强调"天人合一"，而西方文化则强调要征服自然，改造自然，才能求得生存和发展。

3.自我导向价值观

自我导向价值观反映的是社会各成员的理想生活目标及其实现途径、方式。①物质主义与非物质主义。在不同的社会文化中,人们对物质财富与精神财富的相对重视程度会存在差异。尽管物质财富是一切社会存在和发展的基础和前提,但人们对待物质财富的态度却是不一样的。有的社会奉行极端的物质主义,认为"金钱万能"。有的社会更加强调非物质的内容,如在一些国家,宗教地位至高无上,当物质利益与宗教冲突时,人们会选择宗教信仰。②工作与休闲。不同的社会文化对待工作与休闲的关系会有不同的观念和态度。一般来说,人们是为了获取经济报酬而工作。但是,有的文化使人们较倾向从工作中获得自我满足,有的文化则使人们在基本的经济需求满足后较倾向更多地选择休闲。在企业营销中,如果忽视这方面的文化差异,付出的代价可能是巨大的。③延迟消费与即时消费。人们是为今天而活还是为明天而活,是更多地为今天着想还是更多地为明天打算,可以集中体现一个社会在这方面的价值观。这类价值观对于企业的促销和分销策略,鼓励消费者储蓄或使用消费信贷等都具有重要的意义。

(二)价值观与营销策略

倡导积极价值观和崇高道德经常是获得消费者认可和支付的重要因素。譬如,爱国、民族自豪、倡导绿色、帮助弱者和社会公益都与消费意愿有直接关联。

1.绿色营销

绿色营销(green marketing)是指生产并推销可重复利用、生态友好型产品。在过去将近20年的时间里,几乎所有的公司都进行了一些环境友好的实践,以应对全球关于气候变化和对星球及居住环境造成的潜在影响。例如,由于汽车尾气排放是环境恶化的原因之一,汽车制造厂商开始生产对环境无害的汽车。广告商告诉消费者它们正在使用可重复利用、清洁、可持续的能源和可再生、无污染的材料。在中国,支付宝推出蚂蚁森林抢能量活动，达到一定数值后就会在阿拉善沙漠地区种下一棵梭梭树。根据支付宝2022年发布的数据，蚂蚁森林的累计用户已达到2亿，支付宝如约在阿拉善种下了111万棵梭梭树，为沙漠防风固沙；在国外，可口可乐推行了"Coca-Cola2ndLives"的活动，免费提供40万份16种功能不同的瓶盖，使旧的可乐瓶瞬间变身为杠铃、水枪、喷壶、笔刷、调味瓶或者吹泡泡的玩具，用行动支持废物利用，增强环保、再利用的意识。

2. 公益营销

公益营销（cause-related marketing，CRM），即社会营销，指运用市场营销原理与技术来促进某项公益事业的发展。公益营销与传统营销有根本区别，主要体现在：一是营销的"产品"具有无形和抽象的特点；二是营销目的不是为了赚取利润。公益营销的基础是针对消费者价值观的营销，目的是与消费者建立一种长期关系，同时建立企业与品牌形象，最终提高企业的销售额，它要求人们改变观念或行为，或提供资金捐助，因为"这样做是正确的"并使你"感觉更好"、"成为更好的公民"。如今，企业对公益营销的理解更加深刻，公益营销已不再单纯体现品牌态度，而是企业向善的文化输出，提升了品牌声量，体现了品牌价值和社会价值。通过有洞察、有趣味的公益互动和体验，品牌在达成公益目标的同时也将圈粉更多参与者。随着公益营销的日趋完善，品牌终将实现公益营销以商业之力助推社会美好的最终目标。

二、参照群体与意见领袖

群体或社会群体是由具有一套共同的价值观或信念的两个或者两个以上的个人组成的集体，他们通过一定的社会关系结合起来进行共同活动，在追求共同目标或者价值中相互影响、相互依赖。群体的规模可大可小，大到可以是几十个人组成的班集体、社团；小到可以是经常一起上街购物的邻居、朋友、室友等。群体的人员之间一般比较经常接触和交流，从而对彼此产生影响。人是社会性动物。我们都从屈从于群体，试图取悦他人，通过观察周围的人的行为来获取应如何行动的提示。

网络购物中产品纷繁复杂，我们无法真实地看到、触摸到产品，我们习惯了查看销量，依据销量来评价产品：销量高的产品应该更好。近年来，"双11"等促销活动吸引了广大消费者的参与，其中主要原因是促销折扣比较大，另一方面则是因为"大家都在买"。可见在线消费行为决策经常会参照群体的建议和行为。

（一）参照群体对消费过程的影响

参照群体（reference group）是指与个体看法、愿望和行为有着重要关联的真实或想象的他人或群体。参照群体在消费决策领域有着重要影响，主要表现在信息性、规范性和认同性影响三个方面。

①信息性影响（informational influence）。这类影响出现于个人把参照群体成员的行为和观念当作潜在的有用信息加以参考之时，其影响程度取决于被影响者与群体成员的相似性以及施加影响的群体成员的专长。

②规范性影响（normative influence）。也叫做功利性影响，是指个人为了获得赞赏或避免惩罚而满足群体的期望。广告声称，如果使用某种商品，人们就能得到社会的接受和赞许，实际上就是利用了小规范性影响。

③认同性影响（identification influence）。也称为价值表现影响。这类影响的产生以个体对群体价值观和群体规范的内化为前提。在内化的情况下，无需任何外在的奖惩，个体就会依据群体观念和规范行事，因为个体已经完全接受了群体的规范，群体的价值观实际上已经成为个人的价值观。

参照群体的信息影响主要发生在消费者购物决策不确定的情况下，消费者会主动寻求参照群体的建议或者观察参照群体的消费决策。

（二）口碑传播与意见领袖

口传（Word of Mouth），又称口碑，或口碑传播。传统上，它是指消费者彼此之间以面对面方式传播信息。随着现代通信技术的发展，口传也扩大到包括消费者通过电话、互联网等方式在彼此之间传播信息。

口传产生的原因需要从信息传播方和信息接收方的角度分别考察。从口传信息传播方看，通过提供信息影响别人的购买行动，主要是出于以下动机或考虑。首先，可以获得一种拥有权力和声望的情感。从某种意义上讲，信息代表一种权力，拥有更多的信息就意味着更大的权力，给别人提供信息就是这种权力的释放。其次，减轻对自身所做购买决定的疑虑或怀疑。通过信息的提供和说服，动员他人购买与自己所购相同的产品，会减轻购买产品后的不协调感，并为购买决定的合理性与正确性提供新的支持力量。从口传信息的接收方看，由于卖方所提供的信息可能不充分，甚至不真实，因为出于促销目的所提供的信息，往往只有正面信息而无负面信息，由此使消费者难以根据这些信息做出正确的购买决策。因此，消费者需要寻找他认为更真实、更客观的信息，口传信息在大多数消费者看来正是这样一种类型的信息。其次，降低购买风险所引起的躁动与不安。一般而言，当产品很难用某些客观的标准进行检验来判断其品质时，消费者所知觉到的购买风险就会较高。此时，除了从公共渠道获取信息外，还会积极地从个人渠道搜寻信息，减少信息搜寻时间。

意见领袖（Opinion Leader）是指从大众媒体或其他营销来源中获取信息，然后将它传达给他人，在传播信息的过程中同时对他人施加影响的人。他们在大众传播效果的形成过程中起着重要的中介或过滤的作用，由他们将信息扩散给受众，形成信息传递的两级传播。

谁是意见领袖？他们是否拥有某种显著特征？能不能利用某种具体媒体来影响这群人？市场营销人员一直在探索这些问题的答案，因为如果他们能够找到与自己产品相关的意见领袖，便可以设计出有效的信息来鼓励这些意见领袖影响他人消费。因此，消费者研究人员一直试图寻找出意见领袖的特征。在消费者行为情境下，意见领袖拥有的普遍特征如下。

①他们常常表现出对知识的渴望及对某种产品和服务的强烈兴趣，并很有可能是创新消费者。

②他们很愿意与他人谈论产品、服务及其他话题，自信、外向、喜欢交际。

③在某个特定领域中，意见领袖比其他人更擅长从非人际沟通中获得

信息，因此显得比他人更具专业性。

④他们常常与意见接受者有相同的社会经济地位和年龄。

例如，以 Gmail 邮箱的发展为例，它是以 Google 的品牌作为支撑，也是全球第一个 1G 免费邮箱，进入市场伊始采用的是神秘邀请注册模式来激发用户的兴趣。Gmail 邮箱刚开始并没有面对用户大规模开放，而采用了邀请的方式，先找一部分具有比较大的人际关系圈而且经常需要发送东西的人群让其免费注册体验，然后由这部分人群向其朋友圈、同事推荐，并由其送出邀请注册码，新用户只能通过邀请注册码才能注册。这种方式充分发挥了意见领袖的作用，同时抓住了人们物以稀为贵的心理，使网民趋之若鹜，争先恐后地想要获得一个邀请码，注册成功后，又将自己有限的邀请码再送给自己的朋友圈，自然而然地扩大了影响力和知名度。即使不做任何营销活动，有什么风吹草动，媒体、网民自会争相报道。

第二节　影响在线消费者的内部因素

一、感觉与知觉

感觉是人脑对直接作用于感觉器官的客观事物个别属性的反映。个体通过眼、鼻、耳、舌等感觉器官对事物的外形、色彩、气味、粗糙程度等个别属性作出反应。尽管是对商品个别属性的反映，但它是消费者认识商品的起点，是整个心理过程的基础。所谓知觉，是人脑对刺激物各种属性和各个部分的整体反应，它是对感觉信息加工和解释的过程。感觉与知觉既有联系又有区别。首先，知觉以感觉为基础，缺乏对事物个别属性的感觉，知觉就会不完整。其次，一旦刺激物从感官所涉及范围消失，感觉和知觉就停止了。再次，知觉是对感觉材料的加工和解释，但它又不是对感觉材料的简单汇总。最后，感觉是天生的反应，而知觉则要借助过去的经验，知觉过程中还有思维、记忆等的参与，因而知觉对事物的反应比感觉要深入、完整。

消费者的知觉过程包括三个相互联系的阶段，即展露、注意和理解。在信息处理过程中，如果一则信息不能依次在这几个阶段生存下来，它就很难储存到消费者的记忆中，从而也无法有效地对消费者行为产生影响。

（一）刺激物的展露

展露（Exposure）或刺激物的展露是指将刺激物展现在消费者的感觉神经范围内，使其感官有机会被激活。展露只需把刺激对象置于个人相关环境之内，并不一定要求个人接收到刺激信息。虽然人类无时无刻不暴露在各种光线、声音和气味之中，但感受器的生理限制为我们过滤掉了大量的感官刺激。每一种感觉通道能够识别的刺激范围并不大，能被感觉通道识别的最低限度的刺激称为感觉通道的接收阈限。

目前，对展露水平的衡量因媒体不同而异。比如，对于印刷媒体，通常是以发行量来衡量展露水平；对电台或广播，通常是以收听率来反映展露水平。19世纪，心理学家厄恩斯特·韦伯发现，引起注意所需要的刺激变化量与初始刺激的强度有关。初始的刺激越强，引起注意所需要的刺激变化量越大。韦伯定律在价格调整、产品更新等诸多营销情境中被广泛运用。当营销人员需要对产品或价格做出改变时，应当遵循两个原则：一是正面变化要高于差别阈限，确保消费者能够知觉到变化的发生；二是负面变化尽可能低于差别阈限，以降低消费者的知觉。例如，可口可乐在对其易拉罐产品提价时采用的方式不是直接提高价格，而是维持价格不变，将易拉罐的容量从原本的355mL降低到330mL，显然消费者更容易觉察到价格的变化，而不容易觉察到容量上的变化。

（二）注意

注意指信息加工行为对特定刺激的投入程度。由于大脑处理信息的能力有限，消费者对信息的注意是有选择的，这就是知觉选择，人们只注意暴露信息中的一小部分。大脑对认知资源的付出从注意这一步开始就是吝啬的或者说是经济的，它会选择和挑选刺激以免被信息海洋淹没。

刺激物本身的特点在决定消费者注意什么、忽略什么的时候，也起着重要作用。营销者需要理解这些因素，并将其运用于广告信息和包装，以便在混乱的信息环境中能迅速地吸引消费者的注意。一般情况下，与周围其他刺激物形成对比的刺激，更可能引起注意。这种对比可以通过以下几种方式产生：大小（刺激物本身与竞争物相比较的大小）；颜色（产品吸引注意力或使产品与众不同）；位置（容易看到的刺激物）；新颖性（以出人意料的方式或地点出现的刺激物）。例如，支付宝基于顾客自身的支付记录制作"我的年度账单"成功吸引了顾客关注。而电子商务平台亚马逊则一直致力于优化其推荐系统，在用户完成购买之后，这个智能系统会基于算法自动向顾客推荐新的商品或优惠活动，这些广告信息与顾客需求的相关性更高，因而成功获得了许多顾客的注意，有数据显示，亚马逊30%以上的网页浏览来自其推荐系统。增强营销刺激与环境的对比是营销人员创造力的重要体现。营销人员可以从消费者的刺激环境入手，弄清日常各种感官通道的刺激是何种形式和强度，再从中选择突破点，打破常规，制造差异。

（三）解释

解释是赋予感觉刺激物意义的过程。消费者赋予刺激物的意义取决于图式，或者说是赋予刺激物的信念集合。在初始化的过程中，刺激物的某种特性将唤起一种图式，让我们根据遇到过的其他类似刺激来对刺激物做出评价。

解释是由个体、刺激物、情境因素共同决定的。一系列的个体特征会影响消费者对刺激物的理解。研究表明，对解释影响力最大的两个个体因素是知识和期望。贮存在头脑中的知识是决定个体如何理解刺激物的一个主要因素，所以人们头脑中已有的知识会影响到对事物的解释。所以我们认为放到商场里的高价格名牌商品应该比低价路边摊上的衣服质量好，由此说明，由品牌所产生的预期对消费者的感知非常重要；产品、包装、广告、销售展示的结构及本质对大脑信息处理即对信息的最终理解会产生重要影响；如色彩在对刺激物的意义的解释中起到很重要的作用，普遍认为黑色的电器更加高级，价格也更高，使用浅色调的产品给人的感觉质量比较轻。情境特征也会影响个人对刺激物的理解。处于如饥饿、孤独、悲伤的情境，当时的情绪均会影响个体对既定刺激物的理解。在心情低落时，人们往往会误读一些信息，或者对某些信息持负面态度。

二、动机、个性和情绪

（一）动机与需要

动机是指推动个体为满足某种需要而产生的内部驱动力，主要指人类的内心状态。这种驱动力是由于需求没有得到满足而产生的紧张状态引起的。也就是说，当个体缺乏某种东西这种状态被意识到之后，就会产生紧张不安的感觉，为了消除这种紧张状态，人们就会采取行为，寻找可以满足这种需求的目标。

购买动机在激励消费者行为活动方面主要具有以下三项功能，是消费者发动和维持自身行为的内在原因和直接动力。

①激发行为功能。动机是人们行为的内在驱动力，它可以激发个体活动，消费者的购买行为就是由购买动机的刺激所引起，从而激发个体去从事某种反应或活动。而当购买动机目标达成，消费者行为活动也将终止。

②引导和选择行为功能。动机在消费活动中表现在多种消费需求中指向确认基本的需求，如生理、安全、社交或自我实现等。购买动机还可以促使消费者在多种需求的冲突中向需求最强烈和最迫切方面选择，使消费行为效用和消费者需求满足的最大化得到实现。

③维持和强化行为功能。当动机的实现和需要的满足产生以后，动机维持着这种活动针对一定目标，并调节活动的强度和持续时间。在这个过程中，动机会贯穿着具体行动，如果达到了目标，动机就会促使个体终止这种活动。

营销的本质就是识别和满足需要。市场营销人员并不创造需要，尽管在很多情况下，他们努力让消费者更加敏感地意识到自己潜在的需要。例如，宝洁公司把自己的经营业务表述为"提供高质量和高价值的名牌产品或服务,改善全世界消费者的生活"(需求导向),而非"公司销售洗涤剂、洗发水、尿布、家用清洁剂以及其他产品项目"(产品导向)。

(二)个性在营销实践的运用

个性一词相当于古典拉丁文中的"面具",即一种应付外界的工具,引申义是面具后的本人,即各种内在属性的总和。一般来说,个性就是个性心理的简称,个性又叫人格,是指一个人独特的、稳定的和本质的心理倾向和心理特征的总和。简单地说,个性就是一个人的整体精神面貌。个性结构是多层次、多侧面的,由复杂的心理特征的独特结合构成的整体。对个性的研究中,有三个特性是非常重要的:个性反映了个体差异,个性具有稳定性和一致性,个性是可以改变的。

(三)情绪和市场营销策略

荀子的"六情说"认为基本情绪有好、恶、喜、怒、哀、乐。《礼记·礼运》中提出"七情说":喜、怒、哀、惧、爱、恶、欲。社会心理学认为基本情绪有六种(快乐、悲伤、恐惧、惊讶、愤怒和嫉妒)或者四种(喜、怒、哀、惧)。其中与消费者行为具有密切并对其有重要影响的基本情绪是:快乐、悲伤、后悔、恐惧。

情绪或情感是人们对客观事物是否符合自己的需要所产生的一种主观体验。消费者在从事消费活动时,不仅通过感觉、知觉、注意、记忆等认识了消费对象,而且对它们表现出一定的态度。根据是否符合消费者的需要,消费者可能对其采取肯定的态度,也可能采取否定的态度。当采取肯定态度时,消费者会产生喜悦、满意、愉快等内心体验;当采取否定态度时,则会产生不满、焦虑、憎恨等内心体验。这些内心体验就是情绪或情感。情绪或情感是人对客观事物的一种特殊反应形式,它的发生与认识过程一样,源于客观事物的刺激。当刺激达到一定强度时,便会引起人的相应体验,从而产生各种情绪反应。这些情绪反应不具有具体的现象形态,但可以通过人的动作、语气、表情等方式表现出来。

情绪在社交网络中的传递为企业营销带来了很多启示。在数字营销时代，企业可以通过分享其他消费者在产品使用过程中的积极体验或者情绪反应，来诱发潜在顾客的积极情绪反应。比如，海底捞的成功在一定程度上反映了情绪的感染性的商业价值。海底捞的工作人员在服务的整个过程中都以微笑示人。服务人员的这种积极情绪也传递给了消费者，因此消费者的整体服务体验非常好，而且服务满意度也很高。

以情绪激发产品和零售利益。快乐是指个体的一种幸福和满足的状态，是一种愉悦而满意的体验。商家试图用各种方式为消费者提供可以让他们快乐的产品和服务。首先，快乐的东西容易被大家接受，让大家有一种赏心悦目的感觉。人们在快乐中容易记住产品。同时，我们在快乐的时候积极的情绪也会影响我们对产品的评价，也就是说，我们在一种快乐的状态下对产品做出的评价往往会更加积极和正面。例如，服务人员的第一守则就是：微笑服务。迪士尼被称为创造快乐的地方。但是去过迪士尼的人都知道，迪士尼里面有很多受欢迎的项目都需要排长队。如果解决不好顾客排队等待的问题，就必然会导致顾客因焦虑、烦躁而不满。于是，管理部门在每列队伍的外侧设立了估算目前等待人数的告示牌。同时，迪士尼为等待队伍中的游客提供表演，让顾客在等待中也过得很愉快。

以情绪缓解作为产品和零售利益。恐惧是因为出现或者预期出现危险的时候产生的一种基本情绪。恐惧情绪对消费者的认知有很大的影响。恐惧会影响消费者当下的注意力和记忆力。从短期来看，当消费者感受到恐惧的时候他们会更加关注当前的威胁，从而降低对过去和将来的关注。一旦激活了消费者的恐惧心理，就会将消费者的注意力限制在当前的环境，消费者会去识别和评估威胁，因此，他们对当下环境中的人和物会有更强的记忆。同时，恐惧情绪让消费者关注于当下，从而导致他们对当下环境以外的人和物都有负面的偏见。再者，因为恐惧心理会让消费者感知到高度的不确定性，从而导致消费者产生风险规避以及采用系统的信息处理方式，即在决策过程中会考虑各种因素，同时在产品属性评价中系统地对各种属性进行评价和比较。尽管恐惧情绪对促进健康行为有一定的影响，但是太强烈的恐惧反而会影响说服效果。例如，吸烟者看到一则吓人的戒烟广告之后可能因为害怕而不去仔细看广告内容，也可能因为广告引发的焦虑而吸烟吸得更厉害了。为了解决这个问题，商家在广告中采用恐惧诉求时，可以根据恐惧程度的不同而采取不同的广告陈述方式。

大量的研究发现，销售环境中的音乐和气味会影响消费者的情绪、对时间的感知，以及消费者和服务人员的互动。更重要的是，能够让人身心愉悦的音乐和气味会提高销量。然而，这是否也意味着圣诞节音乐和气味也有类似的效应呢？研究者在万圣节和感恩节期间在实验室里模拟了圣诞节的场景，来检验圣诞节音乐和气味各自是如何影响消费者的购买行为的。更重要的是，他们想检验两种不同的刺激是否有交互影响。实验人员把参与者随机分配到（有／无圣诞节气味、有／无圣诞节音乐）四种情境之中，让他们对一些商品和店铺进行评价。结果发现，既无音乐也无气味的一组的评价和既有音乐也有气味的一组的评价是相当的。而对于有音乐没有气味或者有气味没有音乐的组，被试对商品的态度、店铺的态度以及购物意愿都会出现下降，并且情绪的愉悦感、唤醒度、掌控感和对环境的积极情感也会出现下降。换句话说，其实没有音乐和气味不会对消费者评价产生影响。但是如果有其中一种刺激，另外一种刺激也必须有，否则消费者的评价会降低。作者认为这主要是因为消费者在接受感官刺激的时候需要一致的信息，即圣诞节音乐和气味必须匹配。但是该研究最重要的是说明圣诞节音乐和气味对销量的单独影响可能并不存在。这可能是因为圣诞节音乐已经过度暴露了，消费者心中已经有了一定的厌恶心理。因为圣诞节音乐的过度暴露，消费者需要其他感官上的刺激来降低厌恶心理，从而重新激活愉悦的情绪。该研究的一个重要启示是：商家笃信的一些策略，其实并非如商家预期的那么有效，甚至只是商家的一厢情愿罢了。

三、态度

（一）态度的影响力

态度通常是指个人对某一对象所持有的评价和心理倾向，表现为喜欢或不喜欢某些对象的程度。消费者态度则是指消费者在购买和使用产品的过程中对其表现出来的心理反应倾向。在这一心理反应倾向的基础上，消费者表达出相应的情感感受和行为反应。

首先，态度能够影响认知和评价。消费者对某个企业或某个国家生产的产品常常抱有偏见是态度这一影响的具体体现。例如，尽管国产的许多产品质量已经得到大幅度提高，而且有多种产品（如洗衣机、冰箱、彩电、计算机、手机、通信设备、高铁装备等）的质量已经不逊于外国产品，但我国仍有部分消费者，还是认为国产的产品不如外国的好。

其次，态度影响记忆与学习效果。在不考虑其他影响因素（如智商、学习方法与策略、外部压力等）的情况下，如果学习者对学习材料和学习行为本身采取认真、积极的态度，则其学习的介入程度较深，就会更好地理解与记忆学习材料，否则就会得到相反的效果。这说明态度在学习过程中具有"过滤效应"，学习者对某些事件所持的态度使其对该事件的论述材料内容有选择地去学习，并产生不同的学习效果。

最后，态度通过影响行为意向，进而影响实际行为。就消费者而言，一般地，当对某种产品产生需求时，消费者会将自己熟悉的备选品牌分为三大类：激活域（喜欢的、偏好的备选品牌）、惰性域（后备备选品牌）和排除域（被排除的品牌），而且倾向于将购买意向集中于自己最喜欢或偏爱的品牌，并最终完成实际购买。大量研究都表明，消费者态度、购买意向和实际购买之间存在显著的正相关关系。消费者的态度是预测其行为的重要变量和先导性指标。对消费者态度的调查可以为消费者行为的预测，以及产品的市场潜力预测提供重要依据。同时，企业可以通过消费者对某一产品、服务或活动的态度，改变其购买意向，进而改变其购买行为。

（二）态度对行为的影响——精细加工模式

20世纪80年代，佩蒂、卡西欧波提出了精细加工可能性模型（Elaboration Likelihood Model，ELM）。该模型是关于态度如何形成以及如何在不同的介入程度下发生变化的理论。它将个人、情境和市场因素综合起来理解态度。该模型假定消费者一旦接收到信息，就开始加工过程。根据信息与个人的相关程度，接受者会遵循两条劝导路线中的一条。在高度介入的情况下，消费者会选择中心路线；而在低度介入的情况下，消费者会选择外围路线。

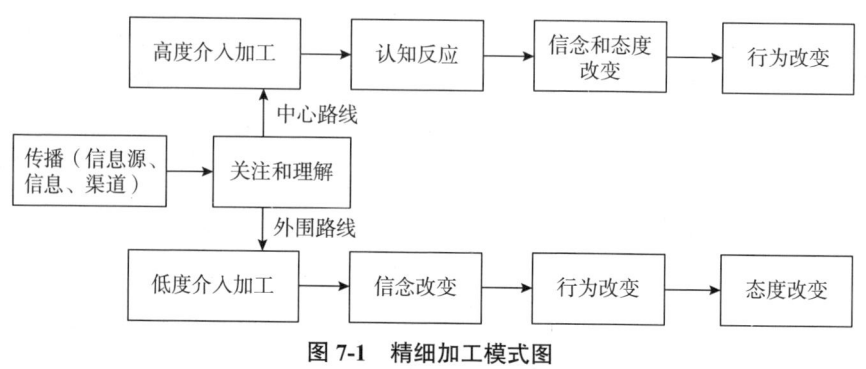

图7-1　精细加工模式图

1. 劝说的中心路径

依据 ELM 模型，消费者发现说服性广告中所包含的信息与自身相关很有趣时，他会认真地关注广告的内容。在这种情况下，他很可能会积极地思考广告呈现的观点，并对这些观点产生认知反应。当听到广播警告孕妇不宜饮酒时，一位怀孕的妈妈可能会对自己说："她说得没错，既然我怀孕了，我真的应该戒酒。"或者，她可能会有相反的观点，例如："真是胡扯。我妈妈怀我的时候每晚喝一杯鸡尾酒，而我现在不是身体很好吗？"如果一个人对广告的论述持相反的观点，就不太可能会依从这条广告，但是当消费者支持广告的观点时，顺从广告的可能性就大大增加了。劝说的中心路线，消费者小心谨慎地形成信念并对它进行认真的评价，而因此导致的强烈态度很可能会引导他们的行为。这就暗示信息的各个因素，例如，论述所表现出来的质量对于决定消费者的态度改变具有重要作用。对一个主题的先验知识会导致对信息作更多的思考，同时持反对意见的可能性也增加了。

2. 劝说的边缘路径

与中心路线相反，外围路线是在人们没有动机去认真思考所提供的论述时采取的路线。消费者很可能会使用广告中的边缘因素来决定这条信息的适宜性。这些外围因素可能包括产品的包装、信息源的吸引力或者呈现信息的背景。这些与真实的信息内容无直接关联的信息称作外围因素。也就是说，人们可能主要是因为营销者设计的迷人包装、选择受欢迎的代言人，或者可能仅仅创造了一个令人舒适的购物环境，而购买低度介入的产品。

四、自我概念与生活方式

（一）自我概念的含义与类型

自我概念（self-concept）是指一个人所持有的关于自身特征的信念，以及他对于这些特征的评价。尽管一个人的整体自我概念可能是积极的，但是肯定存在对自我的某些方面的评价比另一些方面更为积极的现象。自我概念是一个非常复杂的结构，它由许多特性组成而且当我们对自身进行整体评价时会更多强调某些特性。我们能够通过内容（如容貌的魅力与头脑的智力）、积极性（如自尊）、强度、长时间的稳定性以及准确度（如自我评估与事实的匹配程度）来描述自我概念的特性。

消费者不止有一种自我概念，而是拥有多种类型的自我概念。比如，实际的自我，指消费者实际上如何看待自己；理想的自我，指消费者希望如何看待自己；社会的自我，指消费者感到别人是如何看待自己；理想的社会自我，指消费者希望别人如何看自己；期待的自我，消费者期待在将来如何看待自己，它是介于实际的自我与理想的自我之间的一种形式。由于期待的自我折射出个体改变自我的现实机会，对营销者来说它也许较理想的自我和现实的自我更有价值。

（二）自我概念与营销

自我概念对消费者行为具有重大的影响。因此营销者基于自我概念，有以下营销策略。

1. 尽力使品牌形象与目标消费者的自我概念（形象）保持一致

品牌形象，是指品牌特性的传播及其在此基础上形成的消费者和社会公众对这些特性的感知和评价。如果消费者的这些感知和评价与其自我形象保持一致，就能够激发消费者强烈的共鸣。一个品牌如果能够引发消费者心灵上的强烈共鸣，就能获得成功。例如，世界著名、历史悠久的苏格兰威士忌尊尼获加凭着200年的漫长发展历史，成功孕育出了"优雅、酷、技艺精湛、进取、自信、有魅力、美观和一点点水仙花般的自恋"的品牌个性，并最终沉淀而成广为世人所知的、具有"永远向前精神"的"行走绅士"形象。而最为关键的是，"行走绅士"的品牌形象内核与其目标顾客25岁以上的年轻群体"人生无界，行者无疆"的自我形象高度吻合。

2.巧妙运用消费者实际自我与理想自我之间的差距，激发消费行为

一般地，消费者的实际自我与理想自我之间往往存在一定的差距。而如果在营销传播中巧妙地暗示和提醒消费者这种差距的现实存在，则可以有效激发消费者的消费行为，努力弥补这一差距，例如，在化妆品、服装、首饰、手表、整形美容等产品广告中，广告代言人或广告模特强大的外表吸引力强烈地暗示消费者实际自我与理想自我之间的差距，唤醒其理想自我，激发其购买行为，以改善"现实自我"的形象。同样，另外一些产品，如汽车、美酒、家具等产品的广告也在刻意提醒并强化消费者实际自我与理想自我之间的差距，以说服其购买这些产品，缩小这一差距。当然营销者在广告中所暗示或展现的二者之间的差距必须恰到好处，如果差距过大，则会给消费者带来一种无法企及的挫败感，从而严重降低消费者的自尊；而如果差距过小，则无法给消费者带来足够的心理期待，难以激发其消费行为。

3.正确辨别消费者私人自我和社会自我之间的差异，采取针对性的营销策略

如前所述，私人自我是指我对自己怎么样或我想对自己怎样，而社会的自我则是别人怎样看我或我希望别人怎样看我。这说明消费者整体的自我概念不仅受到"我"对自己的看法和态度的影响，还受到别人对"我"的看法和态度的影响。在实际的消费行为中，至于哪一种因素影响下的自我概念起主导作用，需视产品的属性及其与消费者的关系而定。一般地，

如果该产品具有较强的私密性、内隐性、功能性、价值性，则实际自我影响下的自我概念起主导作用；反之，如果该产品具有较强的社会性、外显性、价值观表达性，则社会自我影响下的自我概念起主导作用。

专栏　　　　　　　　使用"山寨商品"的代价

　　试想一下，人们为何要买名牌商品？理由有很多。可能是看重名牌商品过硬的质量，也有可能是通过名牌商品向他人炫耀自己较高的社会经济地位。当然，消费者需要为名牌商品付出代价——那就是钱。如果某个消费者没有足够的钱，那么，一种常见的解决之道就是购买名牌的仿制品，也就是俗称的山寨商品。

　　仿制品酷似名牌商品，很多时候，消费者之所以选择仿制品是希望仿制品能表现自己积极的一面，比如有钱、有品位。尽管仿制品在一定程度上能够实现消费者的愿望，但是，它也会带来人们意想不到的代价。

　　根据自我信号理论，消费行为是一种信号，它能够帮助人们进行自我认识。而使用仿制品这一行为恰恰让消费者认识到自己不够真诚。这样的自我认识又会如何影响人们的后续行为？在实验中，他们让一组被试者佩戴法国名牌Chloe的太阳镜，另一组被试者则佩戴仿制的Chloe太阳镜。被试者需要戴着眼镜评价自己是否真诚，此后，他们还要完成若干任务。这些任务是研究者精心设计的，通过这些任务，研究者能够测量被试者是否诚实。结果显示，相比使用真品的消费者，那些使用仿制品的消费者更认为自己不真诚。更有意思的是，在完成任务的过程中，30%的真品使用者撒了谎，而在仿制品使用者中，撒谎的比例高达71%。可见，使用仿制品让人更加不诚信。穿戴仿制品不仅影响消费者的自我评价，还影响了消费者对他人的评价。同样在研究中，研究者还要求穿戴真品或仿制品的被试者观察并评价他人的行为。结果发现，相比使用真品的消费者，那些使用仿制品的消费者更加倾向于认为他人不道德。

　　资料来源：Gino, F., Norton, M. I., & Ariely, D. (2010). The counterfeit self: The deceptive costs of faking it. Psychological science, 21(5), 712-720.

(三)生活方式的含义与中国消费者测量

生活方式的概念最早由心理学家艾德勒提出,一般被认为是个体在成长过程中,在与社会诸因素交互作用下表现出来的活动、兴趣和态度模式。简而言之,生活方式就是个体如何生活。生活方式与自我概念之间既有密切的联系,又有明显的区别。首先,二者有着密切的关系。在许多情况下,我们的生活方式往往是我们自我概念的外在表现。即在个人收入和能力既定的条件下,一个人所选择的生活方式,很大程度上受到其自我概念的影响。例如,如果一个人认为自己是传统、保守、严谨、认真、爱思考的自我概念,则其生活方式很可能就是喜欢比较"宅"的生活,喜欢读书,喜欢听节奏舒缓的音乐。其次,二者也有明显的区别。生活方式更多关注的是人们如何生活、如何消费、如何活动等外在表现,而自我概念则更多是从内心态度来考察人们的认知、情感等;生活方式更多是一个营销学、广告学术语,而自我概念则是典型的心理学概念。

研究消费者生活方式通常有两种途径。一种途径是研究人们一般的生活方式,另一种途径是将生活方式分析运用于具体的消费领域。在现实生活中,消费者很少明确地意识到生活方式在其购买决策中所起的作用。例如,在购买登山鞋、野营帐篷等产品时,很少有消费者想到这是为了保持其生活方式。然而,追求户外活动和刺激生活方式的人可能不需多加考虑就购买这些产品,因为这类产品所提供的利益与其活动和兴趣相吻合。营销者应意识到,不同群体的生活方式存在明显的差别。

迄今,最受推崇的关于生活方式的研究是斯坦福国际研究所 1978 年做的价值观与生活方式项目,即 VALS 生活方式分类系统。北京零点前进策略的吴垠在《中国居民分群范式的研究》一文中,基于美国 VALS 系统,结合中国的特殊国情和社会价值观,开发了 CHINA-VALS 模型。该模型通过对全国 30 个城市 70684 位消费者的入户调查,以被访者的生活方式为分类基础,将中国消费者分为三派、五层、十四族群,称之为 CHINA-VALS 模型。

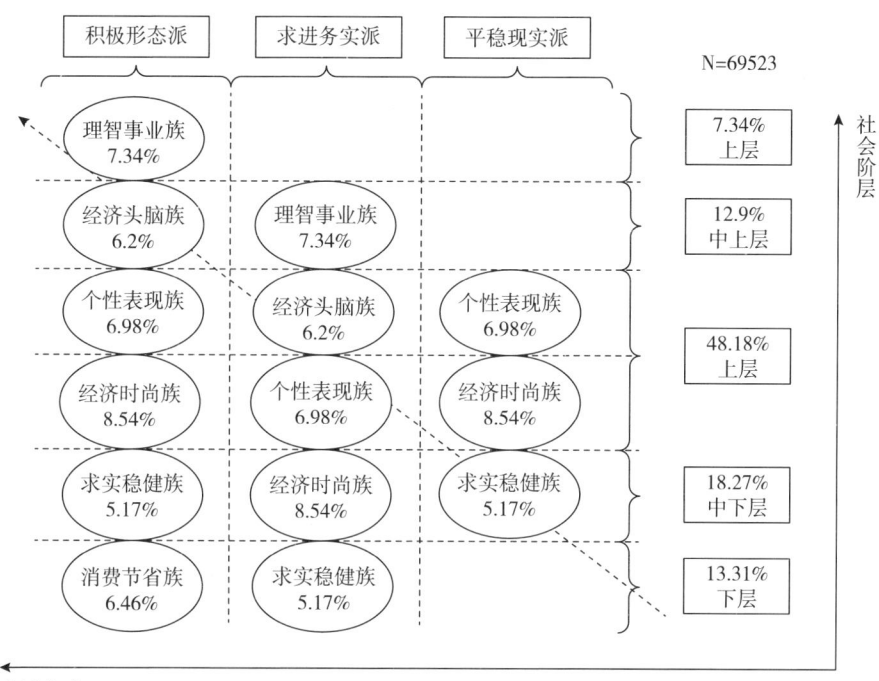

图 7-2 CHINA-VALS 模型

表 7-1　CHINA-VALS 各细分市场及其特征描述

经济头脑族	经济 IQ 型，消费经济意识强，货比三家，对金融投机具有冒险性。家庭观念弱。男性占六成以上，年龄分布较为均衡。企业管理人员、大专以上文化程度、中高收入倾向性高
求实稳健族	生活态度追求实际，更喜欢自主行事。注重平面媒体信息，对广告不注意，特别对名人广告持反对态度。购物较注意包装说明。喜欢用现金，富余的钱存入银行。饮食比较讲究。注重工作稳定。男女比例基本平衡。党政机关/事业单位干部、中低收入倾向性高
传统生活族	重视家庭生活，消费态度较为积极，行为趋向集团性。女性占六成，工作特征倾向性不明显
个性表现族	家庭观念一般，行为倾向随心所欲，生活享乐。注重饮食。男女比例基本平衡，年轻人群占 4.6 成，个体户/自营职业者、自由职业者、中等教育程度、中等收入倾向性高
平稳小康族	行为稳重、实际，对平面媒体几乎没有阅读习惯。拥有自己的房子才会觉得稳定。男性占六成以上，个体户/自营职业者、自由职业者、中等教育程度、中等收入倾向性高

续表

工作成就族	追求工作成绩比金钱更重视，经常有冲动行为，情感行为积极，有娱乐活动。喜欢购买具有独特风格的产品。注意广告、健身。成就欲强。专业人员、大专及以上文化程度、中等收入倾向性高，女性占六成，年轻人群居多
理智事业族	事业成就欲望极强，饮食生活超越社会水平。男性占七成，党政机关/事业单位干部、企业管理人员、大专及以上文化程度、高收入倾向性高
随社会流族	随社会潮流、个性主观性较弱，易受他人影响。男女比例、年龄分布较为均衡。工作倾向性不明显
消费节省族	对消费十分谨慎，购物"货比三家"。理财行为保守。食物消费主要满足于生理层面的需求。购物时不太注重品牌。娱乐主要是看电视，工作作为谋生手段。男女比例基本平衡。企业一般职工、初等教育程度倾向性高，党政机关/事业单位干部、专业人员、企业管理人员倾向性低
工作坚实族	工作是谋生的手段，生活方式求实。愿意多花钱购买高质量的物品，注意广告。拥有自己的房子才会觉得稳定。股票概念具有冒险兴趣。男女比例基本平衡。大专及以上文化程度倾向性高
平稳求进族	工作并非谋生手段，生活态度趋于追求金钱以外的表现或变化。男女比例基本平衡。党政机关/事业单位干部、专业人员、大专及以上文化程度、中等收入倾向性高
经济时尚族	经济水平有限，消费行为相对谨慎，但是，生活意识趋向求新求异。对喜欢的品牌忠诚度最高并喜欢尝试新的（国外）品牌，认为名牌可以提高身份。注重健身。男女比例基本平衡。工作特征倾向性不明显，中等教育倾向性高
现实生活族	生活态度倾向传统意识，经济收入水平较低。更愿意购买国产品牌。购物比较注意包装说明。男女比例基本平衡。55～64岁者占三四成。党政机关/事业单位干部倾向性略高，中等教育程度、中低收入倾向性高
勤俭生活族	对平面信息及广告关注度有限，有长时期看电视行为，存有投机发财的心理意识。女性占6成，55～64岁者占3.5成。工作特征倾向性不明显，初等教育程度，中低收入倾向性高

生活方式就是消费者如何生活，它通过一个人的活动、兴趣和意见反映出来。生活方式的形成很大程度上由一个人的内在个性特征所决定。CHTNA-VALS模型比较客观地反映了中国消费者"理性"与"非理性"的多元化及"理性中有非理性，非理性中有理性"的特征，并对探索社会趋势、更好地解释消费者行为、明确目标细分市场、提高企业的战略营销水平，指导开发不同产品满足不同层次需求，尽可能减轻新产品研发投资风险、提升广告主题、激发广告创意以及结合市场的普遍性与行业的特殊性、预测行情等发挥积极指导性作用。

案例　　泰姆克斯公司运用VALS系统制定营销战略和营销策略

泰姆克斯公司在推出它的一组家用电子产品（一台体重秤、一支温度计和一个血压计）时，利用 VALS 数据进行了市场细分和目标市场的选择。该公司认为，消费者对保健和家庭诊断产品的态度可能以对其价值的判断为基础，只根据人口统计数据确定细分市场可能是不够的。因此，泰姆克斯公司运用 VALS 方法，并且根据各个群体对高技术的、有关健康的产品的使用率对各个 VALS 群体进行了评估。结果，其中的两个 VALS 群体被确定为它的目标市场：成就者和完成者。尽管其中的一个群体是身份导向，而另一个群体是原则导向，但是这两个群体都表现出了对健康的关注，而且比其他群体受教育程度更高。有效的市场细分和目标市场选择为随后的营销组合策略的确定打下了基础。泰姆克斯公司还利用 VALS 数据进行媒体选择，例如，资料表明，成就者和完成者看电视时间较少，而且即使看电视一般也只看新闻节目。这些资料帮助泰姆克斯公司在媒体计划上一是增加了印刷广告，二是将其电视广告发布选择在早间和晚间新闻时段，而不是安排在黄金时段或一般人的白天工作时间。

资料来源：王长征：《消费者行为学》，武汉大学出版社 2003 年版。

（四）新产品、新服务的扩散与消费者的采纳

营销和消费者行为中的一个主要问题就是消费者对新产品和服务的接受。消费者对新产品和服务的接受框架是通过创新扩散（diffusion of innovation）这个领域的研究得出的。擅长新产品扩散的消费者研究者主要对了解两个密切相关的过程很感兴趣：扩散过程（diffusion process）和采用过程（(adoption process）。扩散过程是一个宏观的过程，涉及将一个新产品（创新性的产品）从来源那里传播到消费大众。相反，采用过程是一个改观的过程，关注的是个体消费者决定接受或者拒绝新产品时的步骤。

采用者分类（adopter categories）是根据消费者第一次采用新产品的时

间的相对位置关系来对消费者进行分类的一种方法。这种分类主要包括五种类型：创新者、早期接受者、早期多数者、晚期多数者和落后者。在营销领域，每一类别代表一个细分市场，所以市场营销者必须研究每种类型，以便制定有针对性的营销策略。

创新者（innovators）是新产品的最早期消费者。他们愿意冒风险购买有可能存在问题、不合适或者很快会被淘汰的新产品。他们经常愿意为新产品支付更高的价钱，因为他们希望成为第一个拥有新产品的人。早期采用者（early adopters）是指在新产品上市后紧随创新者购买新产品的消费者。他们喜欢冒险，有可能进行口碑传播，也有可能帮助其他人作购买新产品的决策。针对这类消费者，广告应该展示出他们对新产品的高度评价。早期多数者（early majority）是指紧随早期采用者购买新产品的消费者。这部分消费者的数量大于前两种消费者的数量之和，针对这部分消费者的广告要保证产品很受欢迎并且提供给他们购买动机。晚期多数者（late majority）是风险厌恶者并且对新产品的接受很慢，他们会等到其他大多数消费者都使用了新产品之后才会购买。落后者（laggards）是最后采用新产品的消费者。

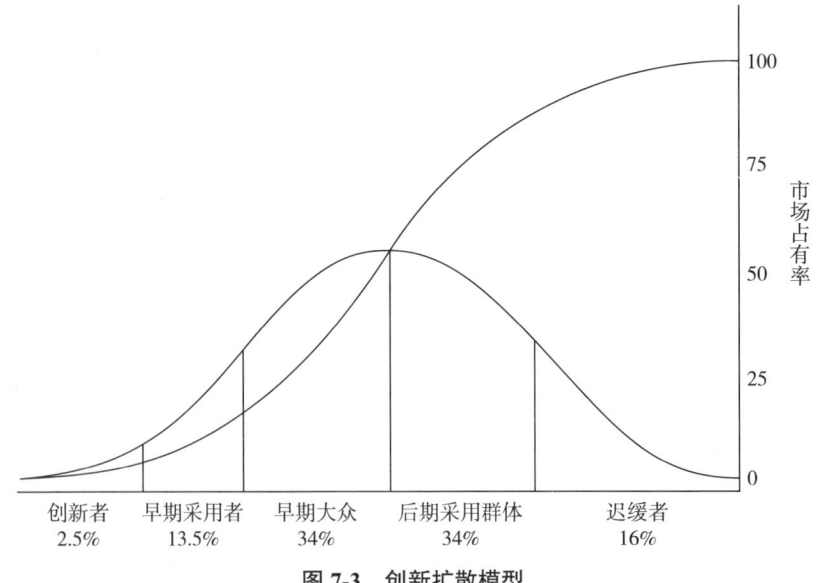

图 7-3　创新扩散模型

将新产品采用者按采用的时间次序分为不同的类型，意味着企业首先应关心那些最早采用者，因为他们是凭新产品本身的信息和个人的判断或感觉做出购买决定，而不是受到其他消费者的影响。同时他们的示范和口头传播，又可以影响其他消费者随后所做出的决策。另外，意识到早期采用者和早期大众的区别也很重要，如宣传技术上的突破性可能对早期采用者比较有效，但对早期大众则可能没有太多效果，因为后者关心的是技术的稳定性和可靠性。

创新扩散方式或类型（Diffusion Pattern）大致可分为三种，即正常型、快速扩散型、缓慢扩散型。在新产品导入阶段，采用的人数很少；当产品进入成长期，采用人数加速增长，曲线迅速向上弯曲；在成熟期，采用人数的增长放慢，然后开始出现负增长，产品也就进入了衰退期。扩散过程呈何种类型，或者说扩散曲线具体呈何种形状，取决于很多因素。主要影响因素包括：产品特征，如相对优点、兼容性、可观察性、可试用性、低复杂性等都将影响创新产品被采用的速度，进而影响创新扩散曲线的形状，目标市场的特性，例如，面向年轻、受过良好教育和更富流动性的消费群体销售的产品，被采用的速度更快，同时产品进入衰退期的时距也更短；市场营销活动，企业能够通过有效的营销策略，如更高的品质、大规模的宣传等影响创新产品扩散的进程。

这一规律对于当代在线营销、直播带货的实践非常具有启发和指导价值。由于在线用户手机使用成为日常，电商平台推荐系统的广泛应用，大量新产品、新品牌涌入消费者的视野，使得消费者对于创新接受周期极大缩短，增加了产品和品牌创新的强度和频率。

第三节　在线消费者的决策过程

在线消费者的决策贯穿于购买前、购买中、购买后三个阶段。购买前包括需求、信息搜索和选择评估，购买中包括个性化、隐私和安全、信任，购买后包括产品使用、产品处置、冲突、重复购买和忠诚度。

一、在线消费行为的决策制定——购买前

（一）需求确认

无论在什么环境下的消费行为，都可归结为消费者决策，认识到自己的消费需要。这种需要可能是自发的生理需求，也可能是受到外界的某种刺激而引起的生理需求，还可能是因为消费者认识到某种"理想状态"与自己的实际状态之间存在差距而引起的认知需求。

认知需求，即"理想状态"和实际状态的认知差距，主要有以下三种情况。第一种，商品储存的不足。储存在客观上带来便利，也可以帮助提升安全感，所以人们倾向于看到"充足"的状态。例如，当你打开抽屉，发现面巾纸只有一包了，就会激发你购买面巾纸的需求。这种情况多发生在个人或家庭基本生活用品的购买决策中。第二种，受某类信息的激发。例如，看到同事用奢侈品牌手包受人瞩目，你觉得自己并不比她差，因此激发了你对"理想状态"的追求，从而引发你购买类似的（或更好的）手包的冲动。第三种，客观上的需求扩大。例如，家里新添了家庭成员，那么从居住面积到饮食数量，原来的状态都会与理想状态产生差距。互联网本身也可以成为需求确认的外部刺激物，它主要是通过消费者在浏览互联网时所看到的标题广告达到的。消费者可能从前并没有确认某种需要，但是当他们接触到作为解决方案的产品时，他们就可能产生一种潜在的不满足感。

（二）信息搜寻

一旦需要得到确认，消费者就会寻找解决问题的各种方法，通过收集信息以形成方案进行评估。消费者的信息来源主要有：个人来源（如家庭、朋友、邻居、熟人等强关系个人，以及网友等弱关系个人）、商业来源（如广告、推销员、经销商、包装、展览）、公共来源（如大众传播媒体、第三方商品评审组织等）、经验来源（消费者自己以往使用、处置该产品或类似产品的经历）等。当上述四种信息来源并存的时候，消费者如何有倾向

性地使用这些来源主要取决于个体的经历和自我认知。随着互联网的出现，消费者对外部信息的获取变得更加主动。技术的发展，包括移动手机社交媒体的出现，使得消费者可以使用互联网做出明智的购买决策，目前消费者将互联网用于几乎所有类别的信息的搜索。

专栏　　　　如何优化消费者的商品搜索行为

随着互联网的普及，衣食住行几乎都能在互联网上解决，你不用逛商场就能买到衣服，不用打电话就能订到酒店，不用出门就能吃到外面的美食。然而，消费者也面临着一个很大的问题，即网上商品的种类远远超出了其线下可能接触到的商品类别，产品信息过于庞大，不便检索。所幸企业网站中的搜索引擎解决了如何在庞大的产品信息中完成搜索这个问题。如今，几乎所有的商品搜索都能通过添加搜索条件或关键词来更准确地定位到自己想要的商品。比如在搜索酒店的时候，消费者可以通过添加"不低于四星""按价格排序"等条件来缩小搜索范围。这种精准化的搜索工具使整个市场不再那么集中，也能够为消费者匹配最合适的产品，由此看来，这种更精准化的搜索对消费者来说似乎是更加方便的。问题是，这种搜索辅助真的有效吗？

一项针对线上酒店预订网站的研究发现，搜索可能反而会降低消费者的整体效用。消费者对整个购买过程的满意度取决于这个过程带给他的整体效用，该效用主要由两部分组成，一是最终选择的商品带给他的效用，二是消费者的搜索成本（包括搜索商品需花费的时间和精力），这两者的差就是整个购买过程的净效用。

这项研究通过构建理论模型进行了严谨的论证后发现，这种精准化的搜索反而会降低消费者的整体效用。一方面，精准化的搜索的确能够帮助消费者选择更心仪的商品，商品带来的效用的确增加了；但是，另一方面，在精准化搜索工具的帮助下，消费者的收搜索会更多，从而导致搜索成本增加。这项研究用实证数据证明，在搜索工具的帮助下，消费者最终购买商品的净效用是降低的。

如何解决这个问题呢？研究者发现，消费者之所以会进行更多的搜索是因为他们并不了解网站默认的排序规则。通常网站会将购买频率高的商品放置在前面,这种排序已经能够反映出商品的质量了,因此即使没有精准化的搜索工具,消费者最后选择的商品也是相对比较好的。为了避免精准化的搜索工具带来的过度搜索所造成的净效用下降,让消费者知晓网站对商品的排序规则是一个很好的解决办法。例如,在排序窗口上列示"按购买人数排序""按折扣排序""按距离排序"等,该研究也通过数据证实了这一方法的有效性。

资料来源:Chen, Y., & Yao, S. (2017). Sequential search with refinement: Model and application with click-stream data. Management Science, 63(12), 4345-4365.

(三)评估

从上面分析中我们可以明显看出,互联网已经为消费者了解各种信息铺平了道路。但是,有人说消费者仍然是"认知型的吝啬鬼"。当消费者面临着信息泛滥的时候,他们是很难做出决策的。互联网在向消费者提供了价值信息的同时,也使消费者学到了更多的方法来对其获得的信息进行最佳利用。

评估的第一步是整理和分析信息。消费者对收集到的信息进行梳理和重构,方便评估和比较不同的决策方案。研究者认为,消费者在整理和分析信息时主要是对"考虑集"的解析,即消费者会把市场上的品牌(或款式)以某种方式组织起来,形成一些集合。

接着消费者便开始对方案进行评估,也就是建立评估标准并对考虑集内的品牌进行比较。消费者的评估过程主要依据产品属性,即产品能够满足消费者需要的特性,除此之外,消费者的评估过程还取决于产品属性的权重。不同消费者对产品的各种性能给予的重视程度不同,就决定了评估标准的不同。消费者给予产品属性的权重并不是固定不变的,它会受到消费者所具备的知识的影响。因此,当公司觉得自己在现有属性上的表现不能与竞争对手相抗衡时,往往会开发出新的属性,并通过传播让产品属性在消费者心目中的重要程度上升。

研究还发现,除了产品属性和属性的权重之外,品牌可信度可以被视为评估方案的一个条件变量来影响评估过程。给定一个产品在属性上的表现，消费者越信任这个产品的品牌，越有助于该产品进入其考虑集。品牌信任是指一般消费者信赖品牌能够履行其所声称的能力的意愿，通过建立信任，消费者减少自己在容易受伤害的环境中的不确定性，品牌信任通过影响消费者决策，影响了消费者对品牌的态度忠诚和行为忠诚，进而表现为品牌的市场份额的增加。

二、在线消费行为的决策制定——购买中

一旦消费者对选择对象进行评估之后，他们就面临着两种选择，一是利用互联网上所获得的信息，到实体商店购买产品，二是直接在线进行购买。网上营销者正在试图通过个性化策略来使消费者的购买过程更富有吸引力。但是，消费者也为其在网上消费行为的隐私伦理问题及信用卡交易的安全性问题而担心。

（一）个性化

网上零售商发现消费者常常会因为所购买的产品（如服装）不合身而要求退货，而个性化设计就可以解决这一问题。为了解决退货问题，公司在其网站设定了一种功能，可以让消费者订购量身定做。消费者的臀围、腿形以及其他一些标准的大体描述会被发送到一家合作软件公司。这家公司利用一些运算法则，根据消费者的这些特点来制作合适的服装款式，这种款式以电子化的形式传送到生产商。这样，消费者和零售商双方都可以从个性化中受益。

营销者现在可以对产品进行大规模定制化生产，因为生产过程中的制造技术十分灵活，而互联网在处理消费者特定偏好方面也具备很强的能力。因此，消费者能够常规性地向产品生产过程中直接输入其信息，这种过程叫作合作生产。另外，由于可以直接联结到生产关系当中，消费者可以从事自助服务、自助设计、自助订购和自助规格设定。大规模定制化与个性化的概念并不仅仅局限于产品。在在线市场中，当个性化决策制定过程一开始，应用

程序可以为其感兴趣的产品及选择的产品进行促销活动或提供价格优惠。

（二）隐私与安全性问题

随着市场营销者通过先进媒体和复杂跟踪技术识别越来越小的受众群体，消费者隐私泄露成为一个日益严重的伦理问题。当人们在网上冲浪的时候，公司就可以收集数据，将数据组合成详细的文件，然后未经许可就把数据卖给广告商或者其他人。

除了隐私问题，导致消费者不在网上购买的重要原因就是信用卡支付的安全问题。这在不同的地区、不同的性别，消费者对安全的担忧有较大区别。在法国，63%的被调查者认为安全问题是主要担心的问题，而在中国，只有15%的人认为它是主要担心问题。男女两性之间在对在线购买过程中的信用卡滥用、欺诈性网站以及隐私泄露等方面风险的认知也有所不同。有调查表明，女性对网上购买风险的认知比男性强，即使是根据其各自的互联网使用情况进行了调整之后也是如此。不过，女性比男性更加愿意到朋友推荐的网站上进行网上购买。

（三）信任问题

对于网上零售商来说，安全和隐私问题的最终解决方案就是促使消费者对其品牌形成信任。一项针对来自世界三大区域（北美、西欧、拉丁美洲）12个国家的消费者进行的研究表明，影响消费者网上购买倾向和忠诚的三个重要因素是网站质量、情感和信任。网站的信誉对于购买倾向和忠诚都有正面影响．也就是说，在线购买需要通过提供服务保证、隐私政策、第三方提供的信誉证明以及消费者推荐来促使消费者形成对它的信任。

三、在线消费行为的决策制定——购买后

在消费者购买决策过程中，购后行为是最后一个环节，包括消费者对产品的使用、使用之后的感受，以及基于这个使用经历对使用经验相关信息和商品的处理。购后行为研究受到以服务营销研究为特色的北欧学派研

究成果的极大影响，围绕使用体验所带来的满意度展开。满意度是指消费者实际得到的产品或服务与其期望之间的差距，如果差距是正的就满意，是负的就不满意，差距的绝对值越大，满意或者不满意的程度就越高。消费者的购后满意度会带来的行为后果包含重复购买、不再购买、积极/消极的口碑传播、产品失败引起的消费者认知失调及补救。

消费者的购买评价受购买本身、购后冲突、产品使用和产品处置的影响。不是所有的购买都受其中每一过程的影响，相反这些过程只是对某一特定购买产生影响的潜在因素。应该注意的是，产品、出售产品的商店或两者同时卷入评价之中。消费者可能对购买的各个方面进行评价，如信息的可获性、价格、零售店服务、产品性能等等。对一项购买的整体满意既包括购买过程的满意，如决策信息可获性和实际的购买体验，也包括对所购服务、产品本身的满意。

（一）产品使用

大多数购买属于名义型或有限型决策，因此很少引发购买冲突。购买者或购买单位的其他人员在购得产品后根本不担心购买是否明智的问题，而是无忧无虑地加以使用。而且有的时候，即使存在购后冲突的情况下，消费者仍会使用购得的产品。出于多方面的原因，营销者需要了解消费者如何使用其产品。弄清楚产品是以功能性方式还是以象征性方式被使用，有助于改进产品设计。例如，耐克公司通过观察室内球场上的篮球运动员，获得了球员所希望的关于运动鞋的功能方面与式样方面特征的信息。

（二）产品处置

产品使用前、使用后及使用过程中均可能发生产品或产品包装容器的处置。每天有数百万公斤的产品包装，这些包装容器有的被消费者使用，更多的则是作为垃圾被扔掉或循环利用。用尽可能少的资源制造包装既是企业的一项社会责任，在经济上也具有重要意义。生产易于回收和再利用的容器，影响之大远非社会责任所能概括。在有些细分市场，消费者将产品包装能否回收视为产品的一项重要属性。同样，这些消费者在选择评价阶段就将包装的处理看作品牌特点。因此，在赢得这类消费者的过程中，包装处理得简单易行可作为营销组合中的重要变量。在处置产品的多种选择中，虽然"扔掉"不是唯一的选择，但却是迄今为止最广泛采用的处置办法。倾向于选择某种特定产品处置方式的个人具有哪些人口统计和心理方面的特征，仍有待于进一步了解。

（三）购买后冲突

消费者产生购后冲突的可能性及其激烈程度，是由以下因素决定的。

①忠诚度或决定不可改变的程度。决定越容易改变，购后的不和谐就越不易发生。

②决定对消费者的重要程度。决定越重要，越有可能产生购后冲突。

③在备选品种进行选择的难度。越难做出选择，就越有可能产生冲突，且冲突激烈程度越高。决策难度大小取决于被选品的数量，与每一备选品相联系的相关属性的数目以及各备选提供的独特属性。

④个人体验焦虑的倾向。有些人更易感到焦虑，而越易于感到焦虑的人就越可能产生购后冲突。

很多企业开始意识到，完全消除消费者的冲突可能并不现实。企业可以做到的是建立起一种应对和处理消费者投诉或抱怨的内部机制。目前，采用得比较多的应对办法，一是设立免费的消费者热线，二是为产品或服务提供强有力的担保，如规定在哪些条件下可以退换和进行免费维修等。近些年，在美国等西方国家还发展起一种平息消费者不满情绪的新方式——服务合同。签订服务合同，就类似于为产品买保险，消费者只要为产品付一点点溢价，就可以在一定时期内享受由卖方免费解决某些产品问题的权利。

（四）重复购买与品牌忠诚

在满意的顾客中，相当大的一部分可能成为重复购买者。重复购买者是这样一些顾客，他们在相当长的时间内选择一个品牌或极少几个品牌。重复购买者可分为两种类型，习惯型购买者和忠诚型购买者。前者重复购买某种产品是由于习惯使然，或者他们购物的地方没有更好的备选品，或该品牌是最便宜的。忠诚型购买者则是对某种产品或某个品牌产生了一种特别偏好，甚至形成了情感上的依赖，从而在相当长的时期内重复选择该品牌。重复购买者更可能向他人推荐所购产品，更可能倾向持续购买该产品而不是等待减价或不停地讨价还价。另外，在长时期内，重复购买者倾向使用一个厂家提供的多种产品和服务。所有这些，都有助于企业从重复购买者身上获得更多利润。

重复购买者中，有相当一部分对某一产品或品牌产生了忠诚。所谓品牌忠诚，是消费者对某一品牌形成偏好，试图重复选择该品牌的倾向。理解品牌忠诚应把握以下几点。

①品牌忠诚是一种非随意性的购买行为反应，偶然性的连续选择某一品牌，不能视为品牌忠诚。

②消费者在长时间内对某一品牌表现出强烈的偏好，并将这种偏好转化为购买行动或购买努力。单纯口头上的偏好表示，不能作为确定品牌忠诚的依据。这同时也意味着，确定消费者对某一品牌是否忠诚，仅凭问卷法是不够的，历史数据才是衡量它的基础。

③品牌忠诚是某个决策单位如家庭或个人的行为。

④品牌忠诚可能只涉及消费者选择域中的一个品牌，也可能涉及一个以上品牌。当然，在同一产品领域，消费者选择的品牌越多，其品牌忠诚程度越低。

⑤品牌忠诚是决策、评价等心理活动的结果。

消费者一旦对本企业产品形成忠诚，很难为竞争品所动，甚至对竞争品牌采取漠视的态度，无形中可以减轻企业的竞争压力。忠诚型顾客在购买产品时不大可能搜集额外信息，这可以削弱竞争企业所采用的诸如奖券销售、折扣销售等销售方式的吸引。即使因这种吸引购买了竞争者的产品，他们在下次购买时又会回过头来再度选择其所偏爱的品牌。忠诚顾客的价格敏感性相对较低，为购得所偏爱的品牌，一般较少期待从打折和讨价还价中获益。忠诚的顾客极可能从事正面的口碑传播，从而进一步扩大品牌的影响。

第八章
计算广告

学习目标：理解互联网时代下广告的变化；理解计算广告的优势与特点；了解计算广告发展简史；了解泛广告商业产品内容；理解在线计算广告的常见种类及其特点；理解计算广告的技术特点并可以描述典型技术；讨论计算广告给用户、企业和整个社会带来的益处；描述计算广告带来的新商业模式。

案例　　　　字节跳动连广告也"打"不动了

2021年11月19日，《上海证券报》报道，过去半年，字节跳动的国内广告收入停止增长，这是其自2013年开启商业化以来首次出现该情况；而字节跳动旗下的两大核心产品，抖音收入停止增长。2023年1月28日，抖音App正式上线抖音超市，抖音用户在搜索栏或购物入口搜索"抖音超市"即可进入。

虎嗅就此向字节跳动方面求证，对方回应"不予置评"。但形势不可谓不严峻——广告作为字节跳动在互联网版图"行军扩张"的粮草支撑，上半年停止增长或许意味着字节跳动整体收入增长乏力，整个公司发展或将迎来重大转折。

过去九年时间，张一鸣带领字节跳动一头撞进阿里、腾讯的狩猎禁地，在"快速拓展业务、快速投入资源试错、快速调整"的策略下攻城略地，其将触手伸到了医疗、教育、企业服务、社交、消费、房地产等各个领域，即便遭遇其他巨头重火力阻击，依旧无意间改写了资讯、短视频版图，催生出一个全民型娱乐平台。

而且，字节跳动旗下产品对全球输出明显，是迄今为止全球化最成功的中国互联网公司，如今其全球员工总数超过11万人、业务覆盖超过150个国家与地区。坦白说，张一鸣治下的字节跳动产品能力毋庸置疑，一位大厂中层管理者就对张一鸣充满了赞美之词，在他看来，字节跳动高歌猛进这几年，"进攻性"太强，"有时候业务扩张的风险并不仅仅在于业务本身，很多时候还是在于江湖秩序，但作为互联网新生力量的代表，张一鸣凭一己之力在BAT丛林构筑了一套自己的流量体系。"

比如，2021年上半年，字节跳动还在全领域投资布局，入股逼退徐新的Manner、布局云计算IaaS服务、收购沐瞳科技、有爱互娱，战略纵深并不比腾讯、阿里这样的老牌劲旅逊色多少。于是，人们乐此不疲地讨论张一鸣下一个将要深入谁的腹地，天然认为这家公司的广告营收也是一个持续走高的"增长神话"，过去很长一段时间，字节跳动的商业化速度也确实做到了。

按照字节跳动CEO梁汝波年中披露的公司2020年财务情况和最新业务数据，字节跳动2020年收入达2366亿元。作为一家仅创立九年的公司，字节这个营收增速足以让人咋舌。虽然，2366亿收入对比阿里（5097亿）、腾讯（4821亿）尚有差距，但快手（588亿）、微博（116亿）、B站（120亿）、知乎（13.52亿）这些互联网新贵2020年加一块也不及人家一半。而且，2020年阿里、腾讯的营业总收入同比增长率分别为41%、28%，而字节跳动同比增长111%，恐怖如斯。

彭博社此前报道中，2020年字节跳动广告占实际收入的77%。如果将广告收入为主的都算作广义媒体，能做到这个规模仅此一家。

然而，广告市场蛋糕有限，整个中国广告市场总体规模也就大几千亿元的盘子——数据显示，2019年广告市场总体规模8674.28亿元，如果去掉户外、央视、电视台等，互联网大约占一半。不管是百度、腾讯、分众等老牌劲旅，还是字节跳动、快手、B站这些新贵，抑或是多如牛毛的小团体，大家抢来抢去不过是在内卷，字节跳动广告营收不可能无限增长下去。

如此来看，字节跳动国内广告收入停止增长也就能够理解了。

况且，短视频赛道变现，目前无外乎广告和电商两大渠道，广告收入乏力，资源和重心自然会向着电商业务偏移。而以抖音、快手为代表的短视频平台掀起的直播带货浪潮，确实搅动着传统电商的神经，正在加速重构电商江湖的势力版图。

资深媒体人金叶宸指出，"抖音电商定位兴趣电商，逻辑是围绕流量和流量效率，用推荐算法，匹配人与货，挖掘用户的潜在'购买需求'，卖货的人是漏斗的一个转化辅助缓解，而不是分发的逻辑起点。"

所以，抖音强调商品品质、强化品牌直播就是试图用公域流量养电商、试图做"直播电商领域的天猫"。抖音直播的重心也明显从明星带货向品牌商家转移——为吸引更多优质商家入驻，抖音开启品牌号"百大增长计划"；为增加品牌商家曝光机会，抖音提高了"品牌专场"的次数。除此之外，还有"抖音奇妙好物节"、商家沟通会等活动。

不过，抖音直播电商的货币化效率明显比信息流广告低，商家在资源倾斜上要考虑投入产出比——淘宝、快手电商的成交流量来自关注页私域流量，达人和商家拥有流量控制权，头部流量效应明显；而抖音中心化的内容分发机制会导致直播只能从公域流量去促成交易，即使品类头部也需要运营去采买流量，平台拥有流量的控制权。

"早在今年春节时，抖音做的那波投放就没能取得理想的效果。"一位接近字节的人士向《上海证券报》记者透露，2021年以来，抖音等相关业务增长明显放缓便已经是一个公开的秘密，"主要是短视频目前国内用户数量的天花板已经在这了，依靠强营销打造起来的抖音，肯定存在边际效益递减。"

基于此，有媒体注意到，快手低调地将2021年GMV目标做了下调，并且不再刻意强调 2021 年 GMV 目标，毕竟相比 GMV，MAU 的渗透率、客单价、活跃购买用户数才是整个生态机体细如血管的泵血单位。

"如果市场都在轻视快手，对抖音不见得是一件好事，所有娱乐产品都在无限战争，进行用户市场的完全竞争。"一位行业人士对虎嗅表示。

资料来源：https://www.huxiu.com/article/474380.html（字节跳动连广告也"打"不动了？）

https://baijiahao.baidu.com/s?id=1707392206445852548&wfr=spider&for=pc（复盘字节跳动教育布局得失：投入花百亿，卖广告赚百亿）

案例启示：案例主要介绍了字节跳动如何利用互联网时代下的市场和技术实现商业变现，同时针对 2021 年广告"增长神话"被打破予以分析，是案例中涉及本章将要讨论的多个话题。

①传统媒体上缺乏有效的技术手段，而数字媒体的出现使得效果广告空前蓬勃地发展。

②数字媒体的特点可以让我们低成本地投送个性化广告，更加精准。

③互联网广告可以提供一些在线服务，如搜索、电子商务，由于可以更清楚地了解用户的意图，也就使广告效果的优化更加容易。

④广告是互联网企业实现商业变现的有力武器。

⑤数字媒体的特点使在线广告可以进行精细的受众定向，同时实现了可衡量性。

第一节 计算广告研究背景

一、互联网时代下的广告

在传统广告产品中，大量投送和优化效果广告的能力显然是缺乏的。这是因为，对短期效果的追求要求广告精准地送达目标人群，而这在传统媒体上缺乏有效的技术手段。我们能够想起的以效果为目的的传统广告恐怕只有在写字楼下散发的快餐传单，而数字媒体的出现使得效果广告空前蓬勃地发展起来。这主要有两方面的原因：一是数字媒体的特点可以让我们低成本地投送个性化广告；二是一些在线服务，如搜索、电子商务，由于可以更清楚地了解用户的意图，也就使广告效果的优化更加容易。

互联网广告兼有品牌和效果两方面的功能。不过要说明的是，到目前为止，互联网广告行业的高速发展主要是由于效果广告市场带来的巨大红利。网络广告的市场规模发展迅猛；与此同时，传统广告渠道则增长乏力或快速下降。对比来看，网络广告的迅猛成长并没有直接导致电视广告的市场萎缩。这是因为网络广告的主要场景仍然集中在搜索引擎营销、效果类广告网络等直接效果类的广告活动上，而这部分相对于电视的品牌广告更多的是增量而非替代。另一方面，报纸广告则随着互联网的快速崛起而下降，这一重叠较大。目前，随着数字媒体越来越多地占据了人们的时间以及在线视频等冲击力更强的媒体的普及，网络渠道也必将在品牌广告方面有更多的用武之地。

如何描述广告这种商业活动的根本目的呢，我们借用《当代广告学》中的见解："广告的根本目的是广告主通过媒体达到低成本的用户接触。"

广告的"低成本"是与那些由市场或销售人员完成的劝服活动成本相对而言的，实际上是广告搭了媒体流量和影响力的便车。要确定是否真的成本较低，需要用到投入产出比（ROI）这一评价指标，即某次广告活动的总产出与总投入的比例。在实际中，广告活动的总投入容易确定，但总产出的确定却不那么容易，特别是在投放以中长期收益为目标的品牌广告时。因此，绝对的 ROI 有时难以计算，不过通过各个渠道之间的对比，我们仍然可以评估广告的成本是否令人满意。

在图 8-1 中，我们考察的是某一个有确定目标函数的数据处理问题。图中的三条曲线是三类有代表性的数据问题。

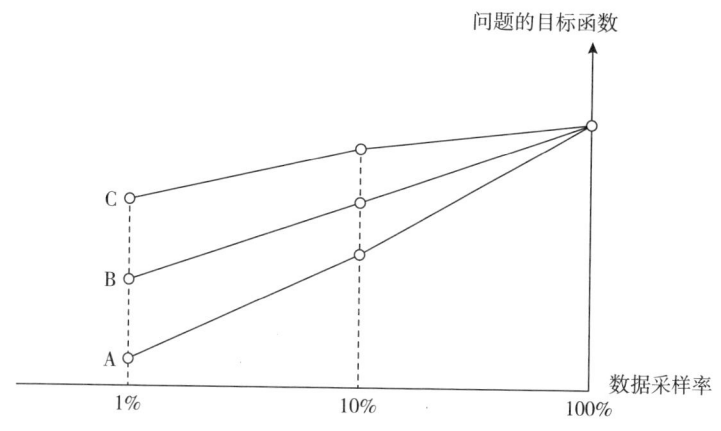

图 8-1 大数据问题的特性示意

① C 类问题。从工程方便的角度来看,如果通过数据采样能够显著降低数据处理的复杂程度,同时解决问题的效果(即目标函数)没有太大的下降,那么显然应该这样做。这类问题可以用图 8-1 中的 C 曲线来示意。由于可以通过很低的采样率解决问题,并不需要大规模分布式的计算架构,用传统的数据方案就可以解决,因此,这类问题应该归为传统数据处理问题,而非大数据问题。一般的统计报表、报告等往往属于这类问题。

② A 类问题。另外有一些数据问题基本上不可能通过只处理一小部分数据来达到处理全量数据所能达到的效果,或者说随着数据采样率的降低,解决问题的收益会快速下降,这类问题是典型的大数据问题,用图 8-1 中的 A 曲线来示意。由于需要处理大规模的全量数据,传统的存储和计算架构都不再合适,必须寻找新的方案,这实际上是推动大数据技术发展的原动力。个性化推荐和计算广告需要用到每一个人的行为进行定制化推送,而无法只采样其中的一部分人来处理,因此可以认为是典型的大数据问题。大数据问题由于无法利用传统的计算架构和数据仓库来处理,因此才会产生新的基础设施和数据存储等技术。

③ B 类问题。当然,实践当中大数据问题和一般数据处理问题并不是泾渭分明的。有一些问题,其处理效果随着数据量的上升有一定提高,但当数据大到一定规模以后,再增加数据量价值就不大了,这类问题可以用图 8-1 中的 B 曲线来示意。一个典型的例子是文本主题模型。我们用 1000

万文档往往会得到比 10 万文档更稳定、更有意义的主题，然而用 10 亿文档和用 1 亿文档差别可能就会不那么明显。在解决这类问题时，往往是选取一个有较大规模但并非全量的数据集来处理。针对这种中等规模问题上的复杂算法，也产生了像 Spark 这样更加灵活高效的计算框架。

很显然，从以上观点出发，计算广告是非常典型的大数据应用。实际上，在以往相当长的一段时间里，我们认为唯一得到充分商业化和规模化的大数据应用就是计算广告。计算广告为各行各业大数据的落地提供了非常有价值的借鉴范本，下面几点尤其值得了解和关注。

①计算广告为规模化地将用户行为数据转化为可衡量的商业价值提供了完整产品线和解决方案，并且实际上创造了互联网行业大部分的营收。

②在线广告孕育和孵化了较为成熟的数据加工和交易产业链，并对其中的用户隐私边界有深入探讨，这值得所有涉及用户数据的互联网应用学习和借鉴。

③由于有了商业上的限制条件，计算广告的技术和产品逻辑比单纯的个性化系统更复杂周密。因此，理解在线广告的产品和市场对于设计正确有效的商业产品大有益处。

需要说明，在互联网环境中，广告的本质虽然没有变化，但是由于大量直接效果需求的产生，其表现形式越来越丰富和灵活了。不论是与线下类似的横幅、搜索竞价排名，还是软文，甚至是表面上与广告并不相干的游戏联运，其本质都是付费的信息推广，从产品和技术的角度来看都可以归在广告的范畴下。

二、计算广告简史

在讨论广告技术之前，我们先浏览一下在线广告发展的历程。因为广告市场的概念、技术和术语繁多，如果不是对这些有基本的了解，很难深入探讨具体的产品。

回到 20 世纪末，那时的在线媒体（如 AOL、Yahoo! 等网站）刚刚产生不久。他们已经取得了不错的流量规模，可是投资人当然希望这些媒体也能够给他们带来真金白银。要对这些线上流量进行变现，最直接的方法就是把网站的 HTML 页面当成杂志的版面，在里面插入广告位。供给方有了，那么需求方呢？线下的广告代理公司也就把这些网站当成一本本新的杂志，按原来的思路和逻辑进行采买。这种在互联网上展示广告创意的产品形式称为展示广告，也叫显示广告。这一阶段的展示广告售卖模式称为合约广告，即采用合同约定的方式确定某一广告位在某一时间段为某特定广告主所独占，并且根据双方的要求，确定广告创意和投放策略。当然，这样的采买模式还没有对计算的需求，因为此时唯一需要的就是把广告主的创意作为一个 HTML 的片段插入到媒体的页面中。然而，情况变化很快，互联网媒体为了营收的增长，希望逐年甚至逐季提高自己的广告位报价。在流量快速增长或者数字广告逐渐为广告主认知的阶段，提价是比较容易被市场接受的。可是当媒体的流量和品牌认知度都相对稳定以后，又有什么新的提高收入的办法呢？

　　互联网广告运营者们经过探索，很快就发现了在线广告不同于传统媒体广告的本质特点：我们可以对不同的受众呈现不同的广告创意！在今天看来再平常不过的这个观念，实际上是在线广告的效果和市场规模不断发展的核心驱动力。认识到这一点，媒体找到了一条能使广告位报价继续提高的思路。例如，可以把某广告位的男性受众和女性受众卖给不同的广告主，比如对男性受众展示某剃须刀品牌的广告，而对女性受众展示某化妆品品牌的广告。这样的广告投放方式称为定向广告。

　　很显然，这样的广告系统已经对计算技术产生了两个具体需求：一是受众定向，即通过技术手段标定某个用户的性别、年龄或其他标签；二是广告投放，即将广告投送由直接嵌入页面变为实时响应前端请求，并根据用户标签自动决策和返回合适的广告创意。由于从传统的品牌广告延伸而来，此时的定向广告仍然以合约的方式进行。媒体向广告主保证某个投放量，并在此基础上确定合同的总金额以及投放量未完成情况下的赔偿方案。这种担保式投送的交易方式逐渐成为互联网合约式广告的主要商业模式。一般来说，这样的合约仍然主要面向品牌广告主，并且遵循按千次展示付费的计费方式。

　　合约广告系统中有一个重要的计算问题，即在满足各合约目标受众量要求的同时尽可能为所有广告商分配到质更好的流量。这一问题有两个难点：一是如何有效地将流量分配到各个合约互相交叉的人群覆盖上；二是要在在线的环境下实时地完成每一次展示决策。这个问题称为在线分配。如果将各合约的量看作约束条件，将某种度量下的质看作目标函数，可以利用带约束优化的数学框架来探索这一问题。

需要注意，展示广告领域定向投放的最初动机是供给方为了拆分流量以获得更高的营收。如果一开始就提供非常精细的定向，反而会造成售卖率的下降。因此，最初的定向标签往往都设置在较粗的粒度上，最典型的是一些人口属性标签。受众定向显然更符合需求方的口味和利益。不要忘了，广告市场的钱全部是来自需求方的，他们的利益被满足得越好，市场的规模就会越大。因此，受众定向产生以后，市场向着精细化运作的方向快速发展。这一发展主要有两方面的趋势：一是定向标签变得越来越精准；二是广告主的数量不断膨胀。在这些趋势下，仍然按照合约的方式售卖广告会遇到越来越多的麻烦。首先，很难对这些细粒度标签组合的流量做准确预估；其次，当一次展示同时满足多个合约的时候，仅仅按照量约束下的在线分配策略进行决策有可能浪费掉了很多本来可以卖得更贵的流量。既然量的约束带来了这些麻烦，有没有可能抛弃量的保证而采用最唯利是图的策略来进行广告决策？这样的思路催生了计算广告历史上革命性的产品模式——竞价广告，在这种模式下，供给方只向广告主保证质即单位流量的成本，但不再以合约的方式给出量的保证，换言之，对每一次展示都基本按照收益最高的原则来决策。

上面是从展示广告的发展看竞价产生的原因，实际历史的足迹却并非如此。竞价广告产生的最初场景是在互联网广告最主要的金矿——搜索广告中。以 Google 为代表的搜索引擎在技术成熟以后，迅速成为互联网新的入口。与门户网站不同，搜索引擎从一开始就没有被当作媒体来看待，因此搜索流量的变现也采用了与服务自然结合的付费搜索模式。从广告的视角来看，可以把付费搜索看作一种定向广告，即根据用户的即时兴趣定向投送的广告，而即时兴趣的标签就是关键词。很显然，这种定向广告从一开始就直接达到了非常精准的程度，也就很自然地采用了竞价的方式售卖。

搜索广告产生了巨大的收益以后，搜索引擎开始考虑将这样的变现方式推广到其他互联网媒体上：将用户的即时兴趣标签由搜索词换成正在浏览页面中的关键词，可以将这套竞价广告系统从搜索结果页照搬到媒体页面上，这就产生了上下文广告的初期，创意的形式也是与搜索广告一样的文字链接。许多产品讨论将它与展示广告分开对待，不过当我们把它与上一段中精细化定向的展示广告对比来看时就知道，这样的区分实际上没有必要，或许从创意形式上把展示广告和文字链广告区别开更符合分类的逻辑。

从宏观市场上看，竞价广告与合约广告有很大的不同。没有了合约的保证，大量的广告主处在一个多方博弈的环境中。与直觉不同的是，在如何收取广告主费用这一点上，我们并非按照微观上最优的方案实施就可以达到整个市场最大的收益。关于定价机制的深入研究，产生了广义第二高价这一竞价重要的理论。

在线广告发展的历史上，定向技术和交易形式的进化是一条主线。从最初的固定位置合约交易发展到进行受众定向、按展示量结算的合约交易，再到竞价交易方式，并最终发展成开放的实时竞价交易市场。这条主线的核心驱动力是让越来越多的数据源为广告决策提供支持，从而提升广告的效果。除了这条交易形态的主线，互联网广告产品还有另外一条发展线路，即产品展现逻辑上的发展：在展示广告的最初阶段，广告位作为与内容相对独立的单元来决策和运营，并且完全以优化收入为目标；但同时，人们从搜索广告和社交网络信息流广告中得到了启发——将内容与广告对立起来未必是一个好的选择。搜索广告和社交网络信息流广告这两种广告产品正是由于与内容的展现和触发逻辑有着高度的一致性，才使得它们的效果突出。沿着这样的思路，将内容与广告以某种方式统一决策或排序的广告产品——原生广告在近年来得到了工业界越来越多的关注。如何将原生的决策方式与前面介绍的广告市场已经非常成熟的规模化交易逻辑相结合，是目前互联网广告产品发展的热点。

三、计算广告的技术特点

从前面的讨论中，大家一定已经发现了不少在线广告不同于传统广告的特点。在这些不同点当中，有一些对我们正确理解在线广告市场并探究合适的效果优化方案有着非常重要的指导意义。

（1）技术和计算导向

数字媒体的特点使在线广告可以进行精细的受众定向，而技术又使得广告决策和交易朝着计算驱动的方向发展。实际上，受众定向这一思想在线下广告中也曾经被尝试过，比如试图把信用卡纸质账单背面的广告按照信用卡用户的年龄和性别做一些定制化，不过由于非数字的媒体上这么做的成本太高，因而无法规模化。在数字媒体上进行受众定向，其成本可以控制得非常低，这也直接催生了在线广告的计算革命。除了受众定向，由于在线广告存在着独特的竞价交易方式，因而广告效果精确的预估和优化能力也是非常重要的。

（2）效果的可衡量性

在线广告刚刚产生之时，大家对这种广告最多的称道之处是它可以展示和点击日志的形式直接记录广告效果，并且可以利用这些日志优化广告效果。不过，点击率这一指标从是否在绝对意义上能够反映广告效果上来说是值得探讨的。从1998年至今，横幅展示广告的点击率从10%一路降至0.1%，难道这说明广告的效果下降了两个数量级吗？快速增长的市场规模显然给出了否定的回答。我们认为，在不同的产品或时代中，点击率绝对值的比较并没有那么重要，而在一个特定时期不同广告和算法表现出来的差异才是更有意义的。从这一点来看，可衡量性仍然可以认为是在线广告的一个重要特点。

（3）创意和投放方式的标准化

标准化的驱动力来自受众定向与程序购买。既然需求方关心的是人群而非广告位，创意尺寸的统一化与一些关键接口的标准化非常关键。实践表明，有越来越多的广告产品和平台愿意根据这些市场标准来设计自己的规范和接口，因为这样大家可以充分利用整个市场的流动性，更快地创造更多的价值。

（4）媒体概念的多样化

随着Web2.0和移动互联的普及，赋予了更多交互功能的互联网媒体与线下媒体已经有了本质差别。随着交互功能的不同，这些媒体与转化行为的距离也就不同。举个例子，对在线购物行业而言，门户网站、垂直网站、搜索引擎、电商网站、返利网，在转化链条上一个比一个更靠近购买行为。我们从直觉上就可以知道，越接近转化的媒体上的广告带来的流量一定可以达到越高的 ROI，不过离"引导潜在用户"这样的广告目的也就越远。因此我们在从需求方看在线广告时，应该注重各种性质媒体的配合关系，并从整合营销的角度去审视和优化整体的效果。试想，如果一家电商只用返利网作为线上广告渠道，ROI 一定可以做到很高，可是这样的营销能给他带来大量潜在用户吗？

（5）数据驱动的投放决策

与工业革命时期机器化的根本驱动力电力相类比，（互联网化的根本驱动力可以认为是数据的深入加工和利用。这一点在大数据概念被广泛认知的今天已经成为老生常谈。前面提到的在线广告的计算技术在很大程度上也要依赖于对于数据的大规模利用。广泛收集用户的行为数据和广告反馈数据，利用云计算的基础设施对用户打上合适的标签，同样根据数据在多个广告竞争同一次展示时作出决策，再将投放的结果统计数据反馈给广告操作人员以调整投放策略，这已经成为在线广告的基本投放逻辑。因此可以认为，现代的在线广告系统就是一个大数据处理平台，而且其对数据处理的规模和响应速度要求都相当高。可以说，从来没有任何传统广告形式像在线广告那样，需要大规模地收集并利用数据，而这正是在线广告最吸引人之处。

四、泛广告商业产品

泛广告商业产品的本质都是付费推广。虽然这些付费推广模式的表现方式更加多样化，用户的感知程度和参与程度也大不相同，但是产品和销售模式却与狭义广告基本相同，希望可以认识到这些商业产品本质上也是在线广告，能够以统一的视角来理解和规划这些变现方式。

（1）团购

团购本质上是一种按照效果付费的泛广告产品，其特殊性在于广告主除了付推广费用外，还向用户让利以获得转化。团购推广的主要广告主是一些本地化的店铺，主要目的是获得新客户。对团购平台来说，团购商品在一定环境下的排序与广告是一样的问题。不过团购销售很少采用竞价的方式，而多是预先约定价格。另外，团购的广告库中是付费信息而非创意，这有利于发展原生广告的推广方式。

（2）游戏联运

游戏联运根据用户的最终游戏内消费在推广渠道和游戏开发商之间分成的商业产品，这仍然是一种按效果付费的泛广告产品。在中国的各大Android应用市场中，游戏联运的收入远远超过其他类型的广告收入。如果将联运收入也算在广告收入中的话，互联网总体收入的广告占比还会提高不少。不同的联运渠道分成比例可能相差很大，经过我们调研，在AppleStore这样典型的国外市场中，渠道的分成比例一般为30%，但是在中国，有些强势的联运渠道分成比例甚至可以达到90%以上。游戏联运也完全可以按照广告产品思路来设计和运营，另外其广告库同样具有易于原生化的特点。

（3）固定位导航

这主要包括网址导航站的位置入口、应用分发平台的推荐位置等付费推广位置。一般来说，这种产品的销售都采用按时间付费的固定位模式，而不是动态的竞价决策模式。这是因为广告主除了引流以外，往往更加关注这些入口位置的橱窗效应。这种广告的销售和运营模式与按天购买的合约广告相同。

（4）返利购买

返利购买是电商行业常见的一种推广模式，它与团购有些类似，也是采用折扣或积分的方式激励用户购买。显然，这种方式可以获得非常高的ROI，但是也会带来一些老用户转而由返利网下单，因此实际效果远没有那么好，特别是在获取新客户方面的价值值得考量。

需要特别说明，当一个公司同时运营普通广告和上述一种或多种泛广告产品时，它们之间甚至是和用户产品之间，经常会出现争夺广告位或其他入口资源的问题。面对这样的问题，最合理的分配方式是通过它们之间的竞价来决策，这是非常重要的内部流量货币化的运营理念。

复习题

1. 互联网时代下广告的区别。
2. 计算广告的技术特点。
3. 描述泛广告商业产品。

第二节 在线计算广告

一、在线广告概述

在线广告，也称为网络广告、互联网广告，顾名思义，指的是在线媒体上投放的广告。与传统广告不同的是，在线广告在其短短十几年的发展过程中，已经形成了以人群为投放目标、以产品为导向的技术型投放模式。在线广告不仅为广告主带来了以准确接触目标受众为方法论的全新的营销渠道，也为互联网免费产品和媒体提供商们找到了规模化变现的手段。可以说，不论你在做一款用户产品还是商业产品，不深入了解在线广告，就不太可能全面地了解互联网业务。因此，所有互联网行业的从业者们花一些时间把现代的在线广告原理和产品搞清楚，不仅是有益的，而且是必须的。

首先，广告不完全等同于搜索或推荐，它首先是一项商业活动，然后才是一项在互联网环境下需要技术优化的商业活动；其次，在这一商业活动中，广告主、媒体和用户的利益都需要被认真考虑和满足，这样才能达到整个市场的平衡和不断发展。在线广告市场所有产品和商业形式的演进，都是在这一主题下发生的。

相比传统的线下广告，在线广告的产品和创意形式由于互联网媒体形态、交互方式等方面存在非常大的差异，也呈现出各种各样的表现形式。我们将对其中比较常见的创意形式作简要介绍，希望读者能对在线广告的具体表现有直观的了解。

在线广告中计算到底是为了解决什么问题，以及解决这些问题需要什么样的业务描述框架，将是我们重点关注的内容。通过把广告产生效果的过程分解为若干阶段，并讨论其中各阶段关键的影响因素，可以对在线广告情形下受众定向、创意优化及其他有价值的技术点有感性认识。

在互联网广告中，计算之所以可以发挥巨大的作用，与它的一些根本技术特点有很大关系。在大多数广告产品中，可以通过计算优化的主要是收入部分。而千次展示期望收入正是计算广告中最为核心的量化指标之一。与广告的信息传达过程相关，又可以分解为点击率和点击价值的乘积，这两个指标是各种广告产品在计算过程中经常碰到的，也是产品运营需要深入理解和重点关注的。

同时，这样的收入分解方法还对在线广告产品市场结构和计费方式的理解很有帮助。在线广告多种多样的计费方式实际上反映着市场结构的分工不同。具体来说，供给方和需求方如何分工估计点击率和点击价值，与整个市场的资源优化配置有关。对若干常见计费方式的深入理解，对于把握计算广告领域的核心问题，以及评估每个问题在特定情形下的难度有很重要的指导意义。

二、合约广告

合约广告的重点是按 CPM 计费的展示量合约广告。这种方式仍然以合同的方式确定一次广告活动的投放总量和展示单价，但是售卖的对象已经由"广告位"进化到了"广告位 + 人群"，这可以说是在线广告发展史上的一个重要里程碑，而数据也被直接应用在广告的商业活动中。从供给方产品和技术的复杂程度来看，CPM 合约甚至比以后的竞价系统更加复杂，其复杂性主要来源于多个合约对投放系统提出的量的约束。

在展示量合约广告中，需求方的产品技术并没有太大发展。这是因为所有广告投放的执行要求都以合约的形式交由供给方来完成了，需求方并没有技术上优化的空间。而正是由于需求方对深入优化效果的需求进一步发展，才产生了按照竞价方式来售卖的广告系统，希望大家通过本章中合约广告的讨论，能够理解这种交易形态进化的内在动力。广告位合约是最早产生的在线广告售卖方式。它是指媒体和广告主约定在某一时间段内、在某些广告位上固定投送该广告主的广告，相应的结算方式为 CPT。这是一种典型的线下媒体广告投放模式，在互联网广告早期也很自然地被采用。这种方式的缺点非常明显，即无法做到按受众类型投放广告，因而也无法进行深入的效果优化。可以说，广告位并不是目前互联网广告的主流模式。

不过，这种方式在一些特定的场景下也有一定的好处。首先，在一些强曝光属性的广告位上采用这种独占式的广告投放，往往可以有效地给用户带来品牌冲击；其次，在其他一些横幅位置长期独占式的购买有利于形成"橱窗效应"，塑造不断攀升的品牌价值和转化效果；再次，这种销售模式由于可以向广告主提供一些额外的附加服务，比如同一个页面上的竞品互斥，使得高溢价的流量变现成为可能。

随着受众定向技术的发展，广告位独占式售卖的执行方式也发生了很大变化。即使某个广告位全部投放一个广告主的创意，也并不意味着一定要投放同样的一款创意，而受众定向在其中也可以起到很重要的作用。例如，某汽车生产商广告主旗下可能有多个系列的产品，如小型车、紧凑型车、豪华车、SUV 等，而这些车型的潜在购买人群其实也有很大的区别，如果能够对这些系列的受众分别投送相应的创意，就可以取得更好的效果。另外，即使在受众上无法区分的情形下，也可以利用频次控制的方式向同一用户递进式地展示一系列创意，以达到更好的效果。这些与受众定向结合的广告位独占式售卖，实际上与其他非独占式的售卖在系统实现上没有本质区别了。

广告位合约还有一种变形的形式，即按照广告位的轮播售卖。在这种方式中，同一个用户对同一个广告位的一系列访问，被依次标上一组循环的轮播顺序号，如 {1, 2, 3}。将其中具有同样顺序号的展示作为一个虚拟的广告位，售卖给广告主。需要注意的是，对某一个用户而言，第一次展示的顺序号不应该设为 1，而是应该按相等概率从所有轮播顺序号中随机选取一个，并从此开始累加和循环。这样做是为了保证各个轮播分配到的流量一致。这种轮播的售卖方式在广告位独占式售卖库存不够而广告主又需要确定的展现规则保证时，被较广泛地采用。

随着在线广告技术和业务的发展，产生了各种各样的受众定向方法，这些方法的综合应用使得广告的精准程度越来越高。在考察某种定向方法时，主要有两个方面的性能需要关注：一是定向的效果，即符合该定向方式的流量上高出平均 eCPM 的水平；二是定向的规模，即这部分流量占整体广告库存流量的比例。当然，效果好、覆盖率又高的定向方法是我们追求的目标，不过往往难以两全。因此，广告系统有必要同时提供多种定向方法的支持，以达到整体流量上质的最优化。

三、搜索广告

搜索广告一直是整个在线广告市场中份额最大的类型，更重要的是，像竞价、类搜索的广告投放架构都是从搜索广告发展起来的。因此，我们非常有必要深入地了解搜索广告，并从这里入手了解整个竞价广告市场。

搜索广告是比较典型的竞价广告产品，其特点是广告主就某标的物（在这里是关键词）的广告展示机会展开拍卖式的竞争，并根据竞争结果依次占据该广告展示的若干位置。这与展示量合约是截然不同的：首先，量的保证不复存在，广告主需要自行调整效果与量的平衡；其次，价格的约定也被去掉，每个广告主都可以随时调整各关键词上的出价。下面介绍搜索广告的具体产品形式。

搜索广告最基本的形式是与自然检索结果一致的文字链，一般会加底色和角上的"推广""推广链接""Ads"等字样，以区别于自然结果，这样做的目的是让那些对广告没有兴趣的人尽量减少误点击，从而降低广告主的无效消费和提升用户体验。

搜索广告竞价的标的物是竞价关键词（bidterm），用户输入的查询（query）通过与关键词相匹配来确定是否可以触发该条广告。匹配的方式既可以采取简单的精确匹配，也可以有更多的扩展方式，查询扩展也是搜索广告的一项比较关键的产品策略。

在互联网广告的整个产品谱系当中，搜索广告有着特殊重要的地位，具有以下鲜明的产品和技术特点。

①搜索广告的变现能力，即 eCPM 远远高于一般的展示广告，其市场重

要程度也就得以彰显。因此，有关搜索广告的一些独特问题和算法的研究，受到了高度的重视。而搜索广告高变现能力最关键的产品原因就是用户主动输入的查询直接反映了用户的意图。

②搜索广告的受众定向标签，即是上下文的搜索查询。由于搜索词非常强地表征着用户的意图，搜索广告可以进行非常精准的定向。

四、竞价广告

根据人群划分模式的不同，广告网络产品有两个来源：一方面来源于搜索引擎发展出来的上下文广告产品，即根据页面中提取的关键词来投放广告；另一方面来源于展示广告的兴趣标签向精细化发展后。无论上下文还是兴趣，都可以看成是对受众的划分方式，因而它们都统一在广告网络这一产品中。

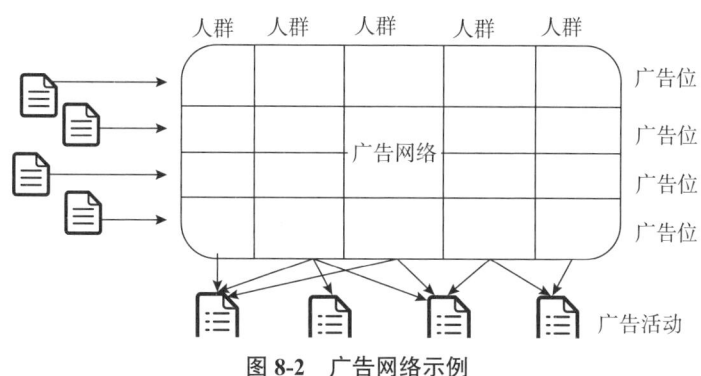

图 8-2　广告网络示例

竞价广告网络有下面几个关键的产品特点。

①竞价方式不向广告主做量的约定，而是根据变现能力，即 eCPM，来决定每次展示分配给哪个广告主。因此，与合约式的广告系统不同，广告网络大大降低了为保证合约而设计复杂的在线分配算法的必要性，使得其中的计算技术可以把精力集中在对 eCPM 的估计上。

②由于是按人群售卖，广告网络会极力淡化媒体和广告位的概念。由于淡化了媒体的概念，广告网络中很难拿到品牌溢价高的广告位，一般来说也不适合广告主的品牌类需求。

③从商业角度来看，广告网络的销售模式与合约的方式相比有两点优

势。首先是无需再满足广告主品牌独占的要求，这使得让国美和苏宁同时参与同一个人群的竞价、提高市场流动性成为可能，而在合约广告中，这一点是很难做到的；其次，由于广告网络根据实际消耗来结算，一般来说财务上采用广告主先充值的方式，这区别于合约广告投放结束后计算的方式，结果使得广告网络运营方的现金流状况大为改善。

广告网络存在CPM、CPC和CPS等不同的结算方式，不过最主流的方式是CPC。我们有必要从计算的角度分析一下CPC结算的合理性：首先从需求方来看，既然是各种媒体的不同广告位聚合在一起售卖，广告主无法知道每个媒体上广告的具体位置。而位置对于广告的曝光效果影响巨大，因此实际上广告主根本无法评估每次展示的出价，而在点击上出价，这个问题就没那么严重了。另外从供给方来看，由于淡化了广告位的概念，并且聚合了多个媒体的流量，广告网络可以接触到同一个用户比较丰富的网络行为，并且知道每次展示所在的媒体与广告位位置，所以比广告主更容易估计点击率。

但是，对于一些有特殊业务需求或者特殊数据来源的媒体或媒体组合来说，有时候希望能够直接从广告网络的广告库中挑选广告，并能够创造比广告网络自动挑选更多的价值。因此，某些广告网络也会对一部分合作供给方开放广告库供其自行挑选，广告网络的这种运营模式可以称为联盟模式。

五、移动互联与原生广告

移动互联网的快速发展对所有在线服务都产生了颠覆式的推动，在线广告行业当然也不例外。移动互联网广告的产品和交易形式可以视为PC互联网广告的自然延伸：无论是PC上展示广告网络的方式还是搜索竞价排名的方式都在移动流量被变现的一开始就被移植到了移动环境下。我们前面讨论的在线广告市场的大多数交易机制和产品形态在移动广告世界仍然是适用的。不过，移动广告也存在着自己非常鲜明的特点，这些特点使得这一市场同时存在着巨大的机会和挑战，特别是存在着广告原生化的巨大动力。因此，我们将以移动广告为典型的场景，分析原生广告的关键产品方向。

由于移动互联网越来越显著的重要性，业界对移动广告产品逐渐产生了独立的思考和认识。在认清了移动设备的一些独特属性，特别是可以对人的行为模式进行全方位、全天候分析这一特点后，我们会发现，移动广告面临着前所未有的巨大市场机遇。

移动广告就其交易形态而言，与 PC 广告并无本质区别。但在广告的展现和转化路径上体现出比较独特的一面，这也使得移动广告在 PC 广告创意形式的基础上衍生出一些新的形式，如插屏广告和积分墙等。这些新的创意形式，一方面为传统的横幅广告提供了符合移动设备特点的补充，另一方面也使得大家开始专门探讨和设计面向移动的创意方案。就目前市场来看，移动展示广告主要的创意形式有横幅、插屏、开屏、锁屏、推荐墙、积分墙等。

移动广告的库存将随着移动设备的爆发式增长而迅猛成长，这一点带来的流量红利当然是最大的机遇。不过，我们更关注的是从产品本身来看，移动广告究竟给我们带来了哪些新的机会呢？我们认为至少有以下两点。

情境广告的可能性。从用户行为分析角度来看，移动设备与 PC 最大的不同是可以对用户行为模式进行全天候的监测和分析。移动设备的特点是一直跟用户在一起，并且从地理位置、生活状态、需求意图等各方面都能对用户有深入的理解。因此，在移动环境下，受众定向完全有可能做到从情境和意图出发，而不是仅仅根据兴趣推送商品。举个例子，根据简单的地理位置分析就可以判断用户是在家还是在上班，如果是在上班，那么就不应该向其推送游戏广告。

在移动环境下，GPS、蜂窝、Wi-Fi 等多种精确定位的手段使得基于精确地理位置的本地化广告变得可行。当然，精确地理位置也需要结合移动特点，用情境化的方式来使用。例如，我们检测到一个用户早上沿着地铁线移动，并于八点半左右在国贸出站，那么很有可能他是一位正在赶时间的上班族，因此可以向他推送地铁站口麦当劳的早餐套餐。

复习题

1. 定义在线广告。

2. 描述合约广告、搜索广告、竞价广告、移动互联与原生广告的特点并举例。

第三节　计算广告相关技术

一、受众定向

当你在浏览网页或者使用手机时候，如果出现了广告，你会有什么看法？如果这个广告是你讨厌的、不需要的，你是不是会觉得"这个广告真烦，我要赶紧关闭它"。而如果推荐的正是你喜欢的、感兴趣的，你是否会觉得"这正是我需要的，我点进去看看吧"，于是主动点击了那些被动接受的广告。通过这个例子，我们不难发现，如果广告商从用户的兴趣出发，掌握用户关注的焦点，准确把握目标受众，就会令用户以自己的兴趣驱使自己的行为，让广告的投放变得有价值、有意义。

在生活中，我们也会发现，当我们处于不同的地域、产生了不同的使用行为等都会影响我们所收到的推送广告。同时，我们和朋友、家人之间，因为人口属性的不同，如年龄、性别、教育程度、收入水平等，也会收到不同的推送广告。

在互联网时代，在线投放广告总是要面对一个很重要的问题：我的品牌、我的产品应该投放在哪些网站的哪些界面上，推送给谁呢？推送广告相比搜索推荐这类广告，有个非常大的劣势就是用户意图不明确造成的投放效率低，所以，推送广告更需要精准的受众定向。

也就是说，要提高在线广告的效果，受众定向是最重要的核心技术之一。从计算广告的核心问题，即优化一组流量上的利润这一挑战来看，受众定向技术是对广告、用户、上下文这三个维度提取有意义的特征（这些特征也称为标签）的过程。由于上下文标签也可以认为是即时的用户兴趣，因此我们把它们统称为受众定向。受众定向虽然不见得是计算广告中最困难的技术，但确实是在线广告，特别是展示广告最核心的驱动力之一，也是计算广告成为大数据典型应用的关键。随着在线广告技术和业务的发展，产生了各种各样的受众定向方法，这些方法的综合应用使得广告的精准程度越来越高。

总体上看，按照计算框架的不同，这些受众定向技术可以分为以下三种类型。

①用户标签，即可以表示成 f(u) 形式的标签，这是以用户历史行为数据为依据，为用户打上的标签。

②上下文标签，即可以表示成 t(c) 形式的标签，这是根据用户当前的访问行为得到的即时标签。

③定制化标签，即可以表示成 t(a) 形式的标签，这也是一种用户标签，不同之处在于是针对某一特定广告主而言的，因而必须根据广告主的某些属性或数据来加工。

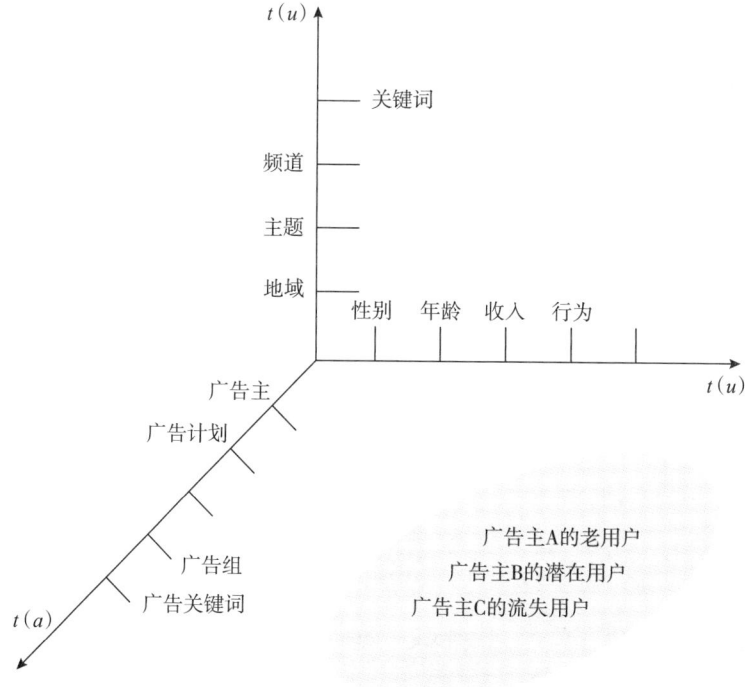

图 8-3　广告、用户、上下文在空间中的标签示意

从技术框架来看，受众定向标签可以分成用户标签、上下文标签和广告主定制化标签 3 种类型，其实现方案也有较大的不同。上下文定向需要对广告所在的页面进行分析，然而这一分析过程与搜索引擎爬虫有很大的不同。结合广告对上下文信息的需求特点，一般可以采用一种半在线的方式抓取和分析页面，这种方式避免了无效的页面分析计算，又能够快速地响应需要分析的页面。

行为定向是根据用户历史上的网络访问行为对用户打标签的过程。哪些网络行为有价值是挖掘行为数据来源时需要考虑的问题。由于海量用户的原始网络行为的数据量一般来说特别巨大，如何设计非常高效的数据组织方式以及合理的访问流程对于行为定向的实用化是非常关键的。行为定向一般采用 reach/CTR 曲线进行半定量的评价。

值得注的是，受众定向技术并非按照上述分类严格区分或者一成不变。各个广告网络或定向技术提供商能够接触到的数据类型和规模都各不相同，基于这些数据本身进行深入挖掘，并找到对广告投放有意义的信号，才是受众定向在使用中的重点。另外，上面的分类主要是为了方便技术方案的讨论，从产品角度来看，以上几种受众定向标签对于广告主而言并没有本质区别。

引起注意
Attention

诱发兴趣
Interest

刺激欲望
Desire

促成购买
Action

图 8-4　营销漏斗

目前，随着在线广告技术和业务的发展，产生了各种各样的受众定向方法，这些方法的综合应用使得广告的精准程度越来越高，更好地引起了用户的注意，进而激发用户兴趣，刺激用户消费欲望，促成购买。

地域定向（geo-targeting）：即只对某区域的用户进行广告展示，是所有在线广告系统都必须支持的定向方式。实现方式简单，只需要简单地根据用户的 ip 来进行查表。

人口属性定向（demographical targeting）：即根据一些人口属性标签，如年龄、性别、教育程度、收入水平来定向展示广告。人口属性定向是可监测的，即可以用采样加调研的方法来判断一次人口属性定向广告活动受众中有多少比例是正确的。因此，该方法为广告主接受的程度更高。

频道定向（channel targeting）：即完全按照供应方的内容分类体系将库存按照频道划分，对各频道的流量投送不同的广告。常见的如京东商城中不同类别都会展示与该类别相关的广告。

上下文定向（contextual targeting）：根据网页的具体内容来匹配相关的广告，定向的粒度可以是关键词、主题，也可以根据广告主的需求确定分类。该方法的覆盖率比较高，因为能根据用户当前浏览的页面推测用户的即时兴趣，从而推送相关广告。

行为定向（bihaviorial targeting）：根据用户的历史访问行为了解用户兴趣，从而投送相关广告，是非常重要的一种定向方式，使得在互联网上收集到的用户行为数据可以产生变现的价值。

精确位置定向（hyper-local targeting）：利用蜂窝信息或者 GPS 来根据用户的精确地理位置来投放精准定位的广告。

重定向（retargeting）：最简单的定制化标签，即对某个广告主过去一段时间的访客投放广告，例如用户在淘宝的某个店铺里购买了物品，则淘宝会优先推荐该店铺的广告信息。该方法精确程度最高，效果最突出，但人群覆盖量往往比较小。

新客推荐定向（look-alike targeting）：根据广告主提供的种子访客信息，结合广告平台更丰富的数据，为广告主找到行为上相似的潜在客户，类似于协同过滤推荐。

团购（group-purchase）：不是一种定向广告技术，但也是一种变相的广告形式。该方法主要是利用价格工具，直接降低用户在决策阶段的门槛，使得价格敏感的用户转化效果有明显的提升。

二、推荐算法

随着你在购物网站上浏览次数和购买次数的增多，网页出现的那些推荐"猜你喜欢"会变得更加精准。网站会记录下你浏览过、购买过的商品，当你再次登录进网站，就会推荐之前曾经查看购买过的相关商品，推荐上的店铺也是经常光顾产生购买的店铺，同时在搜索框也会根据搜索购买过的内容，精准地猜到"猜你想搜"。这是根据用户过去的浏览数据做出的推荐，也是推荐算法的一种：基于内容的推荐。

当你使用听歌软件的时候，你会发现音乐的个性化推荐总是会推荐一些你喜欢的歌。这里也是使用了推荐算法，主要是"基于内容的推荐"和"基于协同过滤的推荐"两种方式，基于内容的推荐会根据用户自己听过的歌曲推荐相似歌曲，这个"相似"是综合了歌曲旋律、歌手信息、语言等等综合评测出来的；基于协同过滤的推荐则是寻找和此用户听歌品位偏好相似的用户的听歌记录，将他人喜欢的歌曲推荐给用户。同时，还会根据用户对于系统推荐的歌曲的喜好程度来进一步改进推荐效果，比如是否收藏为喜欢的歌曲，是否下载，是否没有听而是跳到了下一首等等。

这样的事情在生活在中还有很多例子，比如聊天软件 QQ 会给你推荐"可能认识的人"，QQ 会把拥有共同好友的人、同一个群聊的好友或是同一个群聊中有共同好友的进行相关推荐。当我们打开抖音时候，相关推荐也会不断推荐我们喜欢的视频，导致我们看了又看，刷了又刷，沉迷在短视频的世界之中。

为什么这些 App 可以让你买了又买，刷了又刷？这离不开推荐算法，所谓推荐算法就是利用用户的一些行为，通过一些数学算法，推测出用户可能喜欢的东西。推荐算法已经应用到了各个领域的网站中，包括图书、音乐、视频、新闻、电影、地图等等。而电子商务的应用近年来逐渐普及，

Amazon.com、ebay.com、Staples.com，当当网、豆瓣图书、淘宝网等都使用了电子商务推荐系统，推荐系统不止给这些互联网商家带来了巨大的附加利益，同时也提高了用户满意度，增加了用户黏性。

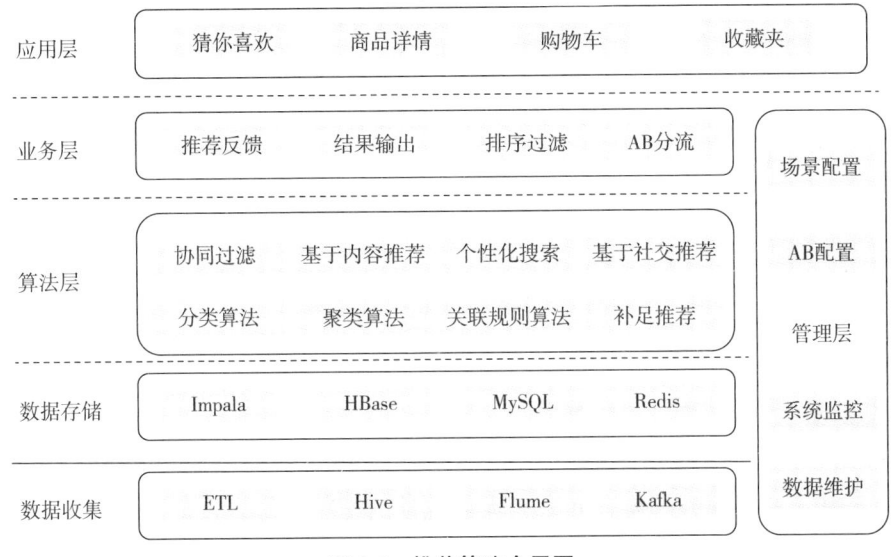

图 8-5　推荐算法全局图

为了更好地了解推荐算法，我们通过介绍 4 种简单推荐算法，了解背后的原理。

三、基于人口统计的推荐

这是相对简单的一种推荐算法，它会根据用户的基本信息进行分类，然后将商品推荐给同类用户，如图 8-6 所示。用户 A 和用户 C 的年龄相近、性别相同，可以将他们划分为同类。用户 A 喜欢商品 D，因此推测用户 C 可能也喜欢这个商品，系统就可以将这个商品推荐给用户 C。示例比较简单，在实践中，用户收入、居住地区、学历、职业等各种因素都会成为用户的"标签"，进而根据这些"标签"对用户进行分类，使推荐的商品更加准确。

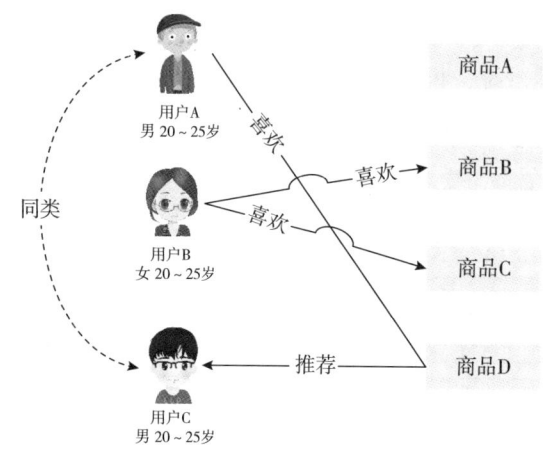

图 8-6　基于人口统计的推荐算法

四、基于商品属性的推荐

基于商品属性的推荐和基于人口统计的推荐相似，只是它是根据商品的属性进行分类，然后根据商品分类进行推荐的，如图 8-7 所示。电影 A 和电影 D 都是科幻、战争类型的电影，如果用户 A 喜欢电影 A，很有可能他也会喜欢电影 D，因此就可以给用户 A 推荐电影 D。这和我们的生活常识也是相符合的。如果一个人连续看了几篇关于篮球的新闻，那么再给他推荐一篇篮球的新闻，他很大可能会有兴趣看。

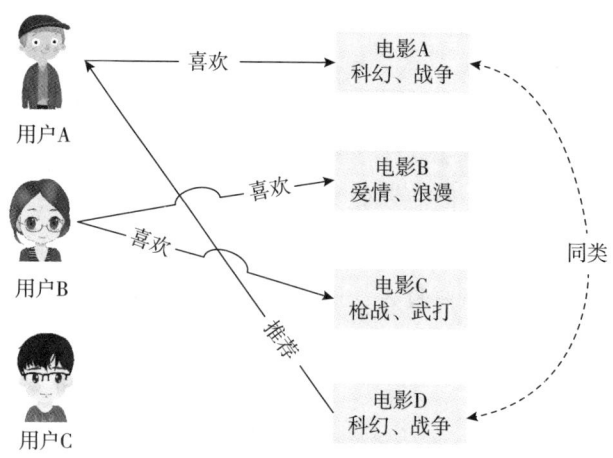

图 8-7　基于商品属性的推荐算法

五、基于用户的协同过滤推荐

基于用户的协同过滤推荐是根据用户的喜好进行用户分类,然后根据用户分类进行推荐,如图 8-8 所示。这个示例中,用户 A 和用户 C 都喜欢商品 A 和商品 B,根据他们的喜好可以分为同类。用户 A 还喜欢商品 D,那么将商品 D 推荐给用户 C,他可能也会喜欢。现实中,跟我们有相似喜好、品味的人也常常被我们当作同类,我们也愿意去尝试他们喜欢的其他东西。

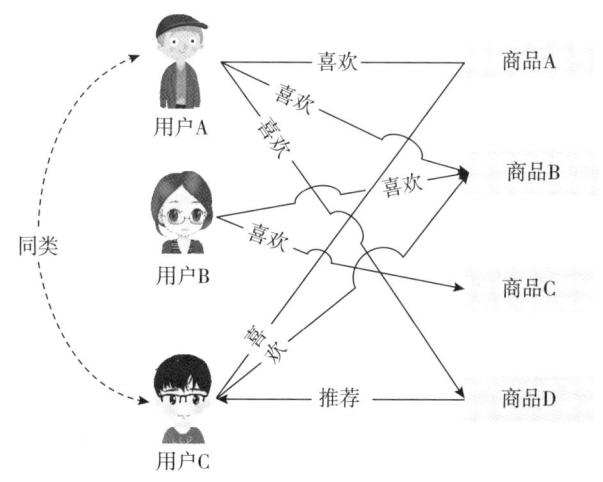

图 8-8　基于用户的协同过滤推荐算法

六、基于商品的协同过滤推荐

基于商品的协同过滤推荐则是根据用户的喜好对商品进行分类,然后根据商品分类进行推荐,如图 8-9 所示。这个示例中,喜欢商品 B 的用户 A 和用户 B 都喜欢商品 D,那么商品 B 和商品 D 就可以分为同类。对于同样喜欢商品 B 的用户 C,很有可能也喜欢商品 D,就可以将商品 D 推荐给用户 C。

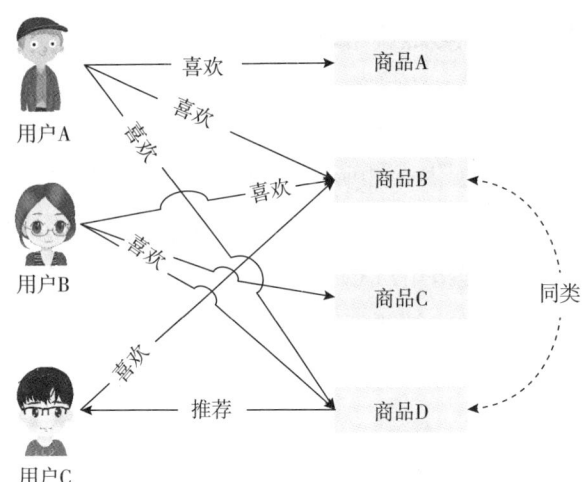

图 8-9　基于商品的协同过滤推荐算法

以上只是简单地说明了一下推荐算法的原理,实际上推荐算法的内部机制是很复杂的,同时,推荐算法的优化还需要不断地收集用户的反馈,不断地迭代算法和升级数据。如果读者感兴趣,也可以继续进行更深层的学习。

七、隐私保护

广告是一个典型的个性化系统,它需要大量使用用户的行为数据进行受众定向,同时,在广告市场中还存在着数据交易的产品。无论是受众定向还是数据交易,都需要谨慎地考虑对行为数据的使用是否会泄露用户的隐私;同时也要考虑拥有数据的利益方,特别是广告主,是否在广告市场中被平台或竞争对手获得和利用了自己的关键商业数据。

隐私问题讨论的是用户个人信息的安全性,不过对这个问题,市场上存在着一定的认识误区。实际上,隐私保护除了关心那些成批的用户资料泄露以外,更大的挑战是针对熟人的隐私窥探,即窥探者在了解被窥探者一些背景信息的基础上,用这些背景信息进一步试图获取其更多的隐私信息。后面一种挑战由于可能是人工与机器相结合,而且对成本往往不敏感,给隐私带来的风险也最大。下面我们来具体看一下隐私保护的原则。

①要严格避免使用个人可辨识信息 PII。PII 是最为重要的隐私信息，它指的是那些被获取后可以被方便地定位到具体人的信息，例如身份证号、电话号码、电子邮件地址、家庭住址等。这些信息一旦被恶意获取，会给当事人带来非常大的不便和潜在风险，因此需要无条件地严格保护。需要说明，广告系统中经常使用的用户标识，如 cookie、IMEI 等，由于不具有方便的辨识人的作用，因此不属于 PII。

②用户有权要求系统停止跟踪和使用自己的行为数据。给予用户决定是否接受个性化广告的权利，对特定情形下的隐私保护非常重要。

③不应长期保留和使用用户行为数据。即使用户同意接受行为定向广告，广告平台在数据的使用和存储上也应该有所节制，长期保留用户行为对受众定向价值有限，同时又加大了数据泄露的风险。因此应该只保存一段时间以内的行为数据，过期的数据如果并非与业务直接相关，物理上不应再存储。

④工程上还需要特别注意权限的严格分配和最小数据访问的原则。工程师在调试程序时，最好是使用采样过的、关键信息被匿名化处理过的数据子集，而在生产系统中通过特别的密钥访问原始数据全集。而不需要开发数据处理程序的人，包括管理层，也不应当有数据访问的权限。

复习题

1. 描述计算广告的相关技术。
2. 面向对象受众定位的相关技术。
3. 描述推荐算法的相关技术。
4. 在计算广告中如何做好隐私保护？

小结：计算广告学是一门正在兴起的分支学科，它涉及大规模搜索和文本分析、信息获取、统计模型、机器学习、分类、优化以及微观经济学。计算广告学所面临的最主要挑战是在特定语境下特定用户和相应的广告之间找到"最佳匹配"。语境可以是用户在搜索引擎中输入的查询词，也可以是用户正在读的网页，还可以是用户正在看的电影，等等。而用户相关的信息可能非常多也可能非常少。潜在广告的数量可能达到几十亿。因此，取决于对"最佳匹配"的定义，面临的挑战可能导致在复杂约束条件下的大规模优化和搜索问题。

计算广告学是一门广告营销科学，以追求广告投放的综合收益最大化为目标，重点解决用户与广告匹配的相关性和广告的竞价模型的问题。计算广告学涉及自然语言处理、数据挖掘以及竞价营销、创意设计等诸多学科的融合。对于用户而言，存在商务搜索广告、浏览页面投放广告、社区人群广告等多种形式。

计算广告学从互联网在线广告的实践当中产生，尤其是从搜索营销广告投放的实践中吸取了大量的营养。我们回顾一下搜索营销中，用户、广告主、广告投放平台是一个什么样的关系，与传统广告模式有什么不同？在传统媒体的广告投放平台中，用户是被动的：一旦用户接触到媒体，只要广告展现出来，广告消费即已完成。在效果营销的广告模式中，用户具有选择"接受"（Click）与否的权利，且只有在用户接受的前提下，广告消费才得以完成。因此在这个平台中，广告投放平台需要为用户提供最易于接受的广告，对于广告主的效果负责。广告投放平台需要综合用户、广告主及自身（广告投放平台）的利益，追求综合利益最大化。但作为商业营销平台，在线广告投放商业模式中，尤其是搜索营销中，广告主之间存在一个竞价过程——这是一个博弈过程，营销平台以此逼近媒体流量价值的最大值。广告主在竞价过程中，逐渐追逐这个市场的均衡点。除了要提供给用户最符合其需求的广告外，这一商业竞价过程也是广告投放的一个核心内容。

讨论题

1. 在一个电商平台上的某家网店中产生的用户行为数据，平台、网店和用户应该对这些数据的记录和使用分别拥有什么权利？

2. 在搜索广告中，广泛匹配的引入会给位置拍卖会带来什么样的影响？与此对应，可能在机制设计上采取什么策略？

3. 移动互联看在的受众定向能力会高于PC，利用移动互联网的那些数据可以加工出哪些与 PC 不同的定向标签。

4. 合约与竞价混合的广告产品在供给方很常见，有哪些系统方案来优化这样的混合产品收入。

5. 对于你呼吸的某种广告产品，如何估算其服务成本？如何根据广告系统的特点优化这一成本？

6. 对一个提供受众定向的效果类广告产品，如何估算其数据处理的规模？

论辩题

1. 对于一个直接效果累额广告产品，应如何看待收入、利润、活跃客户数这些指标？其中哪个指标最能反映该产品的成熟程度？

2. 对媒体而言，短期广告收入和长期品牌价值存在着一定的矛盾，为媒体变现服务的供给方广告平台应如何看待此问题，并如何优化媒体的长期收益？

3. 移动设备与 PC 的跨屏营销主要需求场景有哪些？

4. 游戏联运是移动上常见的泛广告产品，同时游戏也是移动广告的主要广告主类型之一，如果某公司同时运营移动广告网络和游戏联运产品，这两者应该如何分工协作？

5. 对于大型广告主和中小广告，移动互联网营销相比 PC 互联网营销来说，发生了什么有利或者不利的变化？

6. 在与广告相关的数据交易中，数据采取限量或不限量的供应策略，会对流量和数据的市场价格产生什么影响？

7. 数据的交易和广告的交易有什么不同的特点，应如何借鉴广告竞价的模式发展数据的竞价交易？

8. 重定向的广告效果往往显著高于其他定向方式，不过这部分具有其人群选择的特殊性，应如何公允地评价一次重定向广告投放的实际增量效果？

第九章
数字供应链与协同商务

学习目标：理解数字供应链的主要内容和管理优势；讨论供应链管理和协同商务的发展趋势；理解供应链的发展对电子商务发展的意义。

案例	移植IT供应链管理经验

供应链管理的核心是数据分析。供应链管理在李宁公司占据举足轻重的地位，从某种程度而言，李宁公司变革的成败在于供应链管理的变革。

大数据中心 & 数据采集

2012年10月，李宁公司开始尝试建设大数据中心，最开始是委托外部的数据分析公司来做，然后再找劳务派遣公司，当整套流程和程序都建好后，才正式建立自己的数据中心。李宁公司的大数据中心位于李宁（荆门）物流园的一幢办公楼内，有上百个工位。

基础数据的采集并不是一件特别难的事情，李宁公司的做法是在终端门店里安装上一台POS机，数据和总部相连，消费者刷卡时，所购物品的数据同步传送到总部的IT系统。不过，当门店深入到三四线城市乃至乡镇时，问题随之而来，一些分销商没有这个意识，让他们花费数千元安装POS机并非易事，李宁公司花了不少口舌来说服这些经销商，"你把数据给我，通过数据分析，我会知道你们店什么货最好卖，这样你可以进那些卖得最快的货，降低库存，减少资金占用，提高售罄率"。

POS机在门店的覆盖率大概85%左右。"一些偏远地区的门店（比如新疆），竞争不像沿海、东部地区这么激烈，原始的批发模式还比较成功。这些地方的数据没有太大用处，没必要一定安装POS机。"大数据为李宁公司的变革提供了有力支撑。

模式转换

运动服装品牌传统的模式是提前一年半规划新产品，开订货会，拿到订单后，向代工厂下达生产指令，再将产品交给经销商，生意至此就算做完了。至于这些产品是卖给消费者还是滞留在销售环节，公司很少给予关注，这是一种粗放的增长方式。事实上，包括李宁公司在内的诸多运动品牌纷纷遭遇困境，一个重要的原因就是库存问题，而库存的产生又是传统的批发模式所造成的，无法解决。

新的模式，倒过来看是用销售指导生产，使解决问题的思路豁然开朗了。先少量铺货，测试市场反应，随时随地监控市场销售，寻找那些卖得好的或卖得差的。简要地说，这种模式就是从推式供应链，转换为拉式供应链，将若干业务并行起来，上游帮助下游进行销售。

2012年，李宁公司只做了一单"快速订单"，2013年上半年做了十几批的货，三四季度开始发力，全年"快速订单"的销售额占到10%，毛利率也高于其他产品。

"快速订单"是很赚钱的生意，但并不意味着越多越好，这里面有一个度的把握的问题，这种生产模式给代工厂的生产压力很大，比如生产排序、物料管理等。公司负责人称"快速订单"做到20%应该没问题。

实施新模式

传统观点认为，供应链管理的目标是降低成本，提高效率，可这远远不够。什么样的供应链才是有效的供应链？公司认为，必须做到"五个正确"，即正确的产品，在正确的时间，以正确的数量，送到正确的地点，以正确的价格销售。为此，有以下几个步骤。

第一步，了解市场需求。

第二步，让供应链变得更加灵活、快速。现在市场需求呈现多元化和个性化特点，所以要采取"小批量，多频次、短周期"的生产模式，这要求生产线的设计、生产计划具有及时性，可相应作出调整。

第三步，涉及物流的问题。李宁公司在湖北荆门建产业园，既是制造业向中西部转移之需，又是希望在中部建立一个能辐射全国、反应高效快速的物流中心。为此，需和供应商建立战略伙伴联盟。没有产业集群，就无法形成规模优势。

有了这三步，李宁公司的供应链就非常清晰，为从批发模式向零售转型奠定了基础。

向IT业供应链学习

为了借鉴IT供应链的做法，李宁公司聘请了有过戴尔公司14年供应链管理工作的高级经理人邓红兵管理李宁公司的供应链。

不同于鞋服行业，IT行业竞争激烈，产品的成本占比大，原材料价格高，更新换代的速度很快，技术一过时，产品就会滞销，工厂甚至还得拆解、处理这些产品。

IT行业对供应链管理的精细化程度非常高，通过需求拉动供应链的模式（即"拉式供应链"），在IT行业已经实施十多年了，但在鞋服行业却还是个新鲜事。

"戴尔公司靠直销起家，拼的是效率，靠供应链打败所有竞争对手。直到今天，戴尔的现金流、库存，在行业里仍居领先地位。我把IT行业的供应链模式放在鞋服行业里，相信过了一段时间，李宁公司的供应链管理会领先全行业"，邓红兵称。

李宁公司上了一整套的零售IT信息平台，包括四大模块：需求预测、产品组合、供应商协同、门店运营。以产品组合系统为例，假设在北方的一线城市开一家门店，150平方米，南方的二线城市也开家门店，90平方米，这两家门店的货是不可能一样的，如何决定哪家门店卖什么货，产品怎么组合，就靠这个系统。

资料来源：根据《第一财经日报》有关内容整理。

第一节　数字供应链

一、数字供应链的含义

数字供应链是供应链发展的必然趋势,是电子商务和供应链自然结合的结晶。综合供应链和电子商务以及 Internet 网络技术的相关知识,可将数字供应链定义为:围绕核心企业,以 Internet 为平台、以电子商务为手段,通过对物流、资金流与信息流的整合和控制,从采购原材料开始,制成中间产品以及最终产品。最后由销售网络把产品送到消费者手中,将供应商、生产商、分销商、零售商、直到最终客户连成一个整体的网链结构和模式。

这个定义包含了以下几个方面的内容。

①以核心企业为中心,通过核心企业来构建整个供应链网络;

②通过 Internet 和电子商务来整合供应链中的物流、资金流、信息流,从而能够及时、快速地响应客户服务;

③数字供应链与传统供应链一样,是一个网络结构和模式,构建数字供应链的目的在于提高整个供应链的效率和竞争力,从而使供应链中各成员的经营成本最小化、利润最大化;

④数字供应链上各节点企业都是产权相互独立的主体。

从电子商务和供应链管理各自的特征来看,二者具有很强的黏合性。电子商务利用 Internet 技术将企业、客户、供应商以及其他商业和贸易所需环节连接到现有的信息技术系统上,将商务活动纳入网络中,彻底改变了现有的业务作业方式和手段,从而实现充分利用有限资源、缩短商务环节和周期、提高效率、降低成本、提高服务质量的目标。而供应链管理正是建立在供应链各成员具有一个共同的战略目标、满足顾客需求基础之上的。电子商务强调综合效益的提高,而供应链管理的实践证明了这种预期的存在性。电子商务强调人、技术、管理三者在商务活动中的有效集成,以及包括工作流程、商务活动组织等方面在内的创新,而供应链管理强调供应链各成员的集成，实现成员之间的信息共享，同时供应链成员之间的战略伙伴关系也为创新提供了新的要求。即，要求供应链各成员采取积极主动的态度，依靠自觉行动，遵循"与网络相容"的原则，形成与电子商务相融合的自我约束机制，在整个供应链中系统和综合地考虑电子商务的特性，使供应链的所有业务更加有效、更加灵活、取得更大效益。而实现这一目标的前提是有效地开展基于电子商务的供应链管理。

二、数字供应链管理的优势

基于电子商务的供应链管理是电子商务与供应链管理的有机结合，它以客户为中心，集成整个供应链过程，充分利用外部资源，实现快速敏捷反应，极大地降低库存水平。具体而言，它具有以下一些优势。

（1）有利于保持现有的客户关系

电子商务使竞争从企业间的竞争逐渐演化为供应链之间的竞争。为吸引、保留现有客户，需要为其提供更快捷、成本更低的商务运作模式。而基于电子商务的供应链管理直接沟通了供应链中企业与客户间的联系，并且在开放的公共网络上可以与最终消费者进行直接对话，从而有利于满足客户各种需求，保留现有客户。

（2）有利于开拓新的客户和新的业务

实施基于电子商务的供应链管理，不仅可以实现企业的业务重组，提高整个供应链效率，保留现有客户，而且由于能够提供更多的功能、业务，必然会吸引新的客户加入供应链，同时也带来新的业务。

（3）有利于提供营运绩效

实施基于电子商务的供应链管理，不仅能使供应链各个企业降低成本，缩短需求响应时间和市场变化时间，还能为客户提供全面服务，使客户能够获得最好品质的产品和服务，同时实现最大增值；而且能为供应链中各个企业提供完整的电子商务交易服务，实现全球市场和企业资源共享，及时供应和递送订货给顾客，不断降低运营和采购成本，提高运营绩效。

（4）有利于分享需要的信息

基于电子商务的供应链交易涉及信息流、产品流和资金流。供应链中的企业借助电子商务手段可以在互联网上实现部分或全部的供应链交易，从而有利于各企业掌握跨越整个供应链的各种有用信息，及时了解顾客的需求以及供应商的供货情况，同时也便于客户实现网上订货并跟踪订货情况。

三、数字供应链管理的主要内容

根据电子商务与供应链管理的结合应用，可以构建基于电子商务的供应链管理的系统模型，如图9-1所示。

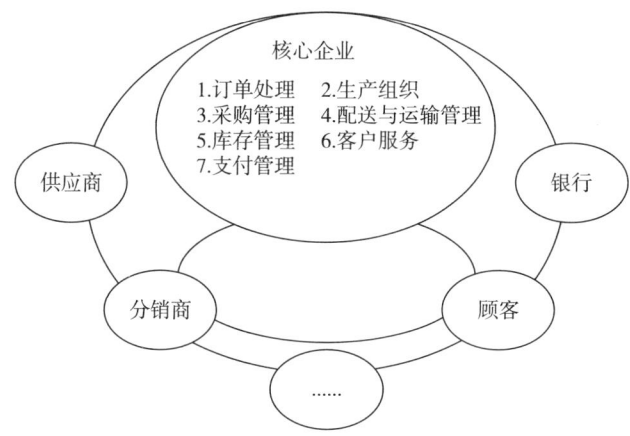

图 9-1　基于电子商务的供应链管理系统模型

基于电子商务的供应链管理的主要内容涉及以下几个方面。

（1）订单处理

通过电子商务系统进行订单设定和订单状况管理。当收到客户订单时，核心企业要及时分析所需产品的性能要求，判断是否能达到订单中的技术指标，在能够达到要求的条件下进一步分析订单中产品的成本、数量和利润。如果能够从订单中获利，便可与客户签订订货合同。之后查询现有库存，若库存中有客户需要的产品，便立即发货，否则及时组织生产。借助电子商务进行订单处理，供应链可以急剧地减少订单成本的出错率，缩短订单的循环周期，大大提高营运效率。

（2）生产组织

核心企业使用电子商务系统协调与供应商的准时供应程序，与多个供应商之间协调制定生产计划。此外，由于在订单处理中可以提供核心企业有关产品销售和服务的实时信息，这样在一定程度上会使销售预测变得精确，反过来又大大改善了生产组织的管理。

（3）采购管理

通过电子商务系统，有效地实现与供应商的信息共享和信息的快速传递。一方面，通过互联网提供给供应商有关需求信息和商品退回情况，同时获得供应商的报价、商品目录、查询回执，从而形成稳定、高效的采购供应体系；另一方面，通过网上采购招标等手段，集成采购招标和互联网优势，扩大采购资源选择范围，使采购工作合理化，大大减少采购人员，有效降低采购成本。此外，也使核心企业与供应商之间的协商变得合理化。

（4）配送与运输管理

通过电子商务系统，对配送中心的发货进行监控，对货物运至仓库进行跟踪，同时实现对配货、补货、拣货和流通加工等作业管理，使配送的整个作业过程实现一体化的物流管理。此外，通过对运输资源、运输方式、运输路线的管理和优化，对运输任务进行有效的组织调度，降低运输成本，并实现对运输事项和货物的有效跟踪管理，确保指定的货物能够在指定的时间运送到指定的地点。

（5）库存管理

通过电子商务系统，核心企业通知供应商有关订单的交送延迟或库存告急，使库存管理者和供应商追踪现场库存的存量情况，获得及时的信息以便更有准备；实现对存储物资有效管理，及时反映进销存动态，并且跨区域、多库区的管理，提高仓储资源的利用，进而促使库存水平降低，减少总的库存维持成本。

（6）客户服务

应用电子商务系统，核心企业的客户通过互联网可以非常方便地联络有关服务问题，通知并要求解决所发生的任何服务问题，而核心企业则通过互联网接受客户投诉，向客户提供技术服务，互发紧急通知等。这可以极大缩短对客户服务的响应时间，改善与客户间的双向通信流，在保留已有客户的同时，吸引更多的新客户加入到供应链中来。

（7）支付管理

通过电子商务系统，与网上银行紧密相连，并且电子支付方式替代原来支票支付方式，用信用卡方式替代原来的现金支付方式，这样既可以大大降低结算费用，又可以加速货款回笼，提高资金使用率。同时，利用安全电子交易协议，保证交易过程的安全，消除对网上交易的顾虑。

复习题

1. 什么是数字供应链？与传统供应链有什么区别？
2. 数字供应链管理包括哪些内容？

第二节　供应链管理与协同商务的发展趋势

在互联网时代，供应链管理领域共发生过 4 次重大变革，确定了理解 B2B 电子商务成败之道的基本规则。这些重大变革分别是供应链精简、电子数据交换、供应链管理系统和协同商务。

一、供应链精简

在过去的 30 年里，大多数制造企业都致力于精简供应链，加强与少部分战略供应商的密切合作，从而在减少制造成本和管理成本的同时，提高产品质量。例如，汽车行业在日本企业的带领下，已经有计划地将供应商的数量精简了 50% 以上。如今，大型企业不再公开招标订单，而是纷纷与部分供应商签订长期采购协议，发展成为战略合作伙伴。这种做法既能保证供应商的业务量，又能保证既定的质量、成本和交货时间等目标。这种战略关系对准时制造型生产企业而言不可或缺，它通常要求制造商和供应商联合进行产品的研发设计，集成相互的计算机系统，并实现生产流程的紧密合作与协调。

紧密合作生产是一种确保供应商能够在规定的时间和地点交付企业所采购的零部件，从而保证企业的生产过程不会因物料缺乏而中断的一种合作机制。

二、电子数据交换（EDI）

B2B 电子商务的根源不是互联网，而在于 20 世纪 70 年代中期至 80 年代发展起来的电子数据交换等技术。EDI 其实就是由各行业自行制定的用于在计算机之间交换文档的通信协议，这些协议一般都遵循美国国家标准化协会的技术标准（ANSIX12 标准）和联合国等国际组织制定的标准（EDIFACT 标准）。

EDI 旨在降低手工交换采购订单、装箱单、价目表、付款清单和客户数据文件等业务文档的成本，减少延迟与错误。与非结构化的信息不同，EDI 数据由若干独立的字段组成，每个字段都代表商业交易信息的一个重要维度，例如交易日期、订购产品和数量、发送方姓名、地址以及收货方姓名等。

EDI 对 B2B 电子商务的发展至关重要。目前，美国和大多数工业国家的主要行业都已建立起各自的 EDI 行业委员会，负责定义本行业通用电子文档的信息字段和结构。EDI 通信最早依赖点对点的专用电路交换通信网络和连接供应链主要成员的专用增值网络的支持。

自 20 世纪 80 年代产生以来，EDI 经历了巨大的变化。最早的 EDI 系统只关注文件处理的自动化（第一阶段）。在该阶段，采购代理方生成电子采购订单，将其传送给供应商，供应商再将订单完成信息和发货通知单回传给采购商，之后还传送发票、付款清单和其他文档。早期的 EDI 系统成功地取代邮政系统进行文件的传递，还能实现订单的当天发货（而不像邮政系统常有一周左右的延迟），同时减少出错的概率，降低交易成本。

EDI 系统发展的第二阶段始于 20 世纪 90 年代初期，其主要推动力来自行业内部生产过程逐步实现自动化，以及生产向准时制造和连续制造的逐渐转变。这些新的生产机制要求供应商在生产、交付和资金方面具备更大的柔性。此时，EDI 系统成为消除商业文档的系统。为支持新的自动化生产流程，制造企业使用 EDI 系统全面消除采购订单和其他文档，取而代之的是生产计划和库存平衡。供应商每个月都会收到生产需求说明和详细的预定交货时间。此外，供应商还需要连续完成订单，每月底会调整库存和付款情况。

20 世纪 90 年代中期开始，EDI 的发展步入第三阶段。采购方与供应商签订长期合同，授权供应商在线访问自身生产和交付计划的特定部分，要求其自觉遵守交货计划，无须采购方代理人进行干涉。90 年代开始，大型制造企业和工业企业（如炼油厂和化工厂）纷纷实施 ERP 系统，这对当时 EDI 系统连续在线访问模式的发展起到了推波助澜的作用。ERP 系统要求业务流程高度标准化，从而实现生产、物流和财务处理过程的自动化。新的业务流程要求供应商确保更精确的交货时间和更灵活的库存管理，因此采购企业需要与供应商建立更紧密的合作关系。若由采购人员手工处理，根本无法实现如此精确的程度。EDI 发展的第三阶段也引领企业步入连续补货的新时期。例如，沃尔玛和玩具反斗城就授权供应商在线访问门店库存信息，由供应商根据预定目标制定货架上商品的补货决策。杂货店行业也发生着同样的变化。

EDI 被视为一种支持多种业务流程、实现计算机系统间核心业务信息交换的通用技术。EDI 是一种重要的行业专用网络技术，适合为建立在长期、直接贸易关系上且数量不多的战略合作伙伴之间的信息交流提供支持。EDI 的硬件平台已从大型机过渡到个人计算机，而网络环境也正从专用网络向互联网转换（称为基于互联网的 EDI 系统）。此外，许多行业组织也逐渐采用 XML 作为 EDI 系统中商务文件编码和企业间通信的标准语言。

EDI 系统的优势在于，能够在行业网络上为关系密切的战略伙伴间的直接商业活动提供支持，但这也正是 EDI 的缺点所在。EDI 系统无法适应在线交易市场的发展，因为在线交易市场需要支持数千家供应商和采购企业同时在线议价。EDI 系统只能支持少数企业间的双向直接通信，无法满足真实市场环境中多方、动态关系的需求。EDI 系统并非实时的通信环境，它不支持大批供应商的价格透明化，新厂商的加入也较为困难。此外，EDI 系统的通信功能不够强大，无法同时进行电子邮件收发、图像文件共享、网络会议或者帮助用户轻松实现数据库的创建和管理。而这些功能在后面要讨论的基于互联网的应用中均已实现。针对大型企业的 EDI 系统成本高昂，需要专业的编程人员来实施，有时甚至要花费大量时间对企业现有的计算机系统进行改造，使其能够兼容 EDI 所使用的协议。小型企业通常是为了成为大型企业的供应商才采用 EDI 系统，而应用于小型企业的 EDI 解决方案要便宜得多。

三、供应链管理系统

供应链精简、战略伙伴发展、ERP 系统和连续库存补给都是现今供应链管理系统的基础。供应链管理系统（supply chain management system，SCM）可把企业的采购过程、生产过程和从供应商到企业的物资流动无缝连接起来，同时通过与订单自动录入系统的集成把企业供销两端的客户也纳入整个系统。有了 SCM 系统与连续补货，企业能够实现零库存，产品生产可在订单到达后才正式开始。这对那些易腐产品或是产成品的市场价值下跌迅速的行业而言显得尤为重要。

惠普公司使用的就是一套基于 Web、订单拉动的供应链管理系统。当客户在线下达订单或者公司收到经销商的订单后，整个系统便开始运作。订单首先由订单自动录入系统传送到惠普公司的生产和交付系统，再转往惠普的某个供货承包商，例如位于美国佛罗里达州弗里蒙特市的 Synnex 公司。对于 Synnex 公司，首先由计算机向惠普核实订单，然后确定订单中的机器配置，以保证能够开始生产该批机器（比如，不会出现零部件短缺或者惠普的设计说明不存在错误）。之后，该订单会被转到生产控制系统，该系统会根据订单自动生成附带条形码的生产通知单，并传送给车间的装配工人，同时向 Synnex 公司的仓库和库存管理系统发送零部件订单。这样，工人开始组装计算机，再经过包装、贴签，最后交到客户手中。惠普的供应链管理系统还与提供 24 小时配送服务的公司（如 Airborne Express、

Federal Express 和 UPS）的货运系统直接相连，实现对交付过程的全程监控与跟踪。整个订单从下达到发货仅需 48 小时。自从应用该 SCM 系统，惠普和 Synnex 都无须持有 PC 机库存，生产周期从一周减至 48 小时，出错率也有所下降。惠普已将该系统扩展成一个针对大型客户的全球 B2B 订单跟踪、报告和支持系统。该网站运行有数十种语言，43 种货币，覆盖全球 200 多个国家。

四、协同商务

（一）协同商务的含义

协同商务（collaborative commerce，c-commerce）是指利用电子技术实现商务合作，使企业之间能够协同计划、设计、发展、管理和研发产品、服务、业务流程以及电子商务应用。一个典型的例子就是制造商通过网络与某供应商进行协同合作，供应商为其设计产品或某个产品的零部件。协同商务的含义还包括沟通交流、信息分享、利用各种工具（例如群组软件、微信以及专为电子商务设计的协同工具）在线协同规划。在供应链中，协同商务主要用来降低成本、增加收入、减少延误、加快商品流通、减少急单、减少缺货、加强库存管理等，协同商务与电子协作（e-collaboration）紧密相连，是为了完成共同任务而利用电子技术进行的合作。

与 EDI 或者企业间信息流的简单管理相比，协同商务涉及的范围更广，涉及以"交易过程"为中心向以"供应链上合作企业的关系"为中心的决定性转变。协同商务鼓励采购方和供货方共享自己内部的敏感信息，改变过去两者之间的紧张对立关系。因此，协作商务管理要求企业必须做到与适当的伙伴共享准确的信息。协同商务在供应链管理的基础上，加入多家合作企业协同开发新产品和服务等活动。

尽管协同商务可使企业的客户和供应商都参与到产品研发过程中，但很大程度上协同商务依赖于强大的通信环境，实现企业间共享产品设计、生产计划、库存数据、交货计划甚至是合作产品的研发信息。

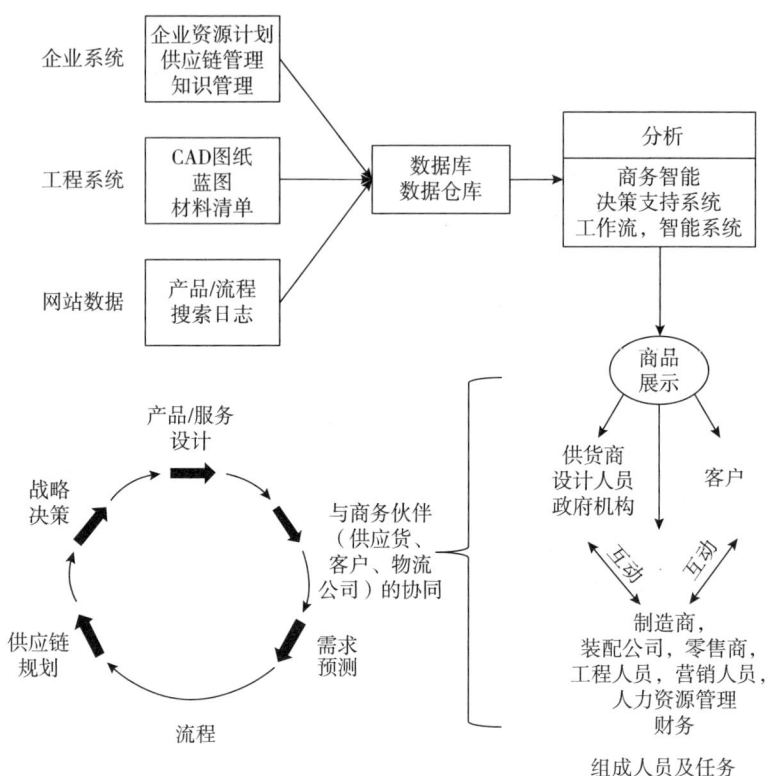

图 9-2　协同商务的要素和流程

协同关系的提出最早可追溯到 20 世纪 70 年代，当时施乐公司的帕洛阿尔托研究中心尝试与供货商建立密助的合作关系。到 90 年代初，软件公司 Lotus 开始致力于大容量通信软件的深入研究。互联网经过长期的发展，已取代专用软件工具，成为大容量通信的主要媒介。如今，协同商务应用基本上依靠互联网技术实现对图样设计、文档、消息和网络会议共享的支持。

协同商务与 EDI 之间存在显著差别。EDI 是一种支持企业间结构化通信的技术，而协同商务更像是供应链成员之间进行互动电话会议的工具。EDI 和协同商务却有个共同特征，即两者都不是面向开放的竞争性市场。相反，从技术上说，它们是连接供应链上战略伙伴的会员专用网络。

（二）协同商务的主要内容

（1）信息与知识的共享

首先，将员工或信息系统用户的信息与他们的职责、工作联系起来，与用户有关的所有信息都建立关联，例如，员工在公司创建的文档，而这些文档也是与这个员工的客户有关的，与这个员工所参与的项目有关的。因此，信息都是与员工的工作联系在一起的。企业内部的信息是个性化的，员工所需要的信息、员工可以得到的信息都是与他工作相关的。

其次，信息不但包括协同商务本身的信息，还包括ERP以及其他系统的信息，这些信息都是集成在协同商务中的。

把内容管理纳入整个系统当中，作为一个协同商务系统，很重要的一点是对自身产品的外部传播，例如在互联网上发布最新的企业的产品的信息，建立与客户的沟通渠道，动态地维护外部网站的信息。

（2）业务整合

当企业内部或是跨企业的员工需要为了一个共同目标进行工作时，都是需要借助业务的整体资源，例如员工在完成一个产品市场设计时，需要借助市场部门、客户部门甚至外部广告公司的协助，在这样的情况下，就需要对企业整个资源的整合。协同商务的整个处理过程也是企业内部业务的一个整合过程，客户根据网上信息订单，通过商务处理过程实现客户的需求，客户也可以通过自主门户随时了解整体业务过程的处理情况，强化了客户联系的能力。

（3）建立合作空间

在企业运作过程中员工需要其他部门的协助，例如，需要专家对他的一些问题进行解答或咨询时，就需要借助一个空间或社区来进行，如在线会议、在线培训课程等。另外一方面，企业的工作不仅需要内部员工协助完成，更需要外部用户的参与，员工在完成客户需求的同时需要不断地与外部客户进行有效的沟通，协作社区的出现是电子商务发展的一部分，也是协同商务作用的体现。

（4）商务的交易

协同商务必须提供安全、可靠的商务交易流程，包括客户的订单管理以及合同管理、财务交易的管理等。这些交易结果可以与内部其他系统进行互动以及数据的更新。

完整的一套协同商务系统包括多个模块，每个模块有多个部件，通过整合，它们形成一个完全集成的基于 Web 的方案，包括企业信息门户、知识文档管理、客户关系管理、人力资源管理、资产管理、项目管理、财务管理、工作流程管理、供应链管理。

（三）协同商务的作用

协同商务对 B2B 电子商务的集成作用具体体现在以下五个方面。

（1）信息协同

采购方与供应方共享信息，采购方将其库存情况和所需产品的要求等信息传递给供应方，使供应方对其上游企业有很好的可视性，提高交货的准确度和速度；供应方也将有关自己产品的信息与采购方分享，加强双方的信赖。

（2）产品生产协调

在整个动态联盟进行统一计划时，需要供应商的协同。同时，通过信息反馈和教育培训支持，在供应商之间促进质量改善和质量保证。

（3）产品设计协调

客户或内部企业科研部门设计个性化产品的同时，将设计信息及时与供应商共享，令供应商可以在第一时间进行产品开发和生产，更好地满足自身需要。

（4）采购协同

企业将近期的采购计划定期下达给供应链的上游供应商，同时将采购订单下达给供应商。供应商可根据企业的采购计划和订单进行生产安排，并将执行情况及时上传。若确认不能完成采购订单，应迅速告诉企业，使企业对之有明确的了解，及时调整生产计划或寻找其他方案。

（5）预测协同

通过 ERP（企业资源计划）系统，可以从市场的变化推算出企业对原材料需求的变化，并将变化通过采购平台传递给供应商。后者调整自己的备货计划，提高抵抗风险的能力。

讨论题

1. 电子市场相对于传统的市场有哪些特点？
2. B2B 电子商务的价值体现在哪些方面？
3. 怎样理解供应链的含义及供应链管理的三个维度？
4. 针对协同商务的发展趋势，对电子商务与协同商务理论研究前沿文献进行检索，总结有关协同商务的前沿问题。
5. 简述协同商务的含义与要素，它有什么优势？

第十章

创新的电商系统

学习目标：电子政务的内容及主要模式；在线教育的特点、盈利模式。

案例　　康帕斯集团通过将管理人员变成"侦探"来提高在线培训效果

康帕斯集团（compass-group.com）总部在美国，是世界领先的食品级配套服务公司。其配套服务有食品安全、清洁卫生、建设运营和维护、项目管理等。该公司财务报表显示，其2020年的年收入为254.134亿美元。该公司的客户有英国的一些大型企业，如玛莎百货（Marks & Spencer）和乐购超市（Tesco）。

存在的问题

该公司的区域经理通过财务绩效软件来分析未来趋势，利用他们所负责区域的财务报表来审查有用的统计数据，分析问题出现的原因，解释财务预算偏离的原因，并制定相应的纠正计划。但是，公司发现这些区域经理对该软件的应用存在很多困难。康帕斯集团决定与City & Cuilds Kineo公司合作进行管理人员的在线培训，让他们通过Kineo Learning Solution网站（kineo.com/solutions）在线学习如何使用这个财务软件。然而，有些管理人员对在线培训（在线教育的一种应用）表示质疑。因此，公司需要想办法让他们相信该项目的有效性，减轻他们的担忧，确保培训合作项目的开展，让他们学会使用这个财务软件。

解决问题

康帕斯集团决定采用一个低成本、快速、大批量、有吸引力的方法对区域经理进行培训。它们选择了在线培训。

实施团队独创了"康帕斯侦探棋盘游戏",参与培训的经理在游戏中扮演"侦探"角色。每个侦探需要分析绩效,并找出解决问题的方法(破案)。每个玩家都根据各自在现实世界的具体情况被赋予角色,因为这样才能让他们游戏后适应自己所负责的区域。玩家在解决问题的过程中会得到相应的资源,并使他们获得管理经验。游戏结束后,确保每个玩家都能够找出问题的答案,如怎样应对竞争对手的降价,或当预算明显偏离时怎样决策等。

取得的成效

该项目在开始的前半年取得了突出成效。

①提高感知:大多数参与者赞同该培训有可能提升他们的表现。

②快速大批量培训:远程方式比传统方式(在相同成本和时间段的条件下)能够培训更多经理人员。

③降低成本:与传统培训相比,康帕斯集团这6个月内节省培训成本495000英镑。

资料来源:https://www.caifuzhongwen.com/fortune500/gongsi/global 500/2021/407.htm

案例启示:在线教育(在线培训)是电子商务的一种应用,它帮助组织对经常在不同地方的大量学生或雇员进行在线教学,以确保他们的成长和有效工作。康帕斯集团的在线培训确保员工明白该培训对公司业务、客户、消费者的重要性。通过创建在线培训课程并让员工参与其中,公司不仅降低了培训成本、成功培训了员工,同时也促使许多员工欣然接受了在线培训。在线教育是本章的重要内容。

第一节 电子政务

实施电子政务的社会背景可以理解为以下几个方面：建设高效政府是推行电子政务的内在动力；信息化和民主化的发展趋势是推进电子政务的社会因素；信息技术的普及是发展电子政务的加速器。可以说，电子政务也是互联网最重要的应用之一。

从产生的根源来看，电子政务和电子商务都是基于互联网的；从发展的历程来看，两者的产生和发展是交织在一起，互相推动、互相促进、联动向前的；从运行内容来看，两者之间互相支持、互相包含。因此，在分析电子商务应用时，必然要涉及电子政务。

一、什么是电子政务

电子政务是美国20世纪提出"运用信息技术再造政府"思想的产物，是指国家机关在政务活动中，全面应用现代信息技术、网络技术以及办公自动化技术等进行办公、管理和为社会提供公共服务的一种全新的管理模式。广义电子政务的范畴，应包括所有国家机构在内；而狭义的电子政务主要包括直接承担管理国家公共事务、社会事务的各级行政机关。

自20世纪90年代电子政务产生以来，关于电子政务（Electronic Government）的定义有很多，并且随着实践的发展而不断更新。

联合国经济社会理事会将电子政务定义为，政府通过信息通信技术手段的密集性和战略性应用组织公共管理的方式，旨在提高效率、增强政府的透明度、改善财政约束、改进公共政策的质量和决策的科学性，建立良好的政府之间、政府与社会、社区以及政府与公民之间的关系，提高公共服务的质量，赢得广泛的社会参与度。

世界银行则认为电子政务主要关注的是政府机构使用信息技术（比如万维网、互联网和移动计算），赋予政府部门以独特的能力，转变其与公民、企业、政府部门之间的关系。这些技术可以服务于不同的目的：向公民提供更加有效的政府服务、改进政府与企业和产业界的关系、通过利用信息更好地履行公民权,以及增加政府管理效能。因此而产生的收益可以减少腐败,提供透明度,促进政府服务更加便利化,增加政府收益或减少政府运行成本。

电子政务是一个系统工程,要了解电子政务的内涵,需要把握三个基本条件。

第一,电子政务是必须借助于电子信息硬件系统、数字网络技术和相关软件技术的服务系统;硬件部分主要包括内部局域网、外部互联网、系统通信系统和专用线路等;软件部分主要包括大型数据库管理系统、信息传输平台、权限管理平台、文件形成和审批上传系统、新闻发布系统、服务管理系统、政策法规发布系统、用户服务和管理系统、认识及档案管理系统、福利及住房公积金管理系统等。

第二,电子政务是处理与政府有关的公开事务、内部事务的综合系统。除政府机关内部的行政事务以外,还包括立法、司法部门以及其他一些公共组织的管理事务,如检务、审务、社区事务等。

第三,电子政务是新型的、先进的、革命性的政务管理系统。电子政务并不是简单地将传统的政府管理事务原封不动地搬到互联网上,而是对其进行组织结构的重组和业务流程的再造。因此,电子政府在管理方面与传统政府管理之间有着显著的区别。相对于传统行政方式,电子政务的特点就在于其行政方式的电子化,即行政方式的无纸化、信息传递的网络化、行政法律关系的虚拟化等。

二、电子政务的内容

政府通过完成各种政务来履行其对社会所承担的各项公共行政管理职能。在网络时代,政府的管理和服务手段借助互联网可以逐步实现虚拟化、数字化、网络化和无纸化,并根据网络时代企业和个人的行为特点重新设计管理程序和业务流程。电子政务具体表现为各级政府部门的业务、事务、会务等具体政府工作的网络化、电子化。

1. 网络信息化

电子政务可以建立国民经济动态经济信息监测网，通过信息监测网，确定主要经济指标的预警线（点），同时可以及时收集所在地区的经济活动情况，一旦发现异常，立即采取一些微观的调控措施来避免更大的经济波动的发生。同时，政府还可以及时、全面、准确地掌握企业信息，并对数据进行汇总、处理、加工，建立大型的专业综合数据库，针对决策形成支持系统，应用统计模型进行决策分析。

2. 政务公开

随着互联网的发展与信息技术的不断更新，利用网络更便捷地获取政府信息也越来越成为公众的现实需求，信息化背景下政务公开模式的转变也成为无法回避的现实状况，因此各国政府推行电子政务成为共同的政务发展趋势。在我国，随着各级政府对电子政务建设的日益重视与实践，政务公开的模式从仅重视结果信息的公开向注重内容及行政过程的公开模式转变，其政务公开的渠道也由传统的政府公报、新闻发布会、广播与电视几种方式，拓展向政府网站、政务微博、政务微信和"一站式"政府服务平台等多渠道发展。

3. 电子政务服务

电子政务通过整合不同政府部门的政务资源，实现从一个入口为公众提供所有的电子化服务。对于公众来说，只要想与政府打交道，都可以从这个入口开始其业务流程。加拿大、新加坡等电子政务先进国家都已经实现了"一站式"服务，我国也正在朝这个方向努力。

4. 办公无纸化

作为现代网络经济的组织管理者，政府的管理手段必须加快实现电子化、网络化。而电子政务其中一项重要任务就是实现办公无纸化，即网上办公。在网上办公的情况下，除了少许必须有书面或者实物证明的操作外，网上远程办公可以实现大多数手续的办理，从而大大提高社会运作的效率。政府可以通过建立文件资料电子化中心，把各种证明和文件电子化，以便使缴税、项目审批等工作都能在网上完成。

对于政府内部工作来说，电子办公使得各部门之间可以通过网络相互联系，加快公事的周转和批复，大大缩短单位申报的等待时间。其次电子办公也能畅通政府内部上情下达和下情上达的渠道，上级可以在网上作出指示，指导各部门的工作，同时收集反馈意见，提高工作效率。对外来说，政府也可以在网上设立电子公告牌来发布面向公众的电子公告，实现上情下达。

三、电子政务的模式

（一）G2G：政府间电子商务

G2G是政府对政府的电子政务应用模式，是指政府内部、政府上下级之间、不同地区和不同职能部门之间实现的电子政务活动。G2G模式具体的实现方式可分为：政府内部网络办公系统、电子法规政策系统、电子公文系统、电子司法档案系统、电子财政管理系统、电子培训系统、垂直网络化管理系统、横向网络协调管理系统、网络业绩评价系统、城市网络管理系统等十个方面，传统的政府与政府间的大部分政务活动都可以通过网络技术的应用高速度、高效率、低成本地实现。G2G主要包括以下内容。

①电子法规政策系统。对所有政府部门和工作人员提供相关的现行有效的各项法律、法规、规章、行政命令和政策规范，使所有政府机关和工作人员真正做到有法可依，有法必依。

②电子公文系统。在保证信息安全的前提下在政府上下级、部门之间传送有关的政府公文，如报告、请示、批复、公告、通知、通报等，使政务信息十分快捷地在政府间和政府内流转，提高政府公文处理速度。

③电子司法档案系统。在政府司法机关之间共享司法信息，如公安机关的刑事犯罪记录，审判机关的审判案例，检察机关检察案例等，通过共享信息改善司法工作效率和提高司法人员综合能力。

④电子财政管理系统。向各级国家权力机关、审计部门和相关机构提供分级、分部门历年的政府财政预算及其执行情况，包括从明细到汇总的

财政收入、开支、拨付款数据以及相关的文字说明和图表,便于有关领导和部门及时掌握和监控财政状况。

⑤电子办公系统。通过电子网络完成机关工作人员的许多事务性的工作,节约时间和费用,提高工作效率,如工作人员通过网络申请出差、请假、文件复制、使用办公设施和设备、下载政府机关经常使用的各种表格,报销出差费用等。

⑥电子培训系统。对政府工作人员提供各种综合性和专业性的网络教育课程,特别是适应信息时代对政府的要求,加强对员工与信息技术有关的专业培训,员工可以通过网络随时随地注册参加培训课程、接受培训,参加考试等。

⑦业绩评价系统。按照设定的任务目标、工作标准和完成情况对政府各部门业绩进行科学的测量和评估。

(二) G2B:政府—商业机构间电子商务

G2B即政府通过电子网络系统进行电子采购与招标,精简管理业务流程,快捷迅速地为企业提供各种信息服务。在G2B模式中,政府主要通过电子化网络系统为企业提供公共服务。G2B模式旨在打破各政府部门的界限,实现业务相关部门在资源共享的基础上迅速快捷地为企业提供各种信息服务,精简管理业务流程,简化审批手续,提高办事效率,减轻企业负担,为企业的生存和发展提供良好的环境,促进企业发展。

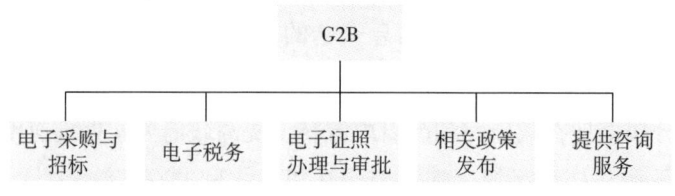

图 10-1　1G2B 业务构成

对政府来说,G2B电子政务的内容主要包括以下几种。

1. 政府电子化采购

在世界各国,政府采购的总额通常占到本国GDP(国内生产总值)的

10%～15%，我国近年的年政府采购额达到了上万亿元人民币。因此，政府采购项目是本国市场的基本组成部分。对政府而言，政府采购是G2B的电子政务，因为政府机构的采购不具有商业目的；对企业而言，政府采购是G2B的电子商务，是企业电子商务的重要内容。

政府采购是一项牵涉面十分广泛的系统工程，利用电子化采购和电子招投标系统，对提高政府采购的效率和透明度，树立政府公开、公正、公平的形象，促进国民经济的发展起着十分重要的作用。政府电子化采购主要是通过网络面向全球范围发布政府采购商品和服务的各种信息，为国内外企业提供平等的机会，特别是广大中小企业可以借此参与政府的采购，可赢得更多的发展机会。电子化招投标系统在一些政府大型工程的建设方面已有了很多的应用，它对减少徇私舞弊和暗箱操作有重要意义，同时还可减少政府和企业的招投标成本，缩短招投标的时间。

政府电子化采购对杜绝传统政府采购中的腐败行为同样具有重要的意义，电子化采购使原来由政府代表与厂商代表的直接接触转化为政府代表与网络的互动过程，人人界面转变成了人机界面，并且所有过程都有电子记录在案，大大增强了采购工作的透明度，提高了行政效率，显著降低了腐败行为发生的机会。

2. 电子税务系统

税收是国家财政收入的主要来源，降低征税成本、杜绝税源流失、方便企业纳税一直是税务部门工作的重要目标。电子税务系统可使企业直接通过网络足不出户地完成税务登记、税务申报、税款划拨等业务，并可查询税收公报、税收政策法规等事宜。我国已经实施的"金税工程"对打击偷逃税行为起到了重要的作用，并逐步建立起了全国范围内的增值税发票稽查系统和电子纳税系统，既方便了企业，又提高了国家税收征管的效率和水平。

电子税务，使企业通过政府税务网络系统，在家里或企业办公室就能完成税务登记、税务申报、税款划拨、查询税收公报、了解税收政策等业务，既方便了企业，也减少了政府的开支。

3. 电子工商行政管理系统

工商行政管理部门的主要职能是对市场和企业行为的管理。传统的管理方式，由于工作量大、程序复杂、效率低下，常常导致企业的不满。如果把作为工商行政管理工作主要内容的证照管理通过网络来实现，就可大大缩短证照办理时间，还可减轻企业人力和经济的负担。电子证照系统可使企业营业执照的申请、受理、审核、发放、年检、登记项目变更、核销以及其他相关证件如统计证、土地和房产证、建筑许可证、环境评估报告等的申请和变更均可通过网络实现，电子工商行政管理的实施将使传统的工商行政管理工作产生质的飞跃。

4. 电子外经贸管理

进出口业务在一国的国民经济发展中占有重要的比重，对我国政府来说，一方面要通过各项符合WTO要求的政策鼓励国内企业开展进出口业务，特别是加快出口业务的发展和产品国际竞争力的提高；另一方面，我国的外经贸管理必须有一个新的突破，既要符合国际惯例，又要为广大国内外企业创造一个公平、高效、宽松的进出口环境。电子化外经贸管理已成为一种新的趋势，如进出口配额的许可证的网上发放、海关报关手续的网上办理以及网上结汇等已在我国外经贸管理中开始应用。

5. 中小企业电子化服务

中小企业在促进就业、活跃市场、增强出口等许多方面发挥着极为重要的作用。据有关部门的统计，我国中小企业占到企业总数的99%，数量超过1000万家。帮助和促进中小企业的发展是各级政府义不容辞的责任，利用电子化手段是政府为中小企业开展服务的重要形式。政府可利用宏观管理优势，借助网络为提高中小企业国际竞争力和知名度提供各种帮助，如组建专门为中小企业进出口服务的专业网站，为中小企业设立网上求助中心，为中小企业提供软硬件服务等。

6. 综合信息服务系统

"改变政府职能，增强服务意识，提高政府服务水平"是今后政府改革的重要方向。政府各部门应高度重视利用网络手段为企业提供各种快捷、高效、低成本的信息服务。比如,商标注册管理机构可以提供已注册商标的数据库,供企业查询;科技成果主管部门可以把有待转让的科技成果在网上公开发布;质量监督检查部门可以把假冒伪劣的产品和企业名录在网上公布,以保护有关厂家的利益;政策、法规管理部门可向企业开放法律、法规、规章、政策数据库以及政府经济白皮书等各种重要信息。

G2B电子政务活动远不止这些,实际上只要与企业发生直接或间接联系的政府管理部门都可以在一定程度上通过电子政务方式代替传统形式的政务活动,以提高效率,降低成本,为企业提供更大的方便。

(三) G2C:政府—公民间电子商务

在信息技术的推动下,G2C模式是政府向公众提供公共服务的理想模式,借助信息技术和互联网平台向公众提供信息服务,该模式在政府信息、用户需求和信息技术间构建良性的协同关系。

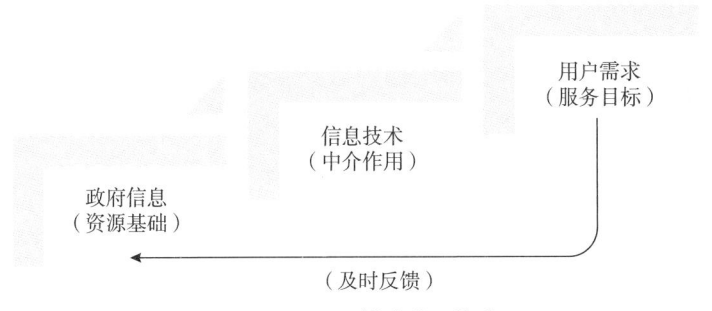

图 10-2　G2C 模式关系构成

1. 信息服务

第一,政府有义务将近期发生的重大新闻事件及时在互联网上向社会公布。第二,政府应该在网上向所有公众公开政府部门的名称、职能、机构组成、办事章程及相关文件。第三,人大需要在互联网上公布立法事项,广泛听取公民的意见,并使各种法律迅速地传递到公民中去。第四,政府还可以将各种可以公开的资料、档案、数据库送到网上,供公民查询等。

2. 教育培训服务

政府建立全国性的教育平台，并将所有的学校和图书馆接入互联网和政府教育平台；政府出资购买教育资源然后对学校和学生提供；重点加强对信息技术能力的教育和培训，以适应信息时代的挑战。政府通过电子网络提供的教育培训服务功能主要有：教育培训信息发布，远程教学，在线报名，在线课堂，在线答疑，在线考核等。

3. 就业服务

政府通过电话、互联网或其他媒体向公民提供工作机会和就业培训机会，以促进就业。如开设网上人才市场或网上劳动市场，提供与就业有关的工作职位缺口数据库和求职数据库信息；在就业管理和劳动部门所在地或其他公共场所建立网站入口，为没有计算机的公民提供接入互联网寻找工作职位的机会；为求职者提供就业培训，就业形势分析，指导就业方向等。

4. 电子医疗服务

通过政府网站向公众提供全面的医疗服务，包括发布医疗保险政策信息、医院信息、医药信息、执业医生信息。公众可通过网络查询自己的医疗保险个人账户余额和当地公共医疗账户的情况；查询当地医院的级别和执业医生的资格情况，选择适合的医院和医生。

5. 社会保险网络服务

建立覆盖本地区甚至全国的社会保险网络，使公众通过网络能够及时全面地了解自己的养老、失业、工商等社会保险的明细情况。政府可以通过网络公布最低收入家庭的补助方法，提高资金使用的透明度，还可以通过网络直接输入有关的社会保险理赔手续。

（四）G2E：政府—雇员间电子商务

G2E 电子政务主要内容包括政府工作人员利用信息技术办公，与同事通过网络开展协作，利用机构的内部网络接受在职培训，以及政府部门利用电子手段评估工作人员的表现等。G2E 模式主要包括建设办公自动化系统、政务管理信息系统和决策支持系统。其具体应用主要有以下方面。

①公务员日常管理。利用电子化手段实现政府公务员的日常管理对降低管理成本、提高管理效率具有重要意义，既为公务员带来很多便利，又能节省领导的时间精力，有效降低了行政成本。公务员日常管理包括利用网络进行日常考勤、出差审批、差旅费异地报销等，由此形成了 G2E 电子政务的电子公文系统、电子财务管理系统和办公自动化系统。

②电子人事管理。电子人事管理是政务管理系统建设的重要内容，它是指应用网络技术实现电子化人事管理，包括电子化招聘、电子化培训、电子化学习、电子化沟通和电子化绩效考评等内容。电子化人事管理的发展将使传统的、以纸面档案管理为中心的人事管理方式产生一场新的革命，对提高政府人事管理的水平和效率、降低管理成本起到极为重要的作用。

总之，电子政务的发展不仅推动、丰富了电子商务的运用，而且有利于社会公众及社会各项事业的发展。

复习题

1. 定义电子政务。
2. 电子政务的基本条件。
3. 电子政务的内容。
4. 电子政务的主要模式及其内容。

第二节　在线教育

一、在线教育的定义

在线教育即 E-Learning，知行堂的学习教练肖刚将 E-Learning 定义为：通过应用信息科技和互联网技术进行内容传播和快速学习的方法。

E-Learning 的 "E" 代表电子化的学习、有效率的学习、探索的学习、经验的学习、拓展的学习、延伸的学习、易使用的学习、增强的学习。美国是 e-Learning 的发源地，有 60% 的企业通过网络的形式进行员工培训。1998 年以后，e-Learning 在世界范围内兴起，从北美、欧洲迅速扩展到亚洲地区。越来越多的国内企业对 e-Learning 表示了浓厚兴趣，并开始实施 e-Learning 解决方案。

在线教育顾名思义，是以网络为介质的教学方式，通过网络，学员与教师即使相隔万里也可以开展教学活动。此外，借助网络课件，学员还可以随时随地进行学习，真正打破了时间和空间的限制，对于工作繁忙、学习时间不固定的职场人而言，网络远程教育是最方便不过的学习方式。

二、中国教育培训发展历程

我国教育培训发展共经历 4 个发展阶段：萌芽期、发展期、开放期、转型发展期。

1. 萌芽期（1978-1992 年）

1978 年十一届三中全会的召开，将国家工作重点转移到社会主义现代化建设上来，各个行业对人才的需求空前高涨。但这一时期，改革开放刚刚起步，仍以计划经济为主，教育培训活动受政府严格管制，社会培训机构数量稀少。80 年代后，随高考人数不断增加，社会兴起一股学历教育培训浪潮，同时随留学政策开放，外语培训班逐渐兴起。

2. 发展期（1992-1998 年）

党的十四大以后，中国进入社会主义市场经济建设热潮中，政府逐渐退出教育市场干预，教育培训市场进入初步发展阶段。这一时期成人高等学历教育大受欢迎，职业技能培训也开始起步。1997 年，国务院发布了《社会力量办学条例》，鼓励社会力量参与办学，民间教育培训机构快速发展。

3. 开放期（1998-2004年）

随中国加入 WTO，中国市场经济进一步发展。教育培训市场引入市场竞争淘汰机制，以市场化需求为导向，满足社会经济发展需求。各类短训班、技能班纷纷登场。同时海外机构不断抢滩中国教育市场，大批以培训为主要任务的公司和国际教育培训服务业巨头陆续进驻中国。

4. 转型发展期（2004年至今）

中国教育培训市场形成了一批知名企业，并在市场细分上逐渐形成语言、IT、企业、少儿、公务员、研究生等相应的培训服务市场，国内培训企业从单一的技能教学向综合化培训教育集团企业发展，与国外培训机构形成竞争。

三、在线教育的特点

1. 资源利用

各种教育资源通过网络跨越空间距离的限制，使学校的教育成为可以超出校园向更广泛的地区辐射的开放式教育。学校可以充分发挥自己的学科优势和教育资源优势，把最优秀的教师、最好的教学成果通过网络传播到四面八方。

2. 学习行为

网络技术应用于远程教育，其显著特征是：任何人、任何时间、任何地点、从任何章节开始、学习任何课程。网络教育便捷、灵活的"五个任何"，在学习模式上最直接体现了主动学习的特点，充分满足了现代教育和终身教育的需求。

3. 学习形式

教师与学生、学生与学生之间，通过网络进行全方位的交流，拉近了教师与学生的心理距离，增加了教师与学生的交流机会和范围。并且通过计算机对学生提问类型、人数、次数等进行的统计分析使教师了解学生在学习中遇到的疑点、难点和主要问题，更加有针对性地指导学生。

4. 教学形式

在线教育中，运用计算机网络所特有的信息数据库管理技术和双向交互功能，一方面，系统对每个网络学员的个性资料、学习过程和阶段情况等可以实现完整的跟踪记录；另一方面，教学和学习服务系统可根据系统记录的个人资料，针对不同学员提出个性化学习建议。网络教育为个性化教学提供了现实有效的实现途径。

5. 教学管理

计算机网络的教学管理平台具有自动管理和远程互动处理功能，被应用于网络教育的教学管理中。远程学生的咨询、报名、缴费、选课、查询、学籍管理、作业与考试管理等，都可以通过网络远程交互的方式完成。

四、盈利模式——以沪江网为例

沪江网诞生于 2001 年，自 2006 年开始公司化运营，是全国最大的互联网学习平台，提供包括国内领先的外语互联网门户媒体、B2C 电子商务、网络 SNS 学习社区、外语互联网学习工具等内容在内的全套外语数字教育网络服务。在此基础上，沪江网为全国学习者、教育者提供在线语言学习交流以及相关资讯和服务。目前已经拥有英语、日语、法语、韩语、西语等品牌分站，旗下拥有英日法多语种在线词典沪江小 D、学习者专属 SNS 社区沪江部落和国内首创的在线系统学习中心沪江网校等业界知名的数字教育平台。

目前，沪江网校已发展成为拥有两亿用户、千万会员、市值 10 亿以上的知名大型互联网企业。沪江网千万量级的注册用户在英语方面是业界第二名规模的三倍以上，日语方面甚至超越所有竞争对手注册用户的总和。沪江网把握住了中国互联网产业进入高速成长期的商业背景，并且采取了"将网络作为分销渠道来吸引习惯于网络和计算机学习的用户群体"这一有别于大多数传统教育培训结构的发展之路。在拓展企业业务的过程中，他们充分认识到，网络教育盈利的基础是积累高访问量和注册数。因此，2001年上海互加文化传播有限公司（沪江网的创办方）创立其专属的英语学习网站——沪江语林网。依靠其在英语教育方面的资源优势，向用户提供免费的网络学习资源，达到积累高访问量和注册数的目的。经过两年的发展，2005 年沪江语林网注册人数超过百万，成为同类网站中的佼佼者。

同时，基于已经形成的高访问量和资源优势，沪江文化与主要门户网站建立合作模式。2003 年沪江网校正式上线，并与搜狐、新浪等主要门户网站达成英语教学专栏的合作协议。根据协议，沪江网为主要门户网站的英语学习栏目提供教育资源，并且根据点击量收取相应的费用。通过战略合作，沪江借助门户网站的巨大访问量，推广和扩大沪江网的影响力，迅速发展。

（一）沪江网产品体系

1. 学习社区

沪江社区。沪江旗下互动学习社区，主打口号"爱学习，同兴趣，在一起"，旨在汇聚拥有共同学习目标和兴趣爱好的学习者。

2. 学习资讯

沪江网。沪江旗下学习资讯门户，是多元化学习站点，为全球亿万学习者提供专业的互联网学习资讯。

3. 学习工具

沪江 App。沪江 App 是用户的移动学习伙伴，通过双语学习卡片、丰富的学习资讯，帮助用户在阅读语境中提高语言能力。

CCTalk。CCTalk 是沪江旗下的直播教学工具，通过多屏终端，为师生提供实时互动的教学体验。

沪江开心词场。沪江开心词场是沪江旗下背词练习工具，通过学习、测试、复习的游戏闯关模式，更有背词乐趣。

沪江小 D 词典。沪江小 D 词典是沪江推出的在线查词工具，覆盖英、日、法、韩等多国语种，为用户提供随时随地查单词、学外语的学习方案。

沪江听力酷。沪江听力酷是沪江推出的听力训练工具，将丰富的各语种听力素材分门别类，每日更新，适合想要提升外语听说能力的学习者。

4. 学习平台

沪江网校。沪江网校是沪江旗下的海量优质课程平台，以课件系统为核心，致力于为亿万用户提供丰富、系统的学习课程和专业的教学服务。

CC课堂。CC课堂是沪江旗下开放的互动教学平台，通过多屏直播教学工具CCTalk，为老师和机构提供便捷教学方式，为学员带来轻松有趣的实时互动。

（二）沪江网盈利模式

1. 建立网络交易平台，收取B2C交易费用

沪江网校借助网络平台，建立针对交易双方收取一定交易费用的B2C交易费用模式。在这种模式中，沪江网校并不销售相关产品，只是提供一个交易平台和相关服务，并根据流量或者将交易的价格收取一定数额的服务费。其提供服务的方式，包括在线浏览和提供下载服务两种。

2. 推出沪江部落Web2.0版社区，催生移动增值业务

2005年沪江网在B2C模式的基础上，率先推出共建型学习社区——沪江部落Web2.0版社区，相较于传统的1.0社区更具"互动性"和"参与性"。随着互联网的移动接入条件越来越成熟，沪江部落Web2.0版社区为移动增值模式提供了更加易用、有效的内容服务模式，从而催生移动增值业务。基于这个社区平台，沪江网开发了多媒体彩信和手机上网的教育性质的WAP网站，吸引有意愿学习英语等语种的手机用户进入社区进行互动，进而与移动运营商就流量收取的费用进行利润分成。

3. 提供课程目录链接，形成链接盈利业务

基于B2C平台和互动学习社区，沪江网逐渐发展成为英语教育的门户

网站。2005年，SNS社区沪江部落正式上线，这是一个开放式网络平台。在这一平台上，沪江网效仿"大众点评网"的点评模式，将主要英语课程以列表分类的方式，展现在社区的主题栏目中。运用"提升身份等级"等方法，鼓励接受过相应课程的注册用户，针对该课程的授课水平、教学方法、师资力量、课堂环境和诚信度等内容发表评论。

4. 开设沪江小Q问答系统，建立咨询类盈利业务

沪江小Q是沪江网的网络咨询服务系统，可以针对用户在相关培训和学习中的问题进行在线答疑或者提供24小时内解决问题的咨询服务，并针对问题的数目进行包月收费。

5. 采取有效措施，打造持续性"网校盈利模式"

2010年，沪江网的注册用户突破600万，基于已经形成的网络优势，沪江网推出多媒体在线教育平台——沪江网校。沪江网校采取有效措施，通过推出"沪江学币"和开发VIP课程，塑造持续性盈利的"网校盈利模式"

沪江网的盈利主要是通过销售"沪江学币"来实现的，沪江学币是一种有价虚拟货币，主要用来兑换沪江网校的网络课程，同时还用来兑换电子书籍、在线测试等诸多增值服务。同时，除了沪江学币之外，学院也可以使用网银、支付宝在线充值学币，或者使用银行或邮局汇款充值。交完学费后，学员就能够得到进入网校相应班级的权限，还能逐步得到网校课件、绿宝书和全沪江VIP资料，体现了网络交易的便捷性。

沪江网校开发出24小时在线客服系统，针对高端学员开设体现"交互化"和"个性化"的VIP课程。一方面，基于在线客服系统，沪江教师与学生、学生与学生之间通过网络的全方位交流，拉近了教师与学生的心理距离，增加了教师与学生的交流机会和范围。并通过计算机对学生提问类型、人数、次数等进行的统计分析使教师了解学生在学习中遇到的疑点、难点和主要问题，更加有针对性地指导学生。另一方面，在线客服系统为VIP学生提供给24小时在线答疑服务，学员有问题可以随时通过在线方式

解决。

目前，我国的在线教育平台还是比较薄弱，营销推广的技术和策略也非常传统，即使有少数教育机构已经开始了在线教育平台的尝试，却有着先天的局限性，未能充分认识和应用网络这一新兴工具，仍需要改进。在可预见的未来，我国的在线教育行业还有很大的发展前途，在线教育的营销方法与模式的探索还有很长的路要走。

复习题

1. 在线教育的定义。
2. 在线教育的特点。
3. 在线教育的盈利模式。

第十一章

短视频与直播

学习目标：理解短视频与直播的定义；描述近些年中国短视频与直播的发展；了解未来短视频、直播发展的趋势；理解电商直播的定义；了解电商直播管理过程；了解短视频与电商直播存在的问题以及改善对策。

案例　　　　　双一流大学公开课短视频

《2023抖音公开课学习数据报告》(以下简称"报告")显示，过去一年，国内高校在抖音累计直播1万场，总时长超过7350万分钟，相当于1.68万节课。抖音双一流大学公开课覆盖率增长至93.2%，一级学科覆盖率100%。共有400位教授、45位院士、4位诺奖得主在抖音传递知识。

在抖音，全国网友成百所高校"旁听生"。北京大学、清华大学、中国科学院大学，位列抖音网友最喜欢的授课高校前三名。北京大学的《中国古代政治与文化》、对外经济贸易大学的《金融货币学》、清华大学的《大学基础物理》，入选抖音网友最喜欢的大学公开课前三名。

公开课是抖音上重要的内容板块，通过短视频、直播等多种形式，呈现各大高校的课程、各领域专业名师的心得，以及大量知识作者的见解。从安徽历史到一元二次方程到规范场论，再到中国经济的调整和前景；从历史上李渊儿子们的紧张关系，再到西方艺术史；从史前文明到文艺复兴的演变，都是抖音网友关心的大学公开课议题。

第一节 短视频

一、短视频发展现状

根据QuestMobile在2021年9月发布的数据显示，随着短视频花样玩法、精制短视频层出不穷，各大垂直类企业入驻短视频平台，短视频成为用户日常获取社会信息的重要渠道，行业活跃渗透率稳步提升。短视频又被称为小视频或微视频，视频长度以秒计数，主要依托于移动智能终端实现快速拍摄与美化编辑，可在社交媒体平台上实时分享和无缝对接。根据短视频的来源分类来对其定义，短视频是时长控制在1分钟以内，以竖屏为主要展示形式且生产模式多是UGC的视频，其代表平台为抖音与快手，盈利模式为广告与直播电商。本章对短视频所采用的定义主要取决于视频的拍摄工具、应用目的与拍摄时长，具体定义指各种新媒体平台上播放的、适合在移动状态或短时休闲状态下观看、高频推送的视频内容，视频时长从几秒到几分钟不等，其内容与类别较为广泛。

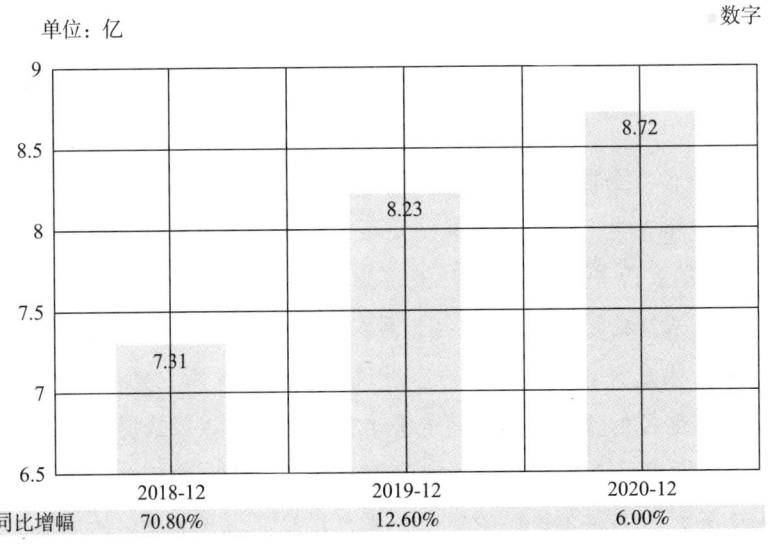

图11-1 2018-2020年短视频行业月活跃用户规模

数据来源：QuestMobile。

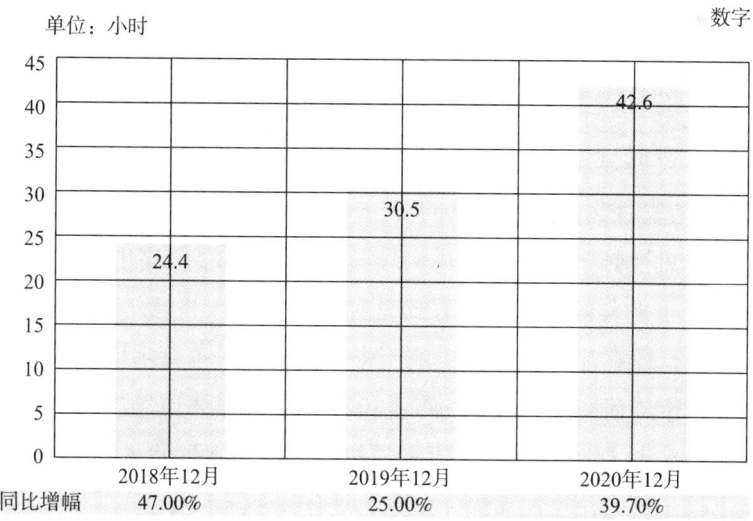

图 11-2　2018—2020 年短视频月人均使用时长

数据来源：QuestMobile。

短视频主要有如下特点：第一，视频长度短，一般控制在 300 秒以内。可以说，短视频的出现预示着视频进入"读秒时代"。第二，制作门槛低，无需传统的专业拍摄设备，依托智能终端就能实现即拍即传。第三，社交属性强，短视频的传播渠道主要为社交媒体平台。短视频的出现既是对社交媒体现有主要内容（文字、图片）的一种有益补充，同时，优质的短视频内容亦可借助社交媒体的渠道优势实现病毒式传播。

二、短视频平台商业模式

2016 年，"papi 酱这个集美貌与才华于一身的女子"，将 3 分钟短视频的价值，推到了互联网内容创业的顶点，2016 年也被许多学者称为"短视频元年"。自此，资本入场使得短视频行业蓬勃发展，短视频应用也如雨后春笋般出现，在经过几年凶猛竞争后，逐步形成较为稳定的竞争格局。同时，短视频平台商业化也从依赖流量为主向多元化发展，加速商业化进程。根据 QuestMobile2021 年的数据显示，短视频领域内，字节系、快手系头部应用增长势头强劲，其他阵营用户流失明显，短视频行业马太效应加剧。

（一）多元收入，发展电商模式

CNNIC 数据显示，2021 年 3 月，短视频应用的人均单日使用时长为 125 分钟，较长视频高出 27 分钟，且差距呈增长趋势；53.5% 的短视频用户每天都会看短视频节目，这一比例较长视频（36.3%）高出 17.2 个百分点。大多数短视频平台的传统收入方式是利用自有的广告营销系统，链接广告主与平台进行信息流广告、固定位广告、搜索广告等营销形式的广告投放。而根据央视市场研究（CTR）发布《2021 年中国媒体市场趋势报告》显示，2020 年以来，短视频平台进入流量深耕阶段，在保证收入增长的同时，致力于优化收入结构，收入来源分布更加复合和多元。

短视频与直播、电商相互加成，快手、抖音等平台成为重要的电商阵地。快手、抖音两大平台根据自身特色，分别朝着信任电商、兴趣电商两种不同路径发展。

快手的信任电商生态以用户、电商内容创作者为核心，依靠创作者持续的内容产出与用户建立强信任关系，从而积累私域流量，提升电商转化率。2021 年第一季度，快手电商的商品交易总额达到 1186 亿元，同比增长 219.8%。从快手近两年的各类型业务收入在总收入的占比变化趋势来看，电商收入在总收入中的占比连续提升，目前已经超过 10%。

而抖音的兴趣电商生态则通过生动、真实、多元的内容，配合算法推荐技术，让用户在"逛"的同时，发现优价好物，激发消费兴趣，创造消费动机，从而实现"兴趣推荐 + 海量转化"。2021 年 1 月，抖音电商的商品交易总额同比增长了 50 倍。

此外，短视频平台也在逐步进军支付领域，2020 年，字节跳动、快手陆续通过收购方式获得支付牌照。一是电商良好的发展势头对支付与产品、运营的协作提出了更高要求。对于快手等平台而言，电商业务是其核心业务之一，而支付是电商业务的重要环节。短视频平台使用第三方支付业务不仅增加合规成本，而且影响用户体验，拓展自身支付业务是实现未来发展的保障。二是支付业务有利于平台后续的精细化运营和业务拓展。基于支付业务，平台可以积累大量用户数据，据此更好地描摹用户和商家画像，有针对性地进行产品推送和营销。此外，依托支付业务，短视频平台有望将单一的支付交易用户转化为其他金融产品的用户，在提升营收的同时增强用户黏性。

（二）打通线下，营造交易闭环

短视频平台并不止于线上电商的发展模式，各大头部应用开始加深与商业结合，从实体商品拓展到本地服务场景，基于POI打造"线上内容种草+线下实体消费"的模式探索。以抖音为例，抖音设有本地吃喝玩乐服务，以打造"品质团购、限时优惠"为宗旨，带领全网用户在线上看短视频、直播抢购优惠券，线下实体到店享受优惠。

根据CTR报告显示，2020年开始，抖音、快手纷纷聚焦"人、货、场"三方需求。在"人"方面，平台利用电商营销工具解决商家营销痛点，2021年，抖音、快手相继推出电商商家一体化营销平台，一站式解决商家营销痛点。在"货"方面，2020年底，官方品牌商品供应链"快手好物联盟"亮相，提供更规范高效的人货匹配；而抖音电商团队筹备整合落地上海，以接近电商零售资源丰富的地区。在"场"方面，抖音电商App即将上线；快手2021Q2财报显示，快手小店对电商交易总额的贡献率达到90.7%，增长显著。据统计，2020年抖音平台共有120万个企业号开直播，每日开播的企业号较2019年底增长400%，开播时长增长182%。短视频平台逐步打通线上与线下链条，营造交易闭环。

（三）内容运营，创新变现模式

在内容方面，短视频内容精品化趋势显现，教育、科技科普、健康等专业化垂直内容释放增长潜能，同时，精品内容也为经营模式带来了多种可能性。大多数短视频长度低于60秒，表达的内容意义非常聚焦，且便于完播率统计，基于用户的秒级反馈，不断迭代更新推荐内容，并将用户对内容的反馈快速推送到内容创作环节。通过对内容的反馈与把控，进行内容营销，创新变现模式。

短视频头部企业如抖音快手等平台大力发展扶持精品化的自媒体内容，自制剧、晚会、综艺层出不穷，探索内容变现模式。以快手为例，其利用精品短剧，让品牌主买单。2021年4月，快手短剧日活2.1亿，其中平均每日观看短剧10集以上的重度用户占比9.7%，超过2000万。主要经营模式为品牌定制和广告植入等。

此外也有短视频平台深耕音乐领域，打造"短视频+音乐"视听结合的呈现方式，在用户互动及二次创作等助推下，打造音乐全新宣发效果。根据QuestMobile的数据，短视频与在线音乐重合用户规模逐年攀升，2021年9月已达5.83亿，"音乐"连接平台协同发展。短视频平台布局音乐产业链分为音乐生产端、音乐宣发端与音乐消费端，在生产端，短视频平台发起推广原创音乐活动，并孵化音乐新人，同时还有歌星入驻；在音乐宣发端，短视频平台通过算法推广该类音乐，平台内KOL进行二次创作，同时与音乐平台加深合作；在音乐消费端，短视频平台与用户双向互动，甚至达到影响流行音乐方向的效果。

三、短视频发展问题

（一）侵权问题

《2020中国网络短视频版权监测报告》显示，2019年至2020年10月，短视频平台累计监测疑似侵权链接1602.69万条，独家原创作者被侵权率高达92.9%。热门电视剧、综艺节目、院线电影为被侵权的"重灾区"。

2021年4月9日，中国电视艺术交流协会、中国电视剧制作产业协会等15家协会联合爱奇艺、腾讯视频、优酷、芒果TV、咪咕视频等5家视频平台和正午阳光、华策影视、柠萌影视、慈文传媒等53家影视公司联合发布了《关于保护影视版权的联合声明》，呼吁短视频平台和公众账号生产运营者切实提升版权保护意识，并称将对目前网络上出现的公众账号生产运营者未经授权而进行剪辑、切条、搬运、传播影视作品内容等行为，发起集中、必要的法律维权行动。同月23日，"爱优腾"（即爱奇艺、优酷和腾讯视频）三大视频平台又携包括李冰冰、赵丽颖、杨幂、黄轩、张若昀、杨颖、迪丽热巴等 500 多名个人签名的倡议书，呼吁对短视频平台推进版权内容合规管理。相比上一次声明，这次倡议提出了明确诉求：清理、治理"未经授权的切条、搬运、速看和合辑等影视作品内容"等，提升版权意识。

中宣部版权局就该问题迅速展开行动，称坚决整治未经授权复制、传播他人影视音乐作品的侵权行为。贯彻落实"十四五"规划纲要，加快建设知识产权强国。

短视频的制作成本较低，但商业价值和诉讼成本却很高，而且短视频的相关参与人员以生活中的普通网民为主，文化水平良莠不齐甚至整体偏低，对版权了解不够，这无疑增加了版权侵权的风险。并且，当短视频的创作者想要去维权时，又面临着维权成本过高的问题。目前的短视频行业侵权行为十分分散，侵权人数量众多，且大部分是散户，对于权力个体的责任追诉非常困难，需要创作者们付出相当大的精力和时间，甚至需要一定的经济成本。另一方面，大数据发展降低了侵权难度。快节奏的生活方式将人们的娱乐时间碎片化，随之而来的是受众对碎片化信息的需求，短平快的短视频平台极大地满足了用户需求，商家广告的植入使短视频平台的粉丝极大地实体经济化，加强了竞争，加剧了不法分子的侵权态势。大数据时代的今天，人们可以从大量不同的平台吸纳海量信息，各种视频音频剪辑工具不断问世，操作门槛越来越低，社会进入了"全民创作"的狂欢时代。人们随手可以撷取到数以百计的短视频加以利用，创作成本不断降低使版权的保护更加复杂。

（二）低俗倾向

短视频在快速发展过程中，一些低俗乱象不容忽视，为追求流量、吸引"眼球"，部分短视频散布谣言、传播迷信，大肆宣扬历史虚无主义和拜金主义，或者兜售"三无"产品、假冒伪劣商品，严重侵犯消费者合法权益，不仅扰乱网络生态，更向公众尤其是青少年传递错误价值观，社会对此反映强烈。

低俗倾向的表现一为卖惨短视频。2021年3月，抖音安全中心发布《"卖惨带货、演戏炒作"违规行为处罚公示》。据抖音介绍，"卖惨带货、演戏炒作"违规行为主要分三类：一类是以调解感情纠纷为名的卖惨带货。主播在直播间编造婆媳矛盾、出轨、破产、未成年人寻母等故事，演绎调解家庭矛盾、情感纠纷等夸张情节，并以此博取用户的同情心，诱导大家购买直播间内的商品。二是编造离奇剧情博关注来带货。例如"刚出生就会叫爸爸妈妈""89岁奶奶生了8斤重儿子"，在这些主播直播间内时常上演。三是利用用户的同情心来带货。例如，主播经常在直播间里演绎团队矛盾、债务纠纷等剧情，并以此为由头降价，甚至倾家荡产，来夸大商品的价格优势。一方面，短视频平台对视频内容并没有尽到审核责任。另一方面，相关法律不健全也是重要原因。对卖惨短视频，还缺乏有效惩治的能力和经验。

低俗倾向的表现二为炫富短视频。具体而言，炫富短视频分为几大类。有些主播打着"揭秘""体验"富人消费的旗号，去探店尝试高昂消费；有些主播炫耀自己拥有的豪宅、豪车、奢侈品，鼓吹奢靡生活；有些主播则与商家合作，宣传价格昂贵的消费品。这些视频不少是精心设计的流量圈套，砸重金的吃喝玩乐体验只是噱头，利用普通人的猎奇心理吸流量、接广告、带货才是真。所谓的主播炫富行为，不过是精心设计的一种人设和内容类型，让人炫目的奢侈消费只是表演的"道具"而已。这类短视频会给社会带来焦虑情绪，助长不良风气，滋长不劳而获的懒惰思想。未成年人频繁接触此类信息，很容易被拜金主义、攀比享乐、幻想暴富等错误价值观所影响，不利于身心健康成长。

（三）海外监管风险

近些年来，我国部分短视频应用迅速占领海外市场，但同时也面临政策监管风险。2016年开始，短视频平台开始尝试国际化，从东亚、东南亚等新兴市场入手，逐步扩展到北美、欧洲市场，进展迅速。2020年上半年，抖音海外版TikTok全球下载量达6.26亿，名列全球第一，在苹果和谷歌系统内产生收入为4.21亿美元。快手则针对不同海外市场推出了Kwai、

SnackVideo 等不同的短视频应用，在韩国、俄罗斯、越南等市场表现突出。然而，短视频应用在海外市场迅猛发展的同时，也面临着一定政策风险。未来，中国短视频企业的出海战略仍需根据国际形势和所在国法律法规作出相应调整。

2020年《网络媒体发展评估报告》选取20家网络媒体，建立30个指标，综合运用大数据分析、问卷调查、案例研究等分析方法，科学评估与研究网络媒体的发展状况，评选出2020年网络媒体综合发展情况TOP10。其中则有"最佳视频布局"评价维度。"最佳视频布局"维度旨在评估网络媒体运用短视频、直播等新模式方面的表现。整体来看，网络媒体充分发挥了新闻直播专业优势，通过生产联合自有平台、短视频平台、社交媒体等进行矩阵传播，有效推动了小屏化和大小屏融合发展。重视运用算法推荐、用户画像、场景传播等高技术手段，真实、及时、鲜明、生动地展现社会生活场景，并能够及时、迅速地提供优质视频内容，不断提升社会影响力与关注度。

复习题

1. 短视频的定义与特点。
2. 短视频的商业模式。
3. 短视频的发展问题与解决措施。

第二节 直播

随着互联网时代的发展，直播作为一种新兴事物形式迅速流行起来。各种不同的直播平台以及直播模式不断涌现、推陈出新，呈现出百花齐放、争奇斗艳的景象。直播平台强大的引流功能、网红经济的巨大变现能力和消费者购物方式碎片化等特征促使了网络直播营销的展开。

直播分为电商直播、游戏直播、秀场直播、体育直播、新闻直播等等类别，其中电商直播和游戏直播的发展在直播领域中突飞猛进。目前电商纷纷进驻网络直播，网络直播作为电商营销新形式，为电商发展注入新的活力。移动电竞的火热引燃了游戏直播市场的爆发，哔哩哔哩、快手、字节等公司在游戏直播上的投资不断增加，游戏直播行业已经发展成熟。

本节主要对电商直播与游戏直播的概念、影响因素、平台特征等方面的成果进行梳理，描述我国当下直播行业现状，提出电商与游戏直播平台未来发展方向的思考。

一、直播的起源与发展

"直播"一词源自于传统媒体，强调电台或者电视台的节目摄制和播出在时间上的统一性，因播出时间上的实时性和同步性，其被广泛应用于突发事件的报道和各类赛事的转播。而后伴随着技术的发展，直播逐渐成为一个单独的行业存在。虽然我国直播行业发展起步较晚，但是后劲十足，2016 年被看作是中国直播的发展元年，各方资本纷纷踏足直播领域，市场竞争愈发激烈。

我国把直播的模式引入营销最早可以追溯到 20 世纪 90 年代，当时以电视作为主要直播的媒介。这种模式由电视主持人介绍商品，观众在电视直播过程中通过电话订购商品，直到现在仍然有许多购物频道活跃在大众视线。

随着互联网的普及和各种网络技术的成熟，直播营销的平台从电视转移到了网络。直播电商营销的本质就是线下导购的线上化，是商家通过网络直播的形式推荐商品，激发顾客的购买欲望，最终实现交易的电商营销方式。在此模式下，网络直播主播就如同实体商店的导购员，其个人的影响力、直播表现力和销售能力对网络直播营销的效果起着至关重要的作用。

2018 年开始，中国电商直播行业成为风口。2019 年，主播李佳琦等 KOL 的强大流量和变现能力进一步催化电商直播迅速发展。2020 年受新冠肺炎疫情影响，线下实体经济受到了致命一击，但随之而来的是线上网络直播带货的井喷式爆发，这种电商模式的发展甚至让越来越多的中老年人纷纷看起了直播，可见带货直播作为电商发展的主要工具之一改变了很多人的消费习惯。

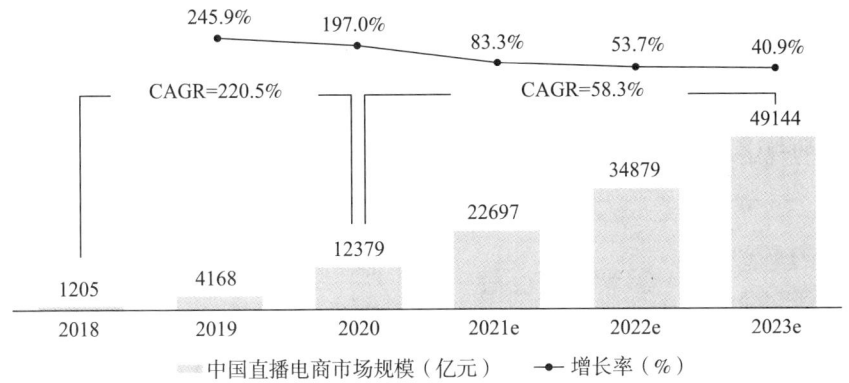

图 11-3　2018-2023 年中国直播电商市场规模及增速

图片来源：艾瑞咨询研究院。

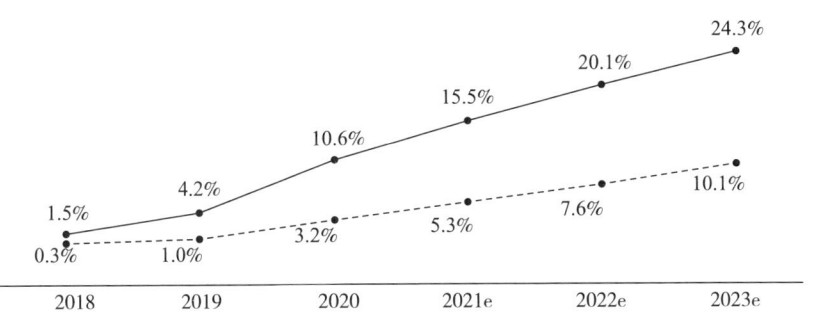

图 11-4　2018-2023 年中国直播电商市场渗透率

图片来源：艾瑞咨询研究院。

游戏直播是以视频直播为基础的一种新的直播模式，其内容主要依托于游戏内容或者以游戏衍生的版权内容。游戏直播最初由视频网站和语音应用程序开始打造，例如 2013 年的 YY 直播。而此时，世界上最大的直播平台是 Twitch，它已经脱离了它的母体 JustinTV，而亚马逊在 2016 年下半年斥资 8 亿美金购买了 Twitch，这充分说明了它在未来的发展前景。

随后，国内各大资本嗅到了商机，纷纷从自己平台旗下单独分离出游戏板块业务，成为最早一批的游戏直播平台。到了 2016 年左右，移动电竞的火热引燃了游戏直播市场的爆发。各种游戏直播平台应运而生，腾讯入股斗鱼和虎牙，虎牙也在纽交所敲钟上市。

到了 2021 年，虎牙和斗鱼的合并协议被终止，哔哩哔哩、快手、字节等公司在游戏直播上的投资不断增加，国家市场监督管理总局也出台了一系列的规定。至此，游戏直播行业已经发展成熟。

图 11-5　中国游戏直播发展历程及大事记

图片来源：艾瑞咨询研究院。

二、电商直播

目前来看，中国电商分为三种类型，一是电商平台，使用原有的平台，通过开放直播间并且邀请各大网红或者名人来驻场，利用粉丝效应快速销售商品，这是以"电商 + 直播"的方式。二是内容平台，是由主播通过接入第三方电商平台，帮助平台销售商品并从中赚取收益，呈现出一种"直播 + 电商"的运营模式。三是社交平台，利用社交平台自带的流量进行收割，是"社交 + 电商"的模式。

电商直播一般不会单打独斗，更多的是依靠团队的力量进行。电商直播的团队小到两三个人，大到几百号人的大公司。直播团队的组成包括以下岗位。

主播：直播带货。

运营：账号直播运营，店铺运营，数据运营，主播话术优化，玩法策划。

助播：负责协助主播带动直播间节奏，话术补充，逼单催单，活动讲解。

产品经理：负责产品资源对接、开发，质量把控，筛选提炼，爆品挖掘，根据直播间定位以及主播特性筛选出匹配度适合的产品。

中控：与主播实时互动配合直播节奏，配合主播执行直播过程中各类营销活动，以及逼单和催单，产品上下架、改价，库存管理控制以及订单等事项。

客服：售前客户问题解答咨询，售中维护，售后退换货问题处理。

摄影：文案脚本，拍摄、剪辑出成品，具有创作高流量作品以及引流思维。

后期编辑：产品图片修图，编辑。

仓库发货：负责包发货、退换货。

（一）电商直播的发展特征

近几年的宅经济为电商直播提供了发展的机会后，随之而来的"618""双十一"等购物狂欢节中，直播电商均表现不俗。与2020年相比，2021年我国直播电商总体市场规模翻番增长，除了特殊背景下各种叠加因素的助推影响之外，还呈现出以下发展特征。

1. 布局电商直播的平台多样化

我国布局电商直播业务的平台主要分为三大类。

第一类是传统电商平台开辟直播区域，如淘宝、京东等，通过丰富的货品和商家资源、成型的服务和消费者权益保护体系，以及平台治理规则优势，自行搭建直播功能和业务板块，为商家提供直播工具类的销售运营销售服务。

第二类是内容创作平台新增电商业务，如快手、抖音等，以平台上丰富的达人资源优势，转型拓展直播类电商业务。

第三类是社交平台新增电商业务，如新浪微博、微信公众号、微信小程序等，以社交流量优势，为商家拓展私域流量类的直播电商业务。

2. 流量头部化与私域化趋势并存

一方面，平台头部化现象突出。据中国消费者协会2021年发布的调查数据显示：使用淘宝直播的消费者占比68.5%，处于绝对领先优势；其次为抖音直播和快手直播，使用用户占比分别是57.8%和41.0%。

另一方面，流量私域化是2022年直播电商平台发展的新方向。微信小程序直播过程中，直播互动和商品销售相互作用，商家通过引导用户关注店铺、成为会员或加入商家社群等途径，将流量都沉淀在自有小程序以及公众号、社群之中，之后再进行精准触达和营销，从而完成其"蓄量—沉淀—转化—裂变"的营销闭环，实现私域流量的建构和变现。

3. 主播类型多样化，商家自播逐渐常态化

直播电商的蓬勃发展，离不开"人货场"的核心——"人"的带动。2022年各类直播平台的主播类型更为多元化，可分为四大类型。

第一类是达人主播，如董宇辉、李佳琦等粉丝量多、带货能力强的头部网红主播，同时还有各大平台和机构加速培育的中腰部网红主播。

第二类是名人主播，包括自带话题和流量的明星与名人。

第三类是虚拟主播，如洛天依、乐正绫、初音未来等受"Z世代"喜爱的虚拟偶像，吸引"二次元"用户，突破用户圈层限制。

第四类是商家自播，商家自建直播团队对选品进行介绍，素人导购成为主力成员。

4. 政府扶持与监管，双管齐下

直播电商市场规模的迅速扩大，成为拉动经济增长的新动力，这与中

央和地方的扶持政策是分不开的。商务部办公厅率先提出鼓励电商企业通过直播等带动农产品销售。随着直播电商在推动消费、促进就业、创造经济新增长点等方面的作用日益凸显，多地政府将发展直播电商经济作为当地推动经济发展的重要措施，积极部署战略规划并制定扶持政策，高度重视电商主播人才的培养与引进。

（二）电商直播的发展动力

我国电子商务与互联网一样，从诞生之日起就快速迭代创新，从最早从事 B2B 业务的中国化工网和从事 C2C 业务的"8848"等传统电商，发展到京东等现代电商，再发展到淘宝等内容电商，而直播电商则是内容电商发展的最新阶段。

直播行业生态圈逐步完善，行业迅速从单纯的流量红利挖掘过渡到对整个生态的红利挖掘，尤其是通过精细化运营与供应链渗透实现新的增量。

这些动力总结起来主要有四个方面，包括短视频平台的流量红利、多平台的资源投入、品牌商的逻辑转变以及消费者的需求依赖。

1. 短视频的流量红利

在传统电商市场渗透率接近"天花板"、流量红利日益消退的情况下，快手、抖音等短视频平台迅速崛起，不仅进行了存量流量的再分配以及新流量的吸引，而且以新的模式再次拉低了获客成本。如 2019 年快手平台的用户获取成本仅为 15 元 / 人，抖音为 20 元 / 人，而阿里巴巴与京东的用户获取成本为 420 元 / 人和 508 元 / 人，其中的差距显而易见。从用户观看直播卖货的参与度来看，绝大多数用户愿意观看主播带货视频，会关注感兴趣的 KOL 并购买其推荐的高性价比优质产品。短视频的流量红利催化并推动了直播电商的成长，直播电商的转化率处在较高水平。

2. 多平台的资源投入

直播电商的快速崛起离不开人力、物力、财力等各种资源的大规模投入。多个电商、短视频平台利用自身资源优势，积极布局直播电商板块，引导、培育用户的观看习惯与消费习惯。

快手、抖音等短视频平台快速成长后积累了巨大的用户体量，并逐步探索商业变现。抖音将资源更多投向"内容"，强调"内容"的优质性，流量分发的逻辑是算法和内容质量反馈。抖音流量的"计划经济"有利于卓越的带货网红快速获取粉丝和制作爆款，打造爆款视频或爆款产品品牌，迅速以广告营销和销售产品变现，但是不利于社交属性的发展。快手则将资源更多投向"关系"，强调私域流量，流量分发的逻辑是社交和兴趣，采用去中心化的"市场经济"，主打"关注页"推荐内容。

3. 品牌商的逻辑转变

品牌商快速转变营销逻辑，在营销变革中对直播电商的大力认可与支持，是直播电商发展的重要动力。从品牌方来看，直播电商是实现"品效合一"的新途径，有利于营销升级和利润增长。我国经济增速已进入"新常态"，虽然经济结构配置不断优化，但企业的业绩增长压力仍然不断攀升。在此背景下，品牌方愈发追求营销上的"品效合一"，既希望以内容建立品牌形象，又希望以链接保证效果转化。

直播电商完美地迎合了品牌方的营销诉求：一方面，网红尤其是头部网红非常注重内容创意，打造独有IP，以多种多样的方式展示品牌和产品，以卓越的口才塑造品牌形象、提升品牌价值感知；另一方面，直播方式以及网红的带动更能激发消费者的兴趣，用户转化率更高，消费者容易进行冲动性消费，同时由于对主播的喜爱，用户黏合度更高。

4. 消费者的需求依赖

随着直播、短视频平台的蓬勃发展，消费者越来越偏好具有社交、娱乐属性的营销形式。一方面，通过直观性更强的视频展示，消费者能够获取更全面、有用的商品信息，能够直观地观察商品的样式、性能、使用效果等，支撑其做出购买决策；另一方面，消费者在网红带货过程中，可以以弹幕、评论、留言的方式与网红交流，也能与其他消费者实时沟通，使直播间更像是一个围绕网红和产品的社群，每个参与者都能自由表达观点和诉求，并在引起重视时获得愉悦感。

除此之外，直播电商往往能为消费者节约购物成本。这个成本主要包括两个方面：一是在"商品爆炸"时代，专业化主播能依靠个人的知识与经验筛选优质产品和品牌，为消费者降低时间精力成本和试错成本；二是直播过程通常会有限时秒杀、最大折扣、消费抽奖等丰富的营销活动，为消费者降低货币成本。

（三）电商直播存在的问题

电子商务直播作为一种销售产品的新营销方法已经吸引了广泛的观众，其带来的好处对每个人都是显而易见的。但是电商直播同时也面临着挑战。用户审美疲劳，直播会出现一个调整期。头部主播议价能力较强，不少商家也是在亏本清货，因此商家也不会将其作为主要的带货手段。经过这一段时间的密集营销，部分用户已经开始审美疲劳，广电总局也开始对直播进行一定规范，未来行业会出现一定震荡。

1. 商品质量存在夸大倾向

当前在电商直播平台上暴露的诸多问题中，最重要的是产品质量问题。许多用户在观看直播并前往电商店铺下订单后，发现收到的产品与主播推荐的样品之间存在重大差异。例如衣服颜色不符、面料感觉不适、底妆效果不理想、口红质量不一致等。

2. 直播营销手段单一

在电商直播发展到一定程度时，如果主播推荐的产品中有符合观众审美要求并满足需求的产品，观众就会习惯通过电子商务平台购物。这样选择产品时盲目跟风的现象会减少，自我选择和理性消费的意识将逐渐增强。但是像淘宝这样的电商平台使用的方法，如向在现场观看了一段时间的观众发送红包和优惠券以吸引观众的注意，时间一长这种方法在转化购买力和增加交易额上的帮助会越来越弱。

3. 优秀电商主播匮乏

在电商直播中，电子商务主播占了大部分。电商直播的效果、最终转化率、平台用户的忠诚度以及用户通过直接观看直播来获取产品信息等，所有这些都与主播密不可分。主播的一言一行都可能会影响用户的购买量。电子商务主播通过各种直播平台与用户进行更深入的对话，获得用户的信任然后完成产品的销售，这是一项高度专业化的工作。

直播室的开放性导致用户不能总是在直播开始时就进入直播室观看直播。进入直播室后他们无法立即看到自己喜欢或是说自己需要的产品，而是要根据主播事先定好的顺序来购买产品。这样就使得用户在等待时，被迫接受其他产品的介绍。这样可能由于主播或是其他原因导致自己没有观看直播的兴致，甚至对他所在的整个直播间的商品都失去了兴趣，因此放弃在该直播间购买所需求的商品。

4. 直播内容缺乏创新

直播间运作主要过程可以用两步来概括。第一步是对产品和测试产品进行完整的三维展示以直观地向消费者展示一些基本信息，例如性能、特性、质量、产品的经济性。第二步是发放优惠券。主播提供相关产品的优惠链接，买方进入链接抢优惠券。所有的直播间基本都是分两步进行直播，但是在介绍产品和营造购物氛围上都存在差异。至于主播，尽管在线电子商务实时营销模型相对较新，但该方法相对简单并且不缺乏创新。

对于卖家而言，产品更新相对较慢，同一供应商可以在同一主播的直播室中出现多次，并且多次都是相同或相似的产品。这种频繁重复的直播内容也将使消费者对购物失去兴趣。

5. 商品维权渠道受限

电商直播这一新购物形式从出现到成熟发展迅速，因此不可避免地遇到了一些新的消费者权益保护问题。根据 2019 年中国消费者协会投诉统计，当年有 33436 个远程购物投诉，但只有 13% 左右的案件得到处理。主要原因是很多案件发生的情况可能很难进行维权，甚至都无法被受理。因此消费者最担心的就是在直播间购物后，如果产品出现问题能否进行维权。

（四）中国直播电商行业未来发展趋势

直播电商规模扩大和生态圈的逐步完善促进了服务商的发展以及业务的进一步细分，服务商以专业的能力为更多入场的商家提供账号运营、直播运营以及其他全流程的电商服务，为平台提供可观的交易量，为消费者提供优质的购物体验，服务商的重要性日趋显著。

1. 政策端：密集出台"强监管"规则，引导行业规范化发展

在直播电商强劲的风口之上，层出不穷的行业乱象不容忽视，国家和地方监管力度持续增强。

近两年国家和地方相关部门、行业协会组织等相继制定管理规定。浙江省网商协会率先发布了《直播电子商务服务规范（征求意见稿）》，这是全国首个直播电商行业规范标准；中国广告协会也出台了《网络直播营销行为规范》。

未来随着直播电商的升级发展，相关监管措施将更加完善有效，直播电商将加速告别野蛮生长状态，步入规范化、可持续化发展的正轨，成为经济双循环的新引擎。

2. 行业端：直播内容精细化，带货品类垂直化

未来，整个直播电商行业将从规模化走向精细化、垂直化。

首先，在直播电商的内容层面做"加法"。不难发现，当前环境下纯带货的直播电商模式已经难以打动消费者、刺激消费需求，直播内容需朝向精细化、品质化发展，才能重新释放吸引用户的活力。

其次，在直播电商的业务范围层面做"减法"。垂直化将成为从现在到未来很长一段时间内的竞争点。垂直化策略中，商家通过消费者定位，能够精准掌握其需求和特征，同时根据消费者需求，进行定向选品和产品升级，从而提升消费者满意度，实现品牌可持续发展。

3. 技术端：5G技术嵌入，驱动直播场景创新升级

随着5G技术与直播电商的深度融合，展示清晰化、场景多元化、体验

沉浸化将成为直播电商新的发展方向。

云计算、大数据、AI、AR、VR 等技术的突破，为商品全面、清晰地展示提供了技术支持，当前直播中经常面临的网络延迟、画面模糊、直播卡顿、视角单一等情况都将迎刃而解。

技术升级拓宽了直播场景的范围，直播场景多样化已经成为用户的重要诉求，5G 技术推动无人机 360 度全景直播、超高清 8K 画面直播的普及，画面传输信息将更丰富，开拓更多直播场景成为可能。

4. 人才端：加速人才系统化培养，直播电商与就业双向利好

人才端是直播电商产业的中心环节，直播电商产业的井喷式发展对人才需求猛增。当前直播电商行业人才培养趋势不断向好。

这种趋势体现在以下几个方面：一是很多院校开始探索校企融合、协同育人的培养方式，通过与 MCN 机构和品牌方合作，给学生提供实践机会。二是各地纷纷开展线上与线下的培训活动，以加速直播电商人才的系统化培养。随着市场对人才的需求增大，国家规范和监管力度的加强，直播电商行业的人才培养将加速朝向规范化、系统化方向发展。

5. 商家端：精细化直播定制，私域直播规模化发展

对于品牌来说，商家正在从清库存、低价走量阶段，转变为根据用户的需求精细化直播定制，推进私域直播的规模化运营。私域直播即个人或者企业在去中心化流量平台（主要是利用微信小程序或第三方专业运营工具）进行直播带货。这样能够针对性地优化产品和服务，以盘活、转化、留存消费者，积蓄商家自身的私域流量。

三、游戏直播

自从熊猫 TV 宣布倒闭之后，国内的游戏直播平台呈现出斗鱼、虎牙和企鹅三足鼎立的局面，然而企鹅电竞最近也发文宣布停止运营，至此目前国内较大的游戏直播公司所剩无几，但是也不乏一些短视频平台开始向游

戏直播领域倾斜,比如哔哩哔哩、快手和抖音。短视频平台的入局也会将游戏直播行业重新洗牌,打造直播多元化的局面。关于这部分内容,本书将重点介绍这些平台是如何进行直播管理与运营的。

(一)游戏直播产业链

游戏直播产业链结构主要包括监管部门,规范行业健康有序发展;商业合作方和品牌赞助方,提供一定的营销赞助及业务合作;内容版权方和提供方;游戏直播平台方是作为最核心的游戏直播展示平台,最终将游戏直播内容呈现给用户。图11-6为游戏直播行业的产业链。

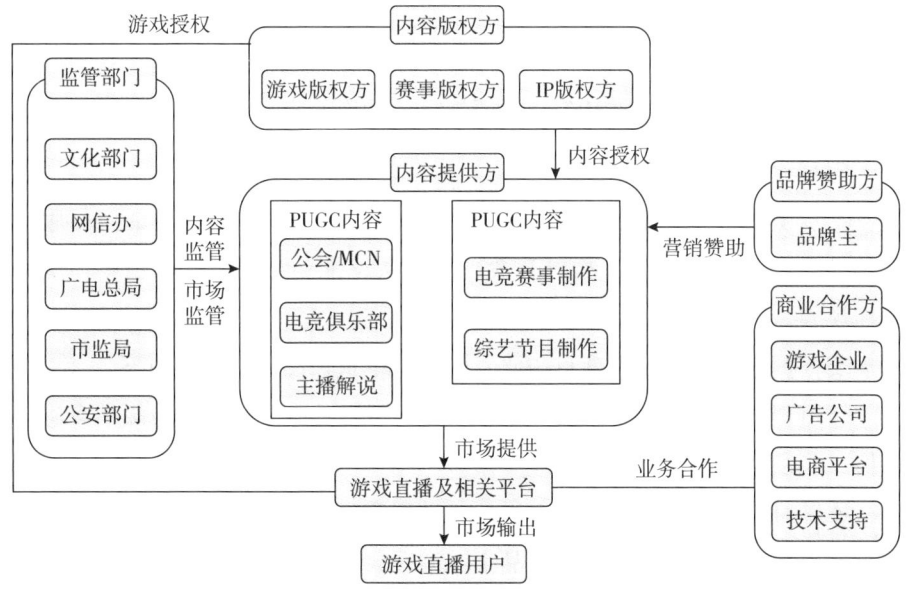

图 11-6 游戏直播行业的产业链(资料来源:前瞻研究院)

(二)游戏直播企业架构

一家游戏直播公司的组织架构十分复杂,包括董事会、运营中心、内容中心、管理中心、游戏平台中心、海外事业部,具体结构如图11-7。

电子商务：数字化时代的生意模式

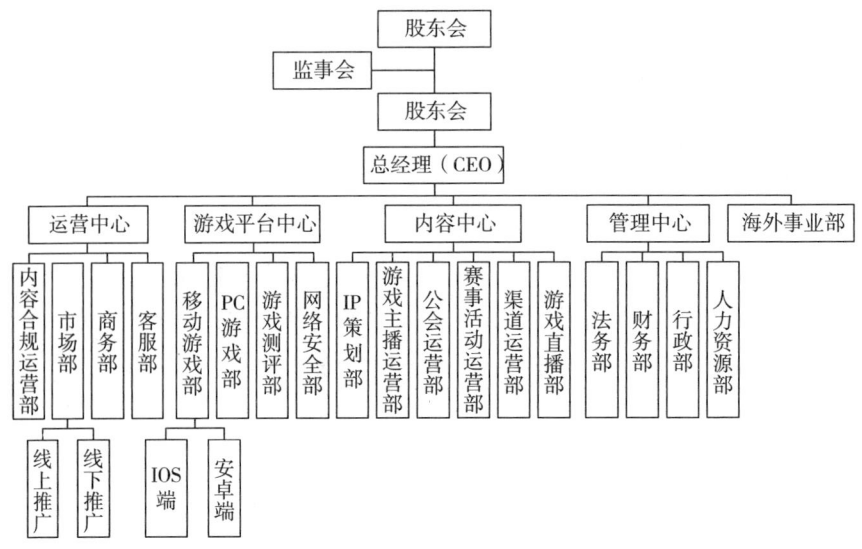

图 11-7 游戏直播公司的组织架构

内容合规运营部

①负责对接入产品进行产品文档分析，以内容合规角度验证产品版本的功能、内容风险程度，给出有效风控方法，推动迭代，并输出整体产品风控规划。

②根据合规规划协调项目与研发团队，推进产品风险控制方案。

③负责产品中的内容审查/针对违法、违规及典型的恶意垃圾信息进行监控，能及时发现、记录并有效反馈。

④针对不良信息定期整理上报，主动观察不良信息变化趋势。

⑤整理和分析当地舆情、产品生态情况，定期输出报告。

市场部

①制定年度营销目标计划。

②提出未来市场的分析、发展方向和规划。

③制定产品企划策略，新产品上市规划。

④制定线上、线下市场广告推广活动和公关活动。

⑤策划直播宣发方案。

商务部

①负责产品及项目协调事项，包括业务拓展、游戏引进、客户关系维

护、内部流程处理。

②负责商务合作客户的选择、洽谈、合同、执行。

③负责公司项目对外推广、接入、联运、对账、统计等日常工作。

④定期进行市场调研，平台、产品的市场数据收集分析。

⑤维护合作平台关系，产品信息及时汇报。

客服部

①为公司各类用户提供业务咨询。

②收集用户信息和用户意见，对公司形象提升提出参考意见。

③负责接听客户投诉电话，做好电话记录。

④接受用户关于直播等方面的咨询、查询、投诉和建议等问题。

⑤全面、及时监控掌握直播现场情况，并做好信息分析、整理及反馈工作。

移动游戏部

①制定移动端游戏的战略安排，明确项目目标。

②指导与管理移动游戏项目研发期执行，监督产品品质，保证项目按计划上线运营。

③与运营人员共同管理项目上线运营情况，保证完成计划营收指标。

④管理移动游戏项目团队，核心人员梯队培养，项目管理经验的传承。

PC 游戏部

①负责公司 PC 端新产品和新技术的开发，协调新产品与开发相关部门的关系，研究行业技术发展，组织编制企业技术资料文件等事项。

②建立、健全公司产品研发的相关制度，并督导执行。

③根据企业战略发展规划、市场需求、资源情况，制订产品研发计划。

④参与新产品开发的可行性论证，对新产品开发过程实施监督、控制，确保新产品开发工作顺利进行。

⑤协助公司管理层进行任务规划、进展的调控工作。

游戏测评部

①制定项目的测试计划，保证产品测试工作的计划性与规范性。

②搭建测试环境，保证测试环境的独立和维护测试环境的更新。

③试玩公司内游戏原型、版本 Demo，给出评估意见。

④执行测试，并及时评估软件的特性与缺陷。

⑤进行 BUG 验证，督促开发部门解决问题。

网络安全部

①负责各种设备/耗材的采购、保管、领用、出入库登记等。

②负责网络和各种设备/耗材等的维护、管理、故障排除，确保公司网络正常运作。

③负责员工使用电脑时的各种问题解决及疑难帮助。

IP 策划部

①负责游戏 IP 及其周边衍生品的管理、策划、运营。

②负责游戏 IP 的定位及价值持续提升及周边内容输出。

③负责 IP 游戏的数据监控、定向推广、线上线下活动。

游戏主播运营部

①负责游戏主播、解说发掘、招募、包装、培训等相关工作。

②负责平台旗下游戏主播商务经纪工作的拓展。

③负责公司游戏主播线下商务活动开展与执行。

④负责策划游戏主播营收类活动和公会激励政策。

公会运营部

①负责游戏公会招募与运营，对外协调沟通。

②负责结合公会生态、时下热点，整合线上线下资源策划活动。

③负责对活动整体把控、推进，效果进行总结优化。

④积极关注和挖掘市场上其他直播平台活动玩法，观察和反馈活动数据，优化活动策略。

⑤协助跟进和处理公会运营的日常工作。

赛事活动运营部

①负责热门游戏赛事类直播活动的策划撰写，以及项目实施阶段的项目跟进以及与跨部门的协调沟通。

②打造并优化直播内容的日常营收活动。

③负责以数据导向对平台上的活动进行优化。

渠道运营部

①负责配合投放团队进行信息流媒体的广告投放以及广告代理商的合作跟进工作。

②负责各个媒体投放数据统计及效果监测，并及时提出优化建议。

③协助进行媒体以及广告代理商的商务谈判、合同跟进、数据反馈、结算等。

④负责加强对投放媒体渠道的了解与把控，及时关注媒体变动。

⑤负责定期搜集各渠道广告文案素材、投放策略等相关信息，准确把握受众用户心理。

游戏直播部

①负责公司游戏直播策划、管理、执行工作。

②负责游戏直播平台、直播间的打造。

③负责直播流程、礼物、交互等产品规则的设立与完善。

法务部

①法律服务：根据需要列席公司股东会议、董事会议、高管会议、部门会议，就相关法律事务提供法律意见。

②制度修订：参与公司制度的制定、修订。就公司各部门管理规定的起草、修订等提供法律意见。

③文件审核：负责审核、修改公司法律性文件。

④诉讼处理：负责处理公司诉讼、仲裁等法律事务。

⑤知识产权：负责公司软件著作权、商标、专利等申请与办理。

财务部

①在公司的授权范围内，负责制定公司的整体财务计划。

②负责处理公司的财务管理、成本管理、会计核算及资金集体调度等工作。

③建立并完善公司的财务管理规章制度及各项规范操作流程。

④负责制作核对公司的各项财务报表及财务数据的管理工作。

行政部

①安排公司的年度工作会议、月度及每周工作例会等会议，做好记录。

②编写会议纪要和决议，督促各部门贯彻执行，了解和反馈有关信息。

③负责公司相关文件的起草、印制和分发，上级和外部来文的签收、登记和领导批示后的传阅、催办、回复。做好公司行政类文件的审核、编号、立卷、存档工作。

④负责后勤工程、物资计划、费用管理和经济分析工作。

⑤负责生活福利物资的计划、发放等工作。

人力资源部

①公司人员的招聘、录用、劳动合同签署、人事档案的建立及管理。

②薪资、社保与福利管理。

③培训管理，制定培训计划，并安排落实。

④绩效管理，制定绩效考核方案，并安排落实。

⑤与员工进行积极沟通，促进公司与员工关系和谐发展，处理企业内部发生的员工劳动纠纷。

海外事业部

根据公司总体战略制定海外市场的发展计划。

（三）游戏直播业务流程

一场出色的直播活动绝对不是偶然形成的，必须经过缜密详细的策划与修改。不论是抖音上的电商直播，还是斗鱼上的游戏直播，这些都是提前策划好的，至少一周，甚至是一个月前就做好了计划。因此，直播流程就显得尤为重要。优秀的直播策划可以让直播内容变得生动有趣，扩大影响力，自发地进行二次传播，吸引大批流量。在直播之前，如何对一场直播活动进行策划呢？下面是常规的直播策划流程图。

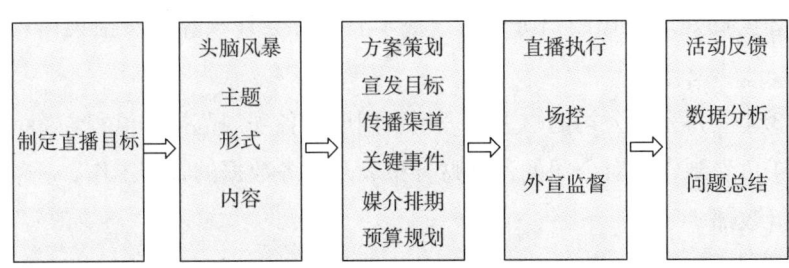

图 11-8　直播活动流程

制定直播目标：结合直播活动主题、量级、预算，合理地制定各个方向的目标，包括观看人数、活动曝光量、礼物数量、拉新等。

头脑风暴：高层人员确定好此次活动的主题、形式和内容，为后面的活动细化打下基础。

方案策划：这部分需要做好详细的活动策划，特别是市场外宣部分，制定好宣发目标，包括实际目标和虚拟目标，实际目标指的是能够给平台带来多少新用户，此次活动能否冲上微博热搜，整体曝光量达到多少万以上，虚拟目标指的是能够为平台带来多少声量，是否可以提高用户的观看黏性等。其次要选择广泛的传播渠道，对关键事件进行埋点，给予流量支持。最后对活动整体的媒介进行排期规划，控制好预算安排，预留一些资金应对紧急情况，方便灵活处置。

直播执行：直播活动开始时，除了主播在场，还要有其他的工作人员在旁边配合。同时，负责市场宣传部分的人员要及时做好宣传工作，将直播精彩画面剪辑制作，第一时间进行发布。

活动反馈：直播活动结束后要进行复盘，收集分析活动数据，总结问题与经验。

总体来看，在政策调控下，包括游戏直播在内的直播行业正在向健康发展的道路上前行。随着游戏直播行业的持续发展，行业的竞争模式已从最早用户流量竞争和主播资源竞争，转向全方位的市场竞争。对于游戏直播相关企业而言，只有在用户运营、内容多元化、商业化模式拓展、技术创新等进行全面化的发展，才能在未来的市场竞争中建立平台优势。

复习题

1. 分析电商直播存在的问题。
2. 描述游戏直播活动的流程。
3. 预测未来直播行业的发展。

第十二章
数字生态系统

> **学习目标**：理解数字生态系统的定义和分类；理解数字生态系统的演进过程；了解烟囱式系统和共享式系统的区别；理解数字中台；了解数字中台对数字生态系统发展的影响。

第一节　了解数字生态系统

生态系统（Ecosystem）的概念并不陌生，它源起于生物学，由 Tansley 在 1935 年首次正式提出。它是指生产者、消费者、分解者及非生物的物质和能量之间在一定时间和空间范围内相互作用所构成的统一体。一个生态系统会同时受到外部和内部力量的影响，但因其具有弹性，能够包容系统内小规模的扰动。

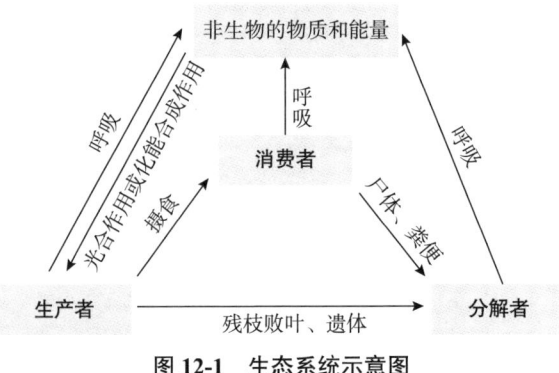

图 12-1　生态系统示意图

随着生态系统相关理论的进一步发展与完善，研究者发现生态系统理论除了可以用于分析自然界的现象，还可以用于分析人类社会。因此，这个概念被拓展到了许多不同的领域，出现了教育生态系统、体育生态系统、舆情生态系统等方向的研究。1997年，达尔文波特首次提出"信息生态"的概念。随着数字化技术的发展，"信息生态"理论趋于成熟，并最终演化出了"数字生态"这个新概念。

数字生态，即数字化的生态系统，是当下电子商务不断推进数字化转型的必然产物，最初指在媒介、通信及IT行业形成的一个聚合的空间内，由用户、公司、政府、社会及促进数字交互的通信设施共同构成的有机整体。在数字生态系统中，不同企业、不同行业借助数据纽带，以交易为主要联系，跨地区、跨组织、跨部门、跨系统、跨层级形成了统一的新型的经济主体。尽管生态成员互不隶属，但是借助数据流、资金流、物流等多种形式紧密地联系在一起。建构数字生态系统的目的是支持该环境中各个不同独立实体间的数据流通，促进公开、灵活、交互的信息环境的发展。

数字生态系统与生物生态系统有很多相似相通之处。生物生态系统中的生物体对应着数字生态系统中的用户、公司、政府等主体。能量在生物生态系统中流动，是支撑生物生态系统正常运行的内在基础。而在数字生态系统中，"能量"便是在系统中不断流动的数据。大规模的数据在数字生态系统中产生，在系统的不同实体间流通，并被利用。数据串联起数字生态系统中各个独立的实体，使它们在各司其职的基础上有机结合。在网络购物平台中，往往都有"猜你喜欢"功能，这可以帮助大家简单理解数字生态系统及数据在其中的流通。网络购物平台通过收集用户的购买记录、搜索记录、历史点击、商品页面停留时长等操作数据，运用后台算法推算出用户感兴趣的商品，并与商家提供的商品数据相匹配，让用户能够更快速地找到自己需要的商品，让购物变得更快捷。同时，用户的这些数据也会经过算法分析处理后反馈给商家，帮助商家选择商品，调整商品的定价策略及数字化包装策略，最大化商家的经济收益。数据是数字生态系统的血液。在系统中，每个生产主体、每个经营主体的产量、经营活动，都被忠实、详尽地记录下来。这些丰富的数据来源，叠加大数据、人工智能等处理能力，形成了生态内部的调控机制。而生态内部生产要素的流动，则是完全化的市场机制，优胜劣汰。在这个新的经济体中，大幅度地降低了交易成本，提高了运营效率。从这个意义上来讲，数字生态，是新型经济体制的代表。

随着电子商务的发展，平台数量越来越多，形式趋于多样化。在第一轮数字化演进过程中，从简单的自媒体（如品牌官网）到付费媒体（付费搜索及其他付费展示方式）再到视频广告的出现，电子商务领域具备了形成本领域内独特数字生态系统的基本条件。随着社交媒体和社交平台的出现，数字技术及工具不再单纯地服务于市场营销部门，而是扩大至企业的其他部门，贯穿电子商务的全过程，包括客户服务、支持、产品研发、消费者洞见等。由此，数字化定义不断地扩大与更新，并最终应用于市场营销领域全程。如今，在评估电子商务企业市场营销水平高低的过程中，其数字生态系统的独特性、广度和普及度已经成为不可忽视的重要标准。

复习题

1. 定义数字生态系统。
2. 描述数字生态系统的特点。

第二节　数字生态系统的演进

近年来，互联网、大数据、云计算、人工智能、区块链等技术加速创新，日益融入经济社会发展各领域全过程，数字经济发展速度之快、辐射范围之广、影响程度之深前所未有，正在成为重组全球要素资源、重塑全球经济结构、改变全球竞争格局的关键力量。在数字中国建设持续推进背景下，电子商务数字化转型日益深入，为适应不断出现的新需求，数字生态系统也正不断发展演进。电子商务企业内部的数字生态系统演进主要经历了从烟囱式系统向共享式系统的转变。

一、烟囱式系统

在烟囱式系统中，每个业务线由不同的开发团队独立建设，互不联系。简单举个例子，假设淘宝和天猫是两个大系统，忽略业务模式的不同，尽管这两个系统里面有一些相似的功能模块，比如用户管理、商品管理、订单管理、支付等等，但它们在两个系统中都分别占据了资源，因为系统的隔离无法整合。淘宝系统和天猫系统就好像两座烟囱各自矗立，互不关联。

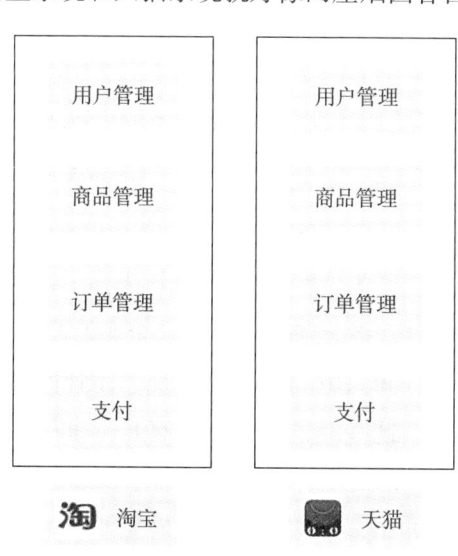

图 12-2　烟囱式架构系统——淘宝和天猫

这是一种垂直型的架构，企业内部各系统间服务与数据不共享，这样架构的好处就是各个业务系统之间可以互不影响地独立部署独立迭代，适合业务线较少且比较独立的公司采用。但对于业务线较多且相互联系的公司来说，这种架构容易导致系统与系统之间无法进行有效的协调工作，形成服务孤岛与数据孤岛，难以适应快速变化且日益复杂的业务。因此，烟囱式系统又被称为孤岛系统，不利于电子商务业务的推进与规模的壮大。从电子商务公司的角度看，烟囱式系统大大增加了公司运营成本，阻碍了业务的发展。具体来说，烟囱式系统有以下缺点。

（1）重复功能建设和维护带来的重复投资

大量相同或相似的功能和业务在多个系统中同时存在，增加了建设和维护成本。有很多功能在淘宝和天猫两个系统中同时存在,这意味着公司需要付出双倍的人力物力去对它们进行重复的建设和维护,耗时耗力。但这一点对企业的伤害却是最小的,只是成本的流失。

(2)打通"烟囱式"系统间交互的集成和协作成本高昂

在烟囱式系统中,数据无法跨系统流动,整合公司业务中的各个系统难度较大。随着很多企业业务的发展,企业不得不打通这些烟囱式系统之间的连接,以提高或优化企业运营效率。假设某一天老板突然说要整合淘宝和天猫的用户数据,通过数据分析提高销量,这个时候,就需要不同系统间集成和跨团队沟通协作,成本极大。这种情况在2005年后(这个时间点上许多大型企业已经进行了多年的数字生态系统建设,有了不少烟囱)逐步涌现,特别在如今的互联网时代,如何更好地整合内部资源、更好地提升用户体验,实现各个系统间的交互成为必然发生的事。

在零售快消行业,很多品牌商在2008年天猫出现后,立马上线了一个系统用于对接天猫平台,将天猫平台与自己企业的商品、库存、物流打通。随着后期京东、微商等新兴电商平台的出现,品牌商又相继建设了相关系统。而除了电商平台,这些经销商企业还有几千家门店以及分销商需要管理,所以都要建立对应的POS、CRM等系统。2013年电商对传统零售商的分销模式产生了巨大冲击,这些品牌商就着急要获取到最终用户的消费行为爱好等信息,从而为用户的精准营销做有力的数据支持,但发现用户的会员信息、商品信息、订单信息、消费行为信息等都被之前"烟囱式"的系统建设方式拆分到了不同的系统中,因此不得不开始打通这些"烟囱",从而获得品牌商所需的全局会员以及消费数据。面对这样的业务需求和系统处境,企业为了系统的打通所花费的成本是比较高昂的,其中牵涉大量的协同和开发成本。

(3)不利于业务的沉淀,更为业务的发展创新增加了难度

随着电商公司业务的发展壮大,公司内不同系统的"烟囱"各自越建越高,内部逻辑变得极其复杂,维护成本也会越来越高,直至公司无法承担。这时就不得不重新设计系统,重新投入资源。且原本系统的业务沉淀也会流失。同时,旧系统的新需求很可能会被历史包袱束缚,开发上线艰难,道阻

且长。如果要建设新系统，前期就要投入很多成本去重复做那些已经有了的功能，举步维艰，一旦规划出错，投入的成本马上付诸东流，损失极大。

上面提到很多企业通过技术手段打通多个独立系统，但这些项目落地后，仍会产生问题。企业通过技术手段实现独立系统互联的项目上线后，各个系统按照标准封装的这些"服务"就进入一个"稳定"状态。这里的"稳定"不是指服务运行的稳定，而是这些服务对外提供的功能变得"稳定"，也就是说，很多服务初次上线后，接下来的时间几乎没有增加或提升新的服务功能。这种现象产生的根本原因需要追溯到企业实施独立系统互联的方式。一般而言，典型的项目实施方式是在确定了贯穿多个系统的主业务流程后，就要求各个相关的系统进行服务的封装和改造，这种模式就是典型的"自上向下"的建设模式，而这个时候，各个需要提供服务封装和改造的系统无不均属于各自的运维期，对于服务开发相关的工作，运维人员的心态往往是协助和配合，并且多数情况下这些服务封装的工作跟运维人员自身的 KPI 考核是没有多大关系的。正是基于这样的背景，我们很少看到在功能性和扩展性方面做得足够好的服务。

另一个更严重的问题则是当此期系统互联成功实施结束后，后续有新的业务系统希望接入这些服务，而新的业务系统又发现现有的服务不能很好地满足他们的要求，希望提供更多功能或更好体验的服务要求时，在现实中就会出现下面两种情况。

①服务提供者团队不管是从 KPI 考核的角度，还是从认知上认为服务封装的任务已经完成，当他们收到新的服务需求时，心理上是拒绝的，会出于多一事不如少一事的心态，告诉新业务系统的需求方：我们目前仅能提供这样的服务。导致最终的结果是新业务系统认为该服务不可用，逼着他们在自己的系统中重新又实现了一套跟这个服务差不多的功能模块，也就是产生了一个新的烟囱。

②服务提供者团队拥有不错做事的态度，也愿意改造服务以满足新业务的需求，但受限于之前服务设计时的通用性和业务前瞻性的不足，造成如果要满足新业务的需求，就要对现有服务的数据模型、业务逻辑做较大的改造，在改造带来的风险和满足新业务需求的选择中，更多的团队选择

了放弃对新业务需求的支持而保持现有服务提供的稳定,其结果跟第一种情况完全一样。

不管是传统项目建设方式带来业务迭代能力的不足,还是现有企业内项目制建设的效果最终导致三个弊端,而其中第三个弊端"数字生态系统建设中实现的业务得不到沉淀和持续发展"是对企业伤害最大的。

前两个弊端是基于成本和效率的角度,第三个弊端则是基于发展的角度。采用"烟囱式"方式建设的系统体系,企业中一个业务领域的数据和业务往往被打散在不同的系统中,采用系统打通的方式或许解决了眼前相关业务间的交互问题,但这样的方式治标不治本。随着业务的发展,这样的方式最终无法满足业务快速响应和业务模式创新的需求。这也就是过去很多年中,在很多企业经常上演的一幕:一个系统上线运行 5～8 年后,企业的信息中心会向企业更高领导人提出,随着业务的快速发展,现有系统不管是技术架构还是业务模型都不能满足现在业务发展的需求,需要整体系统升级,而这样的升级往往意味着对原有系统推倒重建。且不论这样推倒式重建对于现有业务带来影响的大小,多少基础功能的重复建设和资源投入,更重要的是对于之前多年业务的沉淀能保留多少,这对于企业来说可能是最大的资产流失。

这个问题本质上是由于系统所提供的服务能力没有随着企业业务的发展做到与时俱进。互联网时代业务需求的增长越来越迅猛,原有系统对业务响应的能力就显得更加捉襟见肘。到了一个时间点,量变产生质变,就会出现企业核心业务系统运行多年后被推倒重来的现象。

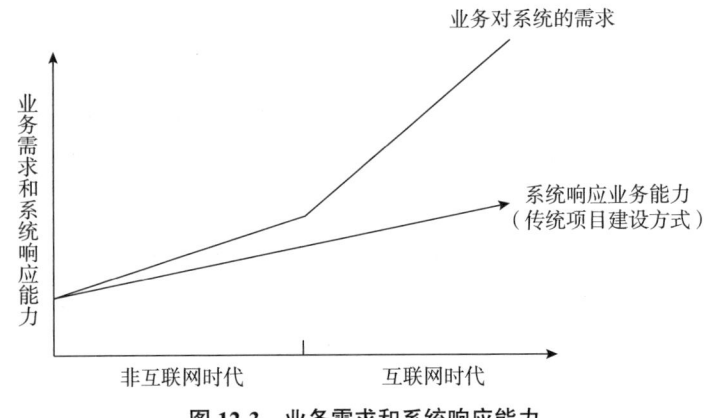

图 12-3 业务需求和系统响应能力

二、面向服务的体系架构（SOA）与共享式系统

烟囱式系统已经无法适应电子商务的大规模业务扩张和数字化转型，为了解决这一问题，面向服务的体系架构，即 SOA 应运而生。从技术层面来说，它是一个组件模型，它将应用程序的不同功能单元（称为服务）进行拆分，并通过这些服务之间定义良好的接口和协议联系起来。接口是采用中立的方式进行定义的，它应该独立于实现服务的硬件平台、操作系统和编程语言。这使得构建在各种各样系统中的服务可以以一种统一和通用的方式进行交互。

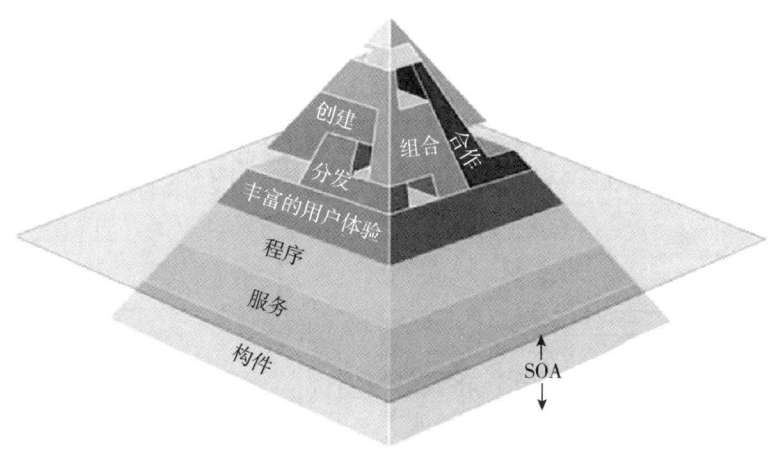

图 12-4　SOA 架构示意图

值得注意的是，SOA 并不是某种具体的技术，而是一种构建数字生态系统的设计方法，运用这种方法开发的系统有很多优势，也更能适应数字化转型背景下电子商务的快速发展。SOA 中包含多个服务，而服务之间通过配合最终会提供一系列功能。一个服务通常以独立的形式存在于操作系统进程中。SOA 目前已经得到了业界的认可，被验证为真正赋予企业业务快速响应和创新的科学架构。如今比较火的微服务概念其实也是 SOA 方法演变后的另一种呈现方式。在过去十年里，企业受制于原有烟囱式架构的限制，所实施的 SOA 项目本质上仅仅是采用服务的形态，以技术的视角选择了一个科学架构实现了系统的互联。这对于企业业务服务的持续发展和

沉淀帮助有限，并没有真正发挥出 SOA 理念最核心的价值——设计能够高效复用业务的共享服务，通过共享服务的编排助力业务的快速响应和创新，即设计与建设共享式数字生态系统。

共享式系统基于 SOA 实现企业内部各系统间服务与数据共享，形成服务中心与数据中心，能够适应快速复杂变化的业务。共享式系统克服了前文所述的烟囱式系统的三个弊端，利于电商企业业务能力与数据能力的沉淀，能够降低研发成本，提高产品创新效率，减少试错成本。共享式系统也可理解为互联网企业常说的"中台"，但打造共享式系统，依赖的不仅仅是技术的升级，更是组织架构的适配与升级。下面以阿里巴巴集团为例，解析共享式数字生态系统的建构。

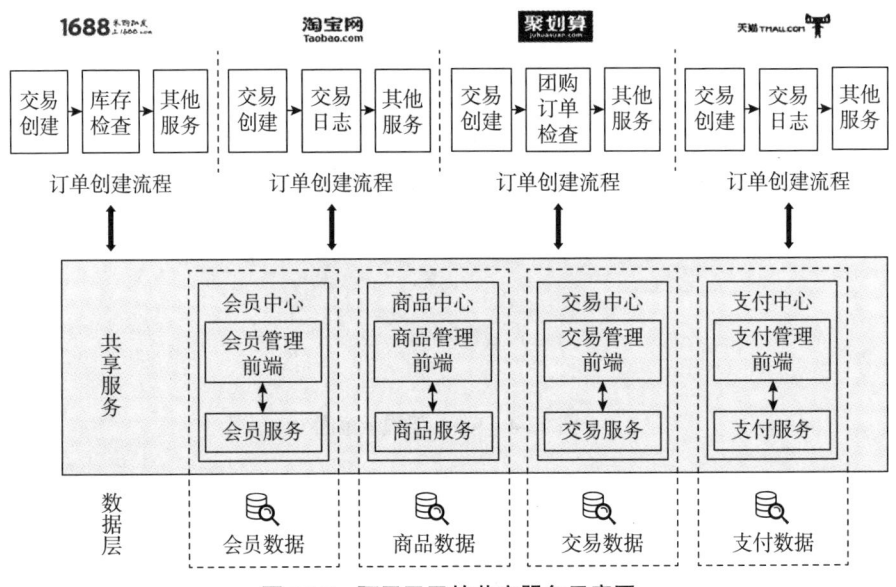

图 12-5　阿里巴巴的共享服务示意图

上图展示了在阿里巴巴集团中共享服务是如何支持前端业务的（并不准确表达各业务的交易流程）。以 1688（B2B 电商平台）、淘宝（C2C 电商平台）、聚划算（团购平台）、天猫、闲鱼（二手商品交易平台）为例，每个平台都有各自的订单创建流程，各流程所包含的服务数量和流程因为业务场景的不同而有所不同，但不管是哪种模式下的订单创建，无一不牵涉会员信息的验证、商品库存的修改、订单的创建、支付记录的生成，如图示意，这些相关的服务均是由各自的服务中心提供的，也就意味着不管前端业务形态如何多样，共享服务中心提供的服务都能很好地提供所包含的核心服务，让前端业务的交易信息和数据回流到对应的服务中心。

设想一下，如果企业的业务架构也是基于共享服务体系构建的，相关业务领域的业务功能和数据模型原生就在业务层汇聚到了一起，此时回顾"烟囱式"系统建设具有的三大弊端，我们会发现，基于共享服务中心建设的数字生态系统能最大程度地避免第一个弊端"重复功能建设和维护带来的成本浪费"。

反观企业需要通过技术手段件打通不同系统间的交互，实则是因为相关业务领域的业务和数据被以"烟囱式"方式建设的系统分割到了不同的系统中。比如在零售行业企业内部的系统中存在生产库存信息，在天猫旗舰店上也有天猫电商渠道的库存信息，在企业自建的电商平台上库存信息同样存在。当业务发展需要对企业的整体（线上线下）库存进行统一管控，更好地优化库存，减少因不合理库存带来的物流和资金积压时，则不可避免地就需要打通以上几个系统，而这也正是大多数集成需求产生的主要原因。

基于共享服务体系建设的服务中心，就将相关业务领域的业务功能和数据做了很好的统一。在这样的体系之下，前端的业务实际上没有系统业务互通的诉求，比如淘宝和1688之间、1688与闲鱼之间均不会产生前端业务交互的需求，因为这些需要互通的业务都被收纳进了后方的共享服务中。阿里巴巴整个集团有超过2000多个应用，各个应用在核心业务层已经通过共享服务体系实现了统一和畅通，并不需要再使用额外的技术手段打通各个应用系统。也就是说，对于"烟囱式"系统建设模式带来的第二个弊端，需要打通不同系统实现业务交互带来的集成和协作成本可以最大程度避免了。

而烟囱式系统的第三个弊端："业务得不到沉淀和持续发展"，从而造成服务不能真正成为可重用的组件，为业务的快速响应、支持业务快速创新带来业务价值。究其原因，"烟囱式"系统建设模式是导火索。在这种模式下，共享服务的建设是一种集成项目，服务建设的效果难以直接反馈，很容易造成共享服务提供者面对业务提出更多要求时，考核指标、工作回报都不能得到很好体现，共享服务提供者在主观上没有太大的积极性满足新的业务需求，再加上如果当初服务设计的功能扩展性和业务前瞻性不足，导致有心无力满足新的需求，结果就是这些共享服务无法再进行功能扩展。这样的做法是在逼着其他系统去建同样的"轮子"，当越来越多的系统都采用自建"轮子"的方式满足自身系统对这部分业务的需求时，之前的这个共享服务慢慢就少有人问津，当有更好的共享服务出现或该共享服务满足不了当前业务发展的要求时，也就是这个共享服务离开历史舞台的时刻。

共享服务需要业务的滋养，只有在滋养中才能从最初仅供单薄业务功能的服务逐渐成长为企业最为宝贵的数字资产，而共享服务所需的滋养是来自新的业务不断进行服务的接入。共享服务能力的沉淀和体现的业务价值是完全成正比的，所以打造企业的业务服务能力绝不是靠单个集成项目就能一蹴而就的，而是一个长期、持续的过程，企业应该避免再走入"项目制"实施 SOA 项目的误区，这样的项目实施完成充其量只是 SOA 建设的开始。企业需要多一些耐心，在接下来的业务发展过程中逐步打造这些共享服务。这就要求新业务必须接入这些已经产生的共享服务，为这些共享服务能够变得更加专业和稳定带来急需的养分，而不能因为这些"刚出生"的服务功能简单、服务消费体验糟糕、服务不稳定等原因而放弃使用这些服务。

共享式的数字生态系统已经成为大势所趋，电商企业除了要运用 SOA 技术，更要掌握 SOA 的系统构建方法，从系统基础架构开始建设共享式的数字生态系统，规避烟囱式系统的弊端，助力企业业务的扩展和沉淀，更好更深入地实现企业的数字化转型。

复习题

1. 介绍数字生态系统的演变过程。
2. 定义 SOA。
3. 定义烟囱式系统和共享式系统，介绍它们的特点。
4. 解释烟囱式系统和共享式系统之间的关系。

第三节　数字中台战略

随着数字生态系统的高速发展，它已经被应用于国内外的许多行业，如信息服务、医疗、金融等。数字生态系统推动移动数据业务向多层次、差异化和个性化方向发展，满足了人们对信息消费的更大需求。国内外各大互联网公司都在建设发展自己的数字生态系统，新兴的理念与方法不断被提出，在实践的过程中被检验，有的因种种原因被淘汰，而有的在实践中不断完善，最终成为助力电商企业发展的有力武器。阿里巴巴的数字中台战略正是极具代表性的数字生态系统应用实例，它不仅持续推动阿里巴巴电商系统中大量业务的创新，还让中台架构成为如今绝大多数企业在落地数字化转型过程中首选的核心架构。

一、何为中台

2015年12月，阿里巴巴集团正式对外宣称启动中台战略，往"大中台、小前台"模式迈进，建设集合运营数据能力、产品技术能力的中台，帮助前台适应瞬息万变的市场，对前台业务形成强力支撑。所谓的"中台"，就是在业务前台与技术后台之间构建一个集合共享服务的中台。中台所基于的理论基础正是第二节中所提到的SOA，它的本质是通过数据统一、实时、在线实现全业务链的贯通、个性化需求扩展以及业务实时联动等价值，使得所有的业务系统均处于企业的整个业务链上，最大化共享服务的重复利用，最小化相同或相似功能的建设维护成本，提高整个数字生态系统运行的效率。中台架构是典型的共享式数字生态系统，它将核心业务能力以共享服务的方式进行有效沉淀，实现服务在不同场景中的业务能力重复利用，而这个"重复利用"正是SOA的最大价值。

二、中台战略的起源

中台战略的灵感来源于阿里巴巴团队对芬兰移动游戏公司Supercell的

一次拜访。Supercell 号称是世界上最成功的移动游戏公司，它是一家典型的以小团队模式进行游戏开发的公司，由 2～7 个员工组成独立的开发团队，称之为 Cell（细胞），这也是公司名字 Supercell（超级细胞）的由来。团队自己决定做什么样的产品，然后以最快的时间推出产品的公测版，看看游戏是否受用户欢迎。如果用户不欢迎，迅速放弃这个产品，再进行新的尝试，期间几乎没有管理角色的介入。使用这样的模式使得 Supercell 公司成为年税前利润 15 亿美元的游戏公司，2016 年被腾讯收购时每一名员工人均贡献的估值超过 3.54 亿元人民币。

这家游戏公司的成功不仅仅在于企业文化充分鼓励员工创新，更重要的是公司经过 6 年时间将游戏开发过程中公共、通用的游戏开发素材、算法做了很好的沉淀，这种共享服务的沉淀才是 Supercell 强大业务试错能力的来源，也是 Supercell 最核心的竞争力。阿里巴巴团队感知到 Supercell 的成功离不开构建"中台"的能力，科学高效的中台可以支持几个人的小团队在几周时间就能研发出一款新游戏，并进行公测。正是有了这次拜访，才真正让阿里巴巴的领导层有了足够的决心要将组织架构进行调整，在此次拜访的半年后，集团正式启动 2018 年中台战略。

三、中台业务的前身

阿里巴巴中台业务的前身为集团的共享业务事业部。淘宝业务事业部是阿里巴巴集团的起点。而随着 B2C 业务的到来，阿里巴巴又成立了天猫业务部，淘宝的技术团队同时支持天猫和淘宝。这样的组织架构决定了技术团队会优先满足来自淘宝的业务需求，而将来自天猫的业务需求滞后，这严重影响了天猫的业务发展。同时，淘宝和天猫以完全独立的两套体系运作，形成了烟囱式系统。所以集团决定成立共享业务事业部，将两个平台中公共的、通用的业务功能沉淀到共享业务事业部，避免有些功能的重复建设和维护，更合理地利用资源，让技术团队更好地同时支持淘宝和天猫的业务。但是从对业务的理解和业务贡献的体系来说，淘宝和天猫相对共享业务事业部拥有着更多的话语权，结果就是共享业务事业部在淘宝和天猫的业务需求下艰难生存。

2010年聚划算成功出世，这种状况发生了改变。聚划算一上线就展现了强大的流量吸引威力，淘宝和天猫都想对接聚划算，后来的1688也参与其中，聚划算应接不暇。这个时候集团决定所有和聚划算对接的平台，都要经过共享业务事业部，这样共享业务事业部就有一个很强的抓手，将原本与三大电商业务对话权不平衡的情况拉到了一个相对公平的水平。共享业务事业部能够更好地完善发展自身的共享服务，为淘宝、天猫等前台应用提供支持。至此，共享业务事业部成为阿里巴巴集团业务的核心业务平台，形成了阿里巴巴"厚平台、薄应用"形态，正式从系统组织架构上打破烟囱式，走向共享式，更为后期"大中台、小前台"的中台战略建设奠定了坚实的基础。

四、共享服务中心建设

共享服务体系是业务中台的核心中枢，所提供的每一个服务能力都将给企业带来该业务领域最为专业的服务能力，在业务运营中扮演非常重要的角色。因此，如何构建稳定可靠、最高效地支撑前台业务的共享服务能力，是中台战略成功落地的关键。阿里巴巴的共享服务中心建设原则在于提升两方面的能力。

① PaaS能力。PaaS（Platform-as-a-Service）是指平台即服务，指将软件研发的平台作为一种服务，以SaaS（Software-as-a-Service）的模式提交给用户。PaaS层解决大型架构在分布式、可靠性、可用性、容错、监控以及运维层面上的通用需求。

②业务能力。指提供云化的核心业务支撑能力，这层能力建设的好与坏，直接决定了是否能真正支持上层业务达到敏捷、稳定、高效。

在共享服务中心的设计方面，则一定要兼顾三方面的需求。

①设计层面。主要是要遵循面向对象的分析和设计的方法，即业务和系统建模遵循面向对象的基本原则，服务化不是创造新的设计方法，而是一个指路的明灯。

②运营层面。服务中心应该是一个完整的业务模型，要有数据运营和业务整合的价值。服务中心要有发展变化性和可运营性，比如淘宝的商品中心，绝对不只是简单的商品增删改查的服务接口，而是建立一个全球最大的商品库，同时提供该商品库的管理运营的方法和配套工具服务。当然，淘宝的商品中心建成这样是由淘宝的电商业务决定的，并不意味着其他业务系统也要按这样的标准去建立自己的商品中心，一切要根据业务来做判断。

③工程层面。共享服务的架构是基于分布式架构，分布式架构解决了一体化架构在大规模应用上的问题，但是也引入了分布式事务、问题排查等方面的一些难题，所以在规划服务中心的时候，一定要综合评估业务层对服务中心在数据库、业务以及运营方面的需求和技术上需要的投入。不能图一时之快把业务拆得非常彻底，到最后却不得不用很大资源投入来解决技术上的问题。

在提升两方面能力、兼顾三方面需求的基础上，阿里巴巴集团建设了集合技术中台、移动中台、研发中台、业务数据双中台、组织中台为一体的中台系统，完成了电商企业数字生态系统从烟囱式向共享式的成功转变。

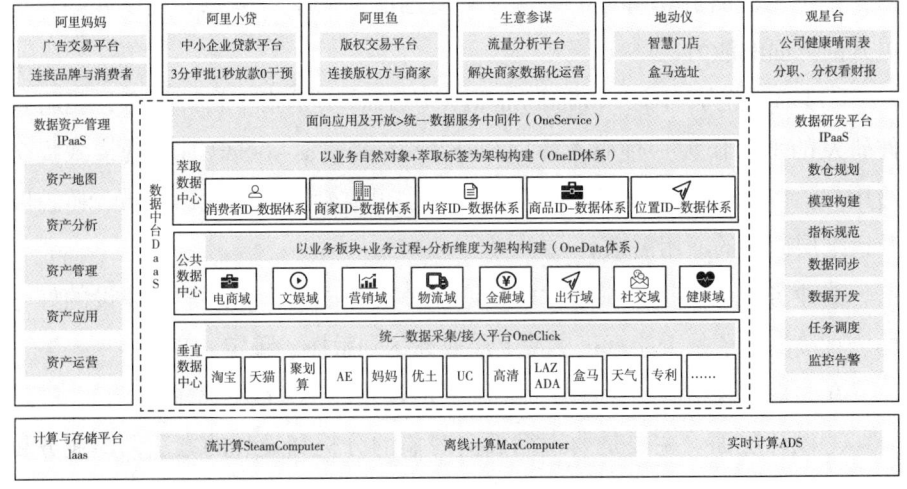

图12-6　阿里巴巴数字中台全景图

五、能力开放扩展数字生态

阿里巴巴除了构建集团内部的共享式数字生态系统,还通过建设淘宝开放平台拓展集团内生态,将其延展至集团外部,卷入更多主体,追求更大效益。淘宝开放平台是将淘宝和天猫上商家后台数据开放给商家授权的技术团队,基于商家后台系统开放的权限能实现商家针对商品、库存、订单、物流和客服等个性化的业务流程。商家自身的开发团队或者第三方的开发商基于淘宝所开放的商家数据,经过定制和扩展后,实现了商家各自不用的需求,从而根本上提升了一直困扰商家很长时间的运营效率问题。

2017 年已经有超过 15 万家商家 IT 服务商基于淘宝开放平台提供的基础商家数据,为超过 200 万商家提供了满足商家运营需求的高质量系统。这些公司规模并不大的商家 IT 服务商因为给商家提供了很好的增值服务,收获了不错的经济回报,其中有好几家已经成功上市。

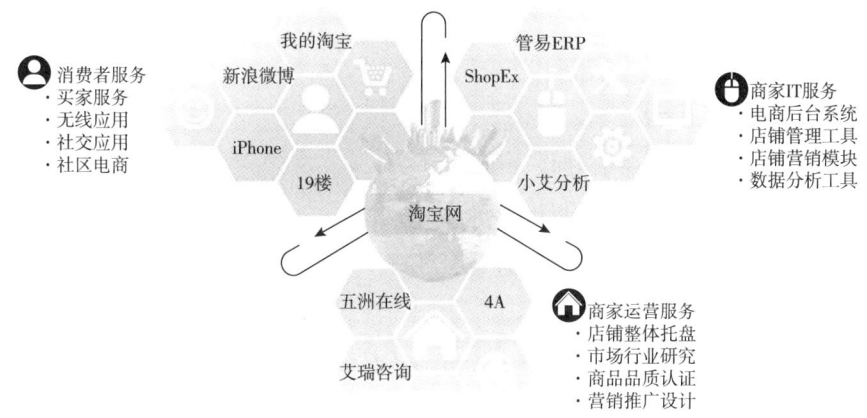

图 12-7　淘宝开放平台生态图

超过 200 万商家因为得到了来自商家 IT 服务商的贴心服务,提供了满足自身业务需求的运营平台,从而运营效率大幅提升,运营成本降低,竞争力更强,结果是在淘宝上赚到更多的钱。

作为最终的消费买家和客户,因为商家的运营成本降低,所以可以买到更多便宜的商品,从而得到了最大的实惠,当然也更愿意到淘宝上购买自己喜欢的商品。

对于淘宝而言，目前淘宝开放平台上提供的服务，每天的服务平均调用量超过百亿次，其中一大部分都是收费的，先抛开这些服务调用带来的直接经济收益，最为重要的是，让商家在淘宝平台上更开心地开店，赚更多的钱，这是淘宝最根本的目的。

纵观全局，我们发现整个体系中四类群体（商家、商家IT服务商、用户、淘宝）都得到了不错的收益和目标的达成。这得益于淘宝将自身平台中的数据以服务的方式对外进行了开放，从而吸引了众多商家IT服务商基于这些基础服务为百万商家提供增值服务。其中的关键除了在于淘宝能"大胆"地将自身业务数据对外开放之外，另一个重要的成功因素则是十几万的商家IT服务商，正是这样一个群体，在往整个体系中输入自己所擅长的垂直或细分领域的专业能力和智慧，才使得整个体系有了源源不断创新的活力，持续地给商家提供优质的运营平台能力，从而最终构建了基于淘宝开放平台的数字生态系统。

复习题

1. 定义数字中台。
2. 解释共享服务中心建设原则。
3. 理解共享服务中心设计的三方面需求。
4. 描述开放数字生态系统的构建。

小结：本章所涉及的数字生态系统问题与前面提到的学习目标一一对应。

1. 数字生态系统的概念源于生物学的生态系统。数字生态指在媒介、通信及IT行业形成的一个聚合的空间内，由用户、公司、政府、社会及促进数字交互的通信设施共同构成的有机整体。在数字生态系统中，不同企业、不同行业借助数据纽带，以交易为主要联系，跨地区、跨组织、跨部门、跨系统、跨层级形成了统一的新型的经济主体。数字生态系统可以分为烟囱式系统和共享式系统。

2. 数字生态系统的发展经历了从烟囱式生态系统到共享式生态系统的演进。烟囱式系统是一种垂直型的架构，企业内部各系统间服务与数据不共享，容易形成服务孤岛与数据孤岛。随着电商业务的日益庞大和快速变化，烟囱式系统显露出成本高昂、不利于业务沉淀等弊端，逐渐被共享式系统替代。

3. 烟囱式系统企业内部各系统间服务与数据不共享，共享式系统通过共享服务实现系统互通。烟囱式系统的优势是各个业务系统之间可以互不影响地独立部署独立迭代，适合业务线较少且比较独立的公司采用；劣势在于容易导致系统与系统之间无法进行有效的协调工作，难以适应快速变化且日益复杂的业务。共享式系统的优势是能最大化利用共享服务，降低成本，沉淀业务；劣势是系统构建有难度，主要在于不仅要运用SOA技术，更要用SOA理念搭建系统。

4. 数字中台基于SOA理论，在业务前台与技术后台之间构建一个集合共享服务的中台。中台架构是典型的共享式数字生态系统，它将核心业务能力以共享服务的方式进行有效沉淀，实现服务在不同场景中的业务能力重复利用，而这个"重复利用"正是SOA的最大价值。中台的本质是通过数据统一、实时、在线实现全业务链的贯通、个性化需求扩展以及业务实时联动等价值，阿里巴巴的数字中台战略从共享式数字生态系统框架搭建、共享服务中心建设、共享式系统理念推广等方面促进了数字生态系统的发展，并通过能力开放构建了以淘宝网为中心基于淘宝开放平台的服务众多企业的数字生态系统。

课堂论辩题

1. 数字生态系统和生物生态系统有什么相通之处？生物生态系统中的规律是否可以延展到数字生态系统中？

2. 共享式系统好在哪里？我们如何判断一种数字生态系统的好坏？

3. 数字中台是如何将系统中的共享最大化的？

4. 你认为数字生态系统的建构中最需要考量的是什么因素？

5. 设想未来的数字生态系统可能会以什么方式连接什么企业（或用户）？

第十三章
电子商务信息安全、法律与制度伦理

学习目标：电子商务的安全与风险问题；了解电子商务安全的重要性；了解国外电子商务立法情况；学习中国目前电子商务的法治情况；学习电子商务的伦理与信用问题；发散思维，寻找伦理问题的解决之策。

案例　　网红偷税漏税，电商直播税务问题如何监管

新华社记者2021年11月22日从杭州税务局了解到，网络主播朱宸慧（微博ID：雪梨Cherie）、林珊珊（微博ID：林珊珊_Sunny）因偷逃税款，将被依法追缴税款、加收滞纳金并处罚金分别计6655.31万元和2767.25万元。

主播何以成漏税大户？根据《证券日报》相关报道，"针对网络主播带货，目前市场上还没有统一的收费标准。"上海财经大学电子商务研究所执行所长崔丽丽表示：如果把网络主播带货视作宣传、营销、销售渠道，市场上也没有可参考的定价依据或价格标准。而市场化定价可以依托网红个人的粉丝数量和引流能力，所以哪些服务属于团队贡献、哪些服务属于个人劳务，是比较难界定的。特别是大牌网红（及其个人工作室）和明星工作室类似，很容易产生税务问题。

"网络主播避税行为，由于趋利效应及税制的不完善，有其存在的社会环境与土壤。"中央财经大学教授、税收筹划与法律研究中心主任蔡昌表示，认定的关键点在于，网红直播的收入是属于经营所得还是属

于劳务报酬所得？这二者应该有所区分，但现有税法体系界定并不是非常清晰，当存在收入性质界定不同，纳税也不同时，就会引发避税行为，是吸引部分主播钻空子的原因之一。

因此，直播带货作为电子商务的新形式，其税务问题也应当得到明确的法律界定，否则，将有更多"钻空子""走门路"的案例出现。

(资料来源：新京报)

案例　　3·15晚会惊曝多家知名商店安装人脸识别摄像头

监控摄像头在我们的生活中几乎已经无所不在，但有些商家所安装的摄像头看似普通，却暗藏玄机。

据2021年3·15晚会曝光，科勒卫浴、宝马、MaxMara等多家知名商店利用"万店掌"等品牌的摄像头对进店顾客进行人脸信息的采集。海量人脸信息已被搜集，并且并未有商家明确告知消费者，征得同意更是无从谈起。

2021年3月19日，江苏省张家港市市场监督管理局通报称，发现辖区内一名创优品门店安装有3·15晚会曝光的非法采集顾客人脸信息的"万店掌"监控。摄像头的"万店掌"品牌字样被利用胶带遮挡。执法人员发现，店长手机App中人脸识别功能仍正常使用。

"人脸识别"技术是一种基于人的脸部特征信息进行身份识别的新型人工智能技术，在公共场所、刷脸支付等多个线下线上场景中均得到了广泛应用，对保障公共安全、便利群众生活具有积极推进作用。然而，人脸识别的滥用以及人脸信息的窃取，将为民众的安全带来巨大隐患。

目前大量的电子支付软件已经开通"刷脸支付"，倘若人脸信息能够被轻易复制，民众的财产安全将无从维护；诸多商家利用摄像头收集消费者人脸信息，辅以大数据算法，造成的"杀熟"或各类区别对待将变得十分普遍，消费者的知情权受到侵犯；同时，人脸信息一旦泄露，消费者个人隐私将存在重大风险，人脸一旦被滥用，肖像权和名誉权将难以保障。

(资料来源：央视财经)

第一节　电子商务的安全问题

随着电子商务与相关技术的发展，其面临系统安全、信息安全以及交易隐私等各项安全问题。具体表现在如下几个方面。

一、系统风险

相较于传统方式，电子商务交易在网络环境下信息的储存与传输较为脆弱，容易因各种因素出现丢失或损坏，影响交易顺利进行。比如硬件故障、操作错误、网络中断等，均可能导致交易无法完成或出错。这源于电子商务依赖电脑硬件和网络平台进行的特点。

尤其在促销高峰期，短时间内涌入大量订单就可能给系统带来压力，出现慢响应或错误订单等情况，影响用户体验。但随着电商平台建设的深入，这类风险已趋于可控。另一方面，新技术虽可提升运营水平，但也为系统增添维护成本。此外，技术迭代也在不断对系统稳定性提出更高要求。

系统稳定尤其重要。电商企业应持续优化基础设施，提升运行能力与容错能力，保障顺利交易。

二、信息安全风险

相比实体交易，电子商务信息在网络传输过程中存在被非法访问获取的隐患。一些技术未臻成熟，给信息安全带来一定风险。首先，第三方利用技术手段如中间人攻击等，有可能窃取信息内容，如账户及密码等；其次，在网络传输途中，信息可能遭篡改、删除等破坏行为，影响真实性；此外，随着技术手段日新月异，数据伪造和修改也日益容易，例如深度伪造技术可能产生虚假合同等虚拟证据，增加信息鉴别难度。

为弥补信息非物质性劣势，需要依靠更先进的技术如区块链等来有效证明电子信息的完整与合法性。同时也应从安全意识和规范性出发，完善相关支持体系。

总之，信息安全作为电子商务的重要一环，企业应采取多种技术手段确保信息在整个流通过程中的安全。这将有利于提升用户信任度和行业健康发展。

三、网络欺诈风险

电子商务环境下，买卖双方匿名性强，给网络欺诈行为提供了机会。我国刑法将以骗取财物为目的的网络诈骗行为定为犯罪。目前，网络欺诈手段日新月异（例如编造产品信息或者以退款名目进行诈骗），如果交易平台监管不严，这类行为很可能破坏电子商务秩序。主管部门应严控网络犯罪，保障用户合法权益；电商企业也需增强内控，对信息进行验证，积极发现和删除虚假商品和交易之完善制度也很重要。如加强网付实名和退款流程管理，可有效降低相关风险；此外，提高用户安全意识培育也将产生正面效果。只有多方共同参与，打击网络不法行为的同时，补齐电商治理的短板，才能最大限度避免欺诈行为的发生，实现可持续发展。

四、个人隐私泄露风险

随着互联网应用日益广泛，个人隐私保护面临新挑战。一方面，用户在社交平台及电子商务交易中主动披露个人信息；另一方面，企业及平台在开展个性化推荐和数据分析等业务时，也会访问和收集用户个人数据。

一般来说，用户隐私信息包括身份信息、敏感信息及可获得数据。但现阶段，我国网群环境和法律体系相对未能与隐私新概念和趋势充分匹配。部分企业和用户在"数据换便利"想法的驱使下，往往忽视个人隐私底线。这不仅给个人权益带来风险，也给电子商务生态带来挑战。如果数据被非法获取和泄露，会严重影响用户互联行为和购买信心。

因此，未来必须加强个人信息保护立法，明确企业和用户责任，同时引导用户培养正确保障私密空间的意识，以促进电子商务可持续、健康发展。

总之，只有重视电子商务的安全问题，保持行业环境的安全，才能使电子商务稳定发展。

第二节 电子商务的国外立法

电子商务的发展需要配套完善的法律环境保障，这是其可持续健康发展的重要基石。早在20世纪90年代，我国和国际社会就意识到电子商务法治建设的重要性，并开始积极探索。

随着电子商务的崛起以及对传统商业的影响，1996和2000年，联合国贸易法委员会相继通过《电子商务示范法》和《电子签名示范法》，旨在为各国设定总体指导框架。与此同时，各国根据自身国情也出台了一系列配套法规，以规范新的电子交易形式，解决实际问题，例如我国在《合同法》基础上颁布《电子签名法》等。这些先行者奠定了行业法治体系的雏形。但电子商务仍在高速发展，相关风险不断出现，法律也需要不断完善，以革新思维跟进变化。只有通过理论研究与实践配合，电子商务法律才能真正提供有效保障。

一、美国

美国作为互联网的发源地，在互联网相关产业的立法中也起步较早，发展较为迅速。1997年7月美国政府正式发布《电子商务政策框架》，确定了电子商务发展的基本原则。该框架提出五大原则：第一，由私人部门来领导；第二，政府应避免对电子商务做不当限制；第三，政府的参与是必要的，其目标应该是支持及实施一种可预测最低程度的、一致而简单的电子商务法律环境；第四，政府必须承认国际互联网的特殊本质；第五，必须以全球为基础来促进国际互联网电子商务。《电子商务政策框架》整体上概括了美国政府对电子商务时代的宏观看法，为日后的相关法律奠定了基础。

美国于1997年在《统一商法典》中增加了《电子合同法和计算机信息

交易法》，并在 1998 年进一步修改。1999 年，颁布了《统一电子交易法》（Uniform Electronic Transactions Act，简称 UETA），允许在互联网进行各类商务交易，也包括使用电子签名和电子公证等行为，并且对电子签名、电子记录以及电子记录错误的风险承担进行了规定。

同年，美国政府制定了《统一计算机信息交易法》（Uniform Computer Information Transactions Act，简称 UCITA）。主要调整的是无形财产贸易，更确切地说是包括著作权、专利权、集成电路权、商标权、商业秘密权、公开形象权等在内的知识产权贸易。其主要内容有电子代理人、格式许可合同、计算机信息提供者的担保义务等方面。虽然该法与《统一商法典》一样属于"示范法"的性质，并没有直接的法律效力，其能否转化为生效法律取决于各州是否通过立法途径对其予以采纳，但是它对各州电子商务的立法和商事习惯具有重大的参考意义。

2000 年通过了《国际国内电子商务签名法》（The Electronic Signatures in Global and National Commerce Act，简称 E-Sign），赋予电子签名和一般书写签名同等的法律效力，为在商贸活动中使用电子签名和电子记录扫清了法律障碍。

随后，美国还出台了《反域名抢注消费者保护法》《电子商务平台促进法》等相关法案，使得电子商务体系愈加完善。

由于美国的联邦制度，各州之间对于电子商务所采取的法律及政策略有不同。但是由于美国的互联网及电子商务起步较早，相关的成文法、判例法都比较完善。美国政府结合自己国情，从联邦和州两个层次入手，进行机构设置和立法管理，其管理体系已经较为成熟。

二、欧盟

欧盟制定了一系列规制电子商务的指令，主要包括电子商务指令（E-Commerce Directive）、电子签名指令（E-Signatures Directive）、远程销售指令（Distance Selling Directive）、数据保护指令（Data Protection Directive）、数据库保护指令（Database Protection Directive）、版权指令（Copyright Directive）。

欧盟于 1997 年提出《欧洲电子商务行动方案》，为规范欧洲电子商务活动制定了框架。1998 年颁布《关于信息社会服务的透明度机制的指令》。1999 年制定的《电子签名统一框架指令》，主要用于指导和协调欧盟各国的电子签名立法。欧盟成员国中，德国 1997 年通过《信息与通用服务法》，意大利 1997 年通过《数字签名法》，法国 2000 年通过《信息技术法》等，都对电子商务的发展起到了支持和保障作用。欧盟在 2005 年 5 月 11 日制定了不公平商业实践指令（The Unfair Commercial Practices Directive，UCP），该指令主要规定如下行为：误导性的行为、误导性的遗漏以及代表广告商进行的积极商业实践。

综合以上，欧盟关于电子商务方面的立法主要集中在消费者权益保护、不公平的在线广告和远程合同这三个方面，保证了电子商务活动的正常发展和参与者的基本权益。

三、英国

英国的《2000 年电子通讯法》，立法目的是为公共领域与私营领域的电子商务和使用电子签名提供一个法律框架，以建立对电子通信的信心。《2002 年电子商务规章》是对该法的一个补充和完善，该规章将欧盟电子商务指令（2000/31/EC）的大部分规定都移植到了英国法中。

四、日本

2000 年 3 月出台了《数字化日本倡议：行动纲领》（E-Japan Initiative: Action Plans），为规范电子商务的运作管理提供了政策法律依据，从日本国家战略的高度提出了方向性意见。其中，对电子商务的发展和建立高度可信赖的互联网商业平台、构筑电子认证系统、明确互联网服务提供者的责任、推进跨国电子商务以及互联网域名等问题进行了详尽的分析和论述，并对比美国和欧盟，提出了适合日本国情的发展方针和建议。2001 年 4 月，日本的《数字签名及认证法》正式生效，这对于日本的电子商务的发展起到积极、重要的促进作用。虽然日本的电子商务已经有了比较大的发展，但是在身份的确认、信用体系等方面一直制约着电子商务的进一步发展。《数字签名及认证法》的出台，从法律的角度提供了切实的保障。

五、其他国家

韩国 1999 年通过的《电子商务基本法》是最典型的综合性电子商务立法，从关于电子信息和数字签名的一般规定、电子信息、电子商务的安全、促进电子商务的发展、消费者保护及其他等各个方面，对电子商务作出基础性规范。此外，加拿大的《统一电子商务法》（1999 年）、俄罗斯的《电子数字签名法》（2001 年）、澳大利亚的《电子交易法》（1999 年）、新加坡的《电子交易法》（1998 年）、马来西亚的《数字签名法》（1997 年）、印度的《电子商务支持法》（1998 年）等，都对本国电子商务的发展起到了促进和保障作用。

复习题

1. 简述国外电子商务立法包含哪些方面的内容。
2. 以某个国家为例，结合实例梳理该国电子商务立法情况。

第三节　中国电子商务法律

一、我国电子商务法基本情况

尽管我国电子商务起步较晚，但是发展势头强劲，发展速度迅猛。我国于 2004 年出台了《电子签名法》，并于 2019 年进行修正，目的在于规范电子签名行为，确立电子签名的法律效力，维护有关各方的合法权益。但是作用范围有限，并未能解决电子商务全流程中种种问题。

从广义上讲，电子商务法是调整以数据定位为交易手段进行的商务活动中所产生的社会关系的法律规范的总称。从狭义上讲，则指2018年出台的《中华人民共和国电子商务法》。

商务部曾先后出台《关于促进电子商务规范发展的意见》（2008）、《第三方电子商务交易平台服务规范》（2011）。国家市场监督管理总局在2012年发布《网络商品交易及有关服务行为管理暂行办法》。这些规范性文件的法律层次相对较低，局限性较大，对于具体交易行为的规范力度不足。

2013年12月27日，中国全国人大常委会正式启动《中华人民共和国电子商务法》的立法进程。2018年8月31日，十三届全国人大常委会第五次会议表决通过《电子商务法》，自2019年1月1日起施行。

《电子商务法》是我国电子商务领域的基本法。包括总则、电子商务经营者、电子商务合同的订立与履行、电子商务争议解决、电子商务促进、法律责任和附则等七个部分，共七章八十九条。

除上述法律以外，许多现行的民商法的法律法规也在保护电子商务的健康有序发展。例如《合同法》将数据电文作为合同书面形式的一种，明确规定了电子合同与书面合同具有同等的法律效力，并对有关电子合同的订立过程及有关内容作了具体规定，这些有利于电子商务的实际操作。

《网络安全法》适用于中华人民共和国境内建设、运营、维护和使用网络的活动，以及对网络安全的监督管理，是保障电子商务安全的基本法。

二、电子商务法的主要内容

（一）电子合同

电子合同，又称电子商务合同，是当事人之间通过计算机和互联网，以数据电文形式达成的设立、变更、终止财产性民事权利义务关系的协议。

电子合同的要约或承诺都以数据电文的形式通过网络和计算机设备发出，合同内容以数据电文的形式储存在电脑的终端设备中。其成本低、效率高，不受时间或空间的限制。但是由于其本质是无形物，合同的改动、伪造不易留痕迹，容易造假。订立合同的各方当事人利用互联网进行交流运作，互不谋面却可以签订合同。主体具有虚拟性和广泛性，因此更加需要法律的规范。

目前，无论是商业还是生活中，电子合同使用频率越来越高。电子合同形式并未改变合同的基本法律制度，传统的合同法制度仍然适用于电子合同。

（二）电子签名与电子认证

在传统的信息传递领域，书面形式是一种重要的意思表达方式，以书面文本进行意思表达，再利用签名或印章确认。在电子商务中，如何从技术上保障电子签字签名的可靠性、从法律上确认电子签名的效力，就必须建立电子签名法律制度和电子认证法律制度，这是电子商务活动能够正常开展和发展的基础性制度。

电子签名实际上是一种技术手段，它是一种加密技术，能够确保不被篡改或被篡改后能够及时发现。在联合国以及其他国家电子商务相关法律中，都将电子签名视作相当重要的部分。

尽管电子签名相较于传统签名，没有纸质作为载体，不能够直接用肉眼进行辨识，但是正是因为其电子数据的本质，通过所发出的信息与电子签名相互印证，且能够由第三方通过技术手段公正地检验其真伪。同时，电子签名在传统的证据法规则使用方面存在一定困难。电子签名法所解决的正是电子签名的法律效力问题。

（三）电子支付

电子支付，又称为在线支付，是指付款人与收款人为电子商务活动的需要，通过电子形式的支付指令实现货币资金转移的行为。电子货币的流通速度远远快于传统货币，能够加快货币周转，提高资金使用效率，进而促进经济的发展。而对于一般消费者来说，使用便捷，不受营业时间限制，具有方便、快捷、高效、经济的优点。

另一方面，电子支付服务由于突破了时间和空间的限制，也对传统法律制度形成强烈冲击，消费者遭遇电信诈骗的风险也随之提高，因此，不论是我国还是其他国家，都对电子支付给予密切关注。依照我国法律，中国人民银行和国务院行业监督管理机构应当依法对电子支付服务者进行监督管理。

（四）电子商务税收

电子商务的快速发展对传统税收制度产生了冲击。由于互联网并非实体市场，传统的合同、单证、资金都以虚拟的形式出现，且互联网使用者具有隐匿性、流动性，纳税主体具有不确定性。同时，许多虚拟商品也难以在传统的税收体系中找到对应的类别，课税对象难以区分，大大增加了纳税税收征管和稽查的难度。电子商务简化了传统商品流通的多个环节，中间环节的消失，加重了税收流失的现象。以"代购"为例，跨境商品通过私人渠道运输进入国内，且售卖行为往往通过微信等私人渠道进行，是否属于真正意义上的商业行为难以界定（例如也存在帮亲友代为购买等情况），对现行税法的实践造成了冲击和考验。

随着全球化进程的加快，跨境贸易也在逐渐增多，税收问题愈加复杂。因此，税务部门也应当适时而变，制定出适合我国国情，又与国际接轨的电子商务税收原则和税收对策。

（五）知识产权

知识产权是指权利人对其智力创造成果所依法享有的专有权利，主要包括专利权、著作权、商标权等等。在电子商务技术开发和应用的过程中，大量技术利用计算机数据表达与完成，而这些数据不能采用传统知识产权法律所保护的表现形式。在"万物互联"的时代，知识产权侵权行为的法院管辖权难以确定。同时，证据的保留与提交也与传统诉讼法中对于证据"原件"的要求并不相符。计算机数据可以不留痕迹地改动，这加大了计算机数据作为证据的难度。因此，在互联网中的知识产权保护具有很高的难度。

因此，相关法律法规和制度也应当对许多第三方平台进行义务上的规定。电子商务的经营主体应当依法保护知识产权，建立知识产权的保护规则。如果明知平台内电子商务经营者存在侵犯知识产权的行为，应当依法进行删除、屏蔽、断开连接、终止交易和服务等必要措施，并采取双向通知的手段，对知识产权进行合理维护。

（六）电子商务市场秩序

我国流通领域电子商务发展起步晚、基础薄弱，但发展迅猛，势头强劲，网上交易的配套服务体系还不健全，电子商务市场秩序较为混乱，且出现大量新问题。广告竞价排名、大数据"杀熟"、恶意引导及弹窗广告等问题屡见不鲜，因此需要不断对交易各方的行为进行规范。我国《电子商务法》第一条就指出："为了保障电子商务各方主体的合法权益，规范电子商务行为，维护市场秩序，促进电子商务持续健康发展，制定本法。"

因此，为了促进电子商务的健康发展，理应从市场准入、反不正当竞争、反垄断以及消费者权益等多个角度进行市场秩序的维护。

（七）电子商务安全

如前文所述，电子商务因其具体特性，具有各种方面的风险。只有保障电子商务在安全可靠的环境下进行，才可能保持电子商务的健康发展。

根据1994年国务院发布的《计算机信息系统安全保护条例》，公安部主管全国计算机信息系统安全保护工作，国家安全部、国家保密局和国务院其他有关部门，在国务院规定的职责范围内做好计算机信息系统安全保护的有关工作。除了政府相关机构的密切关注以外，电子商务相关平台企业也需要建立相应的安全防护系统，主动规避异常交易者与交易行为，保障交易处于相对安全的环境中。同时，用户的个人信息与隐私安全权也应当予以保护，不得随意泄露。

复习题

1. 简述我国电子商务立法的必要性。
2. 结合实例说明：电子商务相关法律规范了哪些方面的内容？

第四节　电子商务伦理与信用问题

案例　工信部整治App开屏广告不足半年"摇一摇"广告再出现

App开屏广告，是在App启动时展示时间短暂的全屏化广告形式，一般可以手动跳过。这种广告展示在应用刚刚开启时，用户的注意力非常集中，特别适合广告主进行品牌宣传。

然而，开屏广告的逐渐普及，却为用户带来了越来越差的用户体验。不少开屏广告并不标注广告信息，弹窗关闭按钮极小，稍有不慎便会进行跳转。甚至有不少开屏广告为了获得更多的点击量，设立诸多虚假关闭按钮，恶意引导用户进行点击跳转。

2021年7月，工信部对用户反映强烈投诉较多的"弹窗信息标识近于无形、关闭按钮小如蝼蚁、页面伪装瞒天过海、诱导点击暗度陈仓"等违规行为进行了集中整治，督促企业重视用户诉求，解决好在开屏信息页面中存在利用文字、图片、视频等方式欺骗误导用户跳转等问题。

2021年7月28日，工信部通报14款App未严格落实开屏弹窗信息整改要求，存在问题整改不彻底、将整改过的问题改回原样、采取技术手段对抗针对不同地区差异化整改的情况。

然而，距离专项整改仅仅过去4个月，一些App的开屏广告上线了"摇一摇"功能。这个功能在用户走路、坐车或身体有摆动时容易触发，从而使用户手机被迫跳转到广告页面，再次使得消费者陷入难以关闭的困扰中。

实际上，《广告法》第四十四条明确规定，利用互联网发布、发送广告，不得影响用户正常使用网络。而摇一摇广告尽管设置了关闭按钮，但却仍然极易触发跳转。

中国政法大学教授刘文杰认为，开屏"摇一摇"若很容易就触发，消费者将因此陷入被迫进到广告页面的境地，那么，经营者涉嫌变相强迫用户，并侵犯消费者的自主选择权。

对于网络弹窗乱象，监管部门整治期间相关企业确实收敛不少，但专项活动后乱象又继续，且又出现诸多新形式的"擦边球"行为，究竟需要怎样才能改善？

一、电子商务存在的伦理问题

在以数字信息为基础建立的互联网平台中，原有的社会伦理价值和规范受到前所未有的冲击，互联网的"去中心化"对传统权威意识形成极大消解。换言之，网络主体很难再像过去那样固守某一种权威的伦理价值。电子商务作为新兴产业，许多问题无法明确界定，相关的伦理问题比较突出。

（一）隐私权的保护问题

在互联网诞生以来，个人隐私与个人信息的保护问题尤为突出。2021年8月20日，十三届全国人大常委会第三十次会议表决通过《中华人民共和国个人信息保护法》，自2021年11月1日起施行。尽管《个人信息保护法》的出台一定程度上为保护用户个人信息、保障自身权益提供了法律依据，但是仍然有诸多问题无法解决。

首先，何谓隐私？尽管隐私权已被世界各国公认为一项基本的人格权，但是，对于隐私权的定义，学者们的表述各不相同。私人信息、个人私事和私人空间是传统隐私权的三大基本形式。消费者在利用网购平台购物时所提供的姓名、电话和家庭住址，属于主动披露，在购物及物流配送的全过程中可能受到相当多人的接触。如果保护不力，极有可能带来信息骚扰乃至人身安全的威胁。同时，大数据、云计算等新技术在搜集用户信息、描绘用户画像的过程中，是否造成了对隐私的一种侵犯？人脸识别技术的兴起，也意味着人脸信息可以作为身份识别、电子支付的凭证，然而在分享照片，甚至出入公共场合时，又是否可能被盗取？

其次，隐私一旦泄露，对用户造成的损失难以弥补。个人信息和隐私数据一旦通过非法途径在互联网进行售卖或流通，便很难完全清除，且对用户造成的实质影响更是难以估量。甚至在相当长的一段时间后，用户也仍然遭受信息泄露的负面影响。

最后，隐私权维权相对困难。我国隐私权保护本身相对薄弱。从《刑法》来看，侵犯公民个人信息罪就是非法获取公民个人信息罪，是指通过窃取或者以其他方法非法获取公民个人信息，情节严重的行为。大部分对于个人信息泄露的处罚仅仅停留在行政处罚或民事赔偿上，且处理流程复杂，处理周期长，很难迅速结束其影响。

（二）"欺骗性营销"对消费者知情权、自主权的侵犯问题

传统商务模式中，消费者所遭遇的权益问题多为产品质量问题，然而在互联网环境下，交易双方的匿名性，以及消费者与商家的信息不对称性，造成了许多新问题。例如，经常使用同一款交易平台的用户可能遭遇大数据"杀熟"；不同移动终端使用者也可能看到同一款商品不同的价格；商品在"双十一"等购物节前夕先涨价，后降价，甚至造成促销价格高于正常价格的"欺骗性营销"局面。同时，各类"刷单"、数据造假行为屡见不鲜，对于行业的良好生态带来巨大危害。

以近年来火热的电商直播为例，中国消费者协会《直播电商购物消费者满意度在线调查报告》发布，"夸大其词""货不对版""维权难"成为消费者对直播带货行业的集中"吐槽"。虽有直播平台、电商经营者、主播、消费者协会、有关行政部门、法院诉讼等多种途径进行维权，但是各责任人之间相互推诿，都不愿意承担法律责任，使得消费者感到投诉困难，维权成为新的难题。

因此，电商平台、模式的多样化，势必带来更多的新问题，解决好消费者维权难的问题，保障好消费者权益，才有可能保障电子商务行业的长盛不衰。

（三）恶意下单、勒索等行为对商家权益的侵犯

网络流行语"羊毛党"原是网民的戏称，指的是在电子商城、银行、

实体店等各渠道的优惠促销活动、免费业务中，以相对较低成本甚至零成本换取物质实惠的人群，这一行为也被称为"薅羊毛"。

不过，近年来"羊毛党"人数、规模不断扩大，各类新兴垂直类、拼购类社交电商为抢占市场，推出大量优惠活动，为"羊毛党"的滋生提供了沃土。现在的职业"薅羊毛"已经成为一批人利用非法手段钻平台优惠活动的漏洞，从中赚取差价牟利的犯罪行为。

2019年11月，某农民电商操作失误将"26元4500克"的脐橙设为"26元4500斤"，被某博主发现并随即号召上万粉丝恶意下单，并以店家不发货、虚假宣传等名义投诉卖家从而获得平台赔偿，最终投诉涉及金额高达700万元，对果农造成了巨大损失。

2021年10月，饮品品牌元气森林店铺因优惠设置错误，导致原价79元一箱的饮品售价仅为3.5元，导致该款气泡水销量暴增30万单，店铺或损失200多万元。

除了上述的"羊毛党"事件，恶意下单抢占库存进行不正当竞争、恶意差评进行勒索等行为也时有出现。尽管在司法实践中，网络商家可以"重大误解""显失公平"等为由向法院或仲裁机构申请撤销网购合同，但由于我国法律禁止意定撤销，又因"羊毛党"涉及人数众多，订单数量巨大，这增加了网络商家面对"羊毛大军"时的撤销难度。倾斜保护消费者原则贯穿于现行法始终，因此也带来了不可调和的矛盾。

二、伦理问题的解决

（一）完善法律制度与体系，明确技术伦理问题，加强监管

尽管许多伦理问题尚未有明确的标准予以判断或解决，但是却可以通过不断完善的法律法规制度予以定义和完善。此外，对于法律尚且不明确的一些伦理问题要进行辨析与规定。以大数据杀熟为例，算法作为一种技术，不应当成为制造不平等的工具。2021年11月18日，上海率先在电子商务领域出台地方性指引，制定发布《上海市网络交易平台网络营销活动

算法应用指引（试行）》，规范网络交易平台网络营销活动算法应用行为，为平台经营者划出合规底线。该《指引》明确平台经营者不得利用算法实施不正当价格行为，不得利用算法对消费者实施不合理的差别待遇。此外，平台经营者利用消费者个人信息开展网络营销活动算法应用时，应当按照《个人信息保护法》的规定，保证算法应用结果的公平、公正，不得对消费者在交易价格、交易机会等交易条件上实行不合理的差别待遇。"大数据杀熟"已经明确了其违法的本质，理应接受政府相关部门的监管。

（二）加强平台与行业内部自律

尽管依靠法律法规和政府相关部门的监管是行之有效的方法，但是我们必须看到这一方法的局限性。2021年7月，工信部大力推进App开屏弹窗信息骚扰用户问题的整治，解决诱导用户点击、欺骗用户跳转等问题。然而，"摇一摇广告"很快出现，用户在行走、乘车过程中，便可能因为手机的晃动使得页面在不经意间跳转。因此，面对层出不穷的"新花样"，如果仅仅依赖"用户投诉——政府监管"这一流程，恐怕处理周期长、反馈慢。

作为电子商务行业中承担重要作用的平台理应发挥好自律与自我监管作用，维护好平台中的投诉与反馈系统，利用屏蔽、下架等手段，约束违规者行为。发展中的问题应在源头上加强规则设计，把法律法规原则性要求做进一步的制度安排，发挥好共治、自律的作用。平台在这种生态下是场景、是出口，要抓住平台这个关键，通过达成自律公约等方式，推动行为的合规性。

（三）完善社会信用体系建设

目前我国信用评价和监管机制尚不健全，人们的失信成本很低，容易导致电子商务网络失信行为的产生，因此完善社会信用体系成为当前的重要工作。良好、有效的信用体系，必然有以下几个特征：一是能够对贸易各方的信用进行监督、检查和调整，保障各方能够有效地被予以约束；二是信用体系需要进行多方面、全方位的约束，形成全方位的信用保障，不仅要对买方、卖方以及其他贸易各方否形成有效的约束，也需要对整个流程进行多种层次的约束。包括教育引导、失信惩戒机制，以及完善的公平监督机制。

首先，加速建立对于电子商务信用体系的相关的法律体系，并且着力促进建立可查询的网上企业和个人信用信息数据库，实现各个资信机构的信用信息全国互联，继而建立商业信用数据网络平台。

其次，建立第三方信用评价机制与行业自律制度。电子商务可以参照传统商务中建立直接互相信任关系的做法，利用第三方资信公司进行资信调查和评级，或利用国际信用证来保证交易双方的支付和运输能够顺利进行。

最后，应当加强相关网络技术的开发和应用平台建设，商务各方参与者在进行商务交易前，可以利用平台搭建的相关体系进行有效了解，出现失信行为后，能够在平台内部进行行之有效的处理。

复习题

1. 目前电子商务存在的突出伦理问题。
2. 举例你所看到的电子商务伦理问题。
3. 简述信用在电子商务中的作用。
4. 信用体系的概念是什么？
5. 如何构建电子商务的信用体系？